U0950421

本书是山东省烟台市哲学社会科学规划课题“乡村振兴背景下乡村英语教师教学信念与素养培养研究”（项目编号：YTSK-2023-048）的最终研究成果。

本书是鲁东大学2023年教学成果奖培育项目“创新课程思政，推进新文科建设——外语类专业人才培养模式改革”（项目编号：2023CG12）的阶段性研究成果。

乡村英语教师
教学信念与素养培养研究

Research on Rural English Teachers' Teaching Beliefs and Cultivation of Professional Quality

王文倩 ‖ 著

新 华 出 版 社

图书在版编目（CIP）数据

乡村英语教师教学信念与素养培养研究 / 王文倩著.
—北京：新华出版社，2023.8
ISBN 978-7-5166-6952-5

Ⅰ.①乡… Ⅱ.①王… Ⅲ.①农村学校—英语—师资培养—研究 Ⅳ.①H319.3

中国国家版本馆CIP数据核字（2023）第164738号

乡村英语教师教学信念与素养培养研究

著　　者：王文倩

责任编辑：蒋小云　　**封面设计**：中尚图

出版发行：新华出版社
地　　址：北京石景山区京原路8号　　**邮　　编**：100040
网　　址：http：//www.xinhuapub.com
经　　销：新华书店
新华出版社天猫旗舰店、京东旗舰店及各大网店
购书热线：010-63077122　　**中国新闻书店购书热线**：010-63072012

照　　排：中尚图
印　　刷：炫彩（天津）印刷有限责任公司

成品尺寸：240mm × 170mm，1/16
印　　张：16　　**字　　数**：236 千字
版　　次：2023 年 8 月第一版　　**印　　次**：2023 年 8 月第一次印刷

书　　号：ISBN 978-7-5166-6952-5
定　　价：68. 00元

版权所有，侵权必究。如有印装问题，请联系：010-59603187

前　言

乡村振兴战略方针成功实施，离不开乡村教育事业的持续发展，基于乡村发展探讨乡村英语教师教学信念与素质培养的方法和策略十分必要。本书从信念与教师信念、素养与教学素养培养等相关理论概念分析入手，从乡村英语教师教学信念的结构、英语语言观、乡村英语教学观、乡村英语学习观、乡村英语教学师生角色观、乡村英语教学专业观方面研究乡村英语教师教学信念的核心维度与乡村英语教师教学信念构成要素，进而探索乡村英语教师教学信念状况对教师发展的影响和启示、乡村英语教师信念的培育与引领策略、教育信息化背景下乡村英语教师的角色定位、核心素养理念下乡村英语教师专业化发展策略、乡村教育振兴背景下乡村英语教师核心素养策略和乡村英语教师信息素养现状及提升策略，最终提出教育信息化 3.0 时代乡村英语教师信息素养评价指标体系的构建方法，旨在促进乡村英语教师整体教学素质和水平的不断提升。

本书共分为十二章。第一章主要研究信念与教师信念，分别介绍信念和信念系统，教育信念和教师信念，教师信念研究的理论基础。第二章研究素养与教学素养培养，分别介绍素养、教学素养、教学素养培养的理论基础。第三章研究乡村英语教师教学信念的核心维度，包括理论概述、乡村英语教师教学信念的结构维度、英语语言观、乡村英语教学观、乡村英语学习观、乡村英语教学师生角色观和乡村英语教学专业观。第四章研究乡村英语教师教学信念构成要素，分别介绍乡村英语教师的英语语言观、乡村英语教师的英语教学观、乡村英语教师的英语学习观、乡村英语教师的师生角色观、乡村英语教师的英语教学专业观。第五章研究乡村英语教师教学信念状况对教师发展的影响和启示，分别介绍乡村英语教师教学信念状况对教师语言观发展、教学观发展、学习观发展、角色观发展、专业观发展的影响和启示。第六章研究乡村英语教师信念的培育与引领策略，分别介绍乡村英语教师职前信念教育的策略、在职乡村英语教师信念发展的引导策略、乡村英语教师信念发展所需的精神支持。第七章研究教育信息化背景下乡村英语教师的角色定位，介绍了教育信息化背景下乡村英语教师的角色定位的必然性、乡村英语教师的应然角色、乡村英语教师的角色定位问题及成因和乡村英语教师角色转换对策与建议。第八章研究乡村英语教师专业能力的发展要求和途径。第九章研究核心素养理念下乡村英语教师专业化发展，分别介绍了核心素养理念下乡村英语教师专业化发展的挑战与新要求、核心素养理念下乡村英语教师专业化发展的现状、核心素养理念下乡村英语教师专业化发展的实现模式和有效途径。第十章研究乡村教育振兴背景下乡村英语教师核心素养的研究，分别介绍乡村教育振兴对乡村英语教育发展的内在要求、乡村教育振兴背景下乡村英语教师现状、乡村教育振兴背景下乡村英语教师核心素养的培养策略。第十一章研究乡村英语教师信息素养现状及提升策略研究，分别介绍教师信息素养的理论分析、乡村英语教师信息素养问题与成因、乡村英语教师信息素养提升策略。第十二章研究教育信息化 3.0 时代乡村英语教师信息素养评价指标体系的构建，分别介绍教育信息化 3.0 时代乡村英语教师信息素养评价指标体系的构建原则、教育信息化 3.0 时代乡村英语教师信息素养评价指标体系的构建依据、教育信息化 3.0 时代乡村英语教师信息素养评价指标体系的构建建议。

笔者在撰写本书的过程中，参考了大量的文献和资料，在此对相关文献资料的作者表示由衷的感谢。当然，由于笔者时间和精力有限，书中难免会存在不妥之处，敬请广大读者和各位同行予以批评雅正。

目　录

第一章　信念与教师信念

第一节　信念和信念系统

一、信念的定义

“信念”是一个非常笼统的概念，因此不容易通过实证研究来探究。许多人甚至认为它是一个永远无法明确解决的难题，并认为它的定义无法被明确。出于这个原因，信念通常被认为是一个哲学或宗教概念。但是 Pajares（1992：308）认为，正如医学、法学、社会学、商业等学科的学习，信念的掌握也是有规律的。其实，有些学者对信念这一普遍性的观念进行了摒弃，而对某一具体领域的信念进行了直接考察。例如，心理学中关于自我效能感（self-efficacy）的研究就涉及了自我概念（self-concept）的信念。在教育学中，检查关于一个主题或问题的特定信念，例如关于教授阅读、数学、科学等的信念，在理解学生复杂的学习内容的过程中起着关键作用。

在教育心理学领域，迄今为止的研究缺乏对信念的统一定义。研究人员通常根据他们的研究目的对信念有一个临时定义。而且，“信念”并不是唯一统一普遍的概念，研究者在不同的研究中以不同的方式指代信念的内容。Calderhead（1996）、Pajares 和 Tompson（1992）列举一些在文献中出现过的名词，总共有 20 多个，为了分析方便，笔者将这些名词按照字面意思大致分为七类。

与知识相联系的：知识、个人知识、实用知识；

与观点相联系的：观点、观念、概念、意见、意义、意识形态；

与意见倾向相联系的：取向、偏好、个人理论；

与构想相联系的：构想、意象；

与判断相联系的：态度、价值、判断、命题；

与规则相联系的：实践原则、法则；

与性情相关的：性情。

从上面的分类就可以看出，与信念相关的有知识、观点、意见倾向、构想、判断、规则、性情。它们有共同的要素，比如都表达了信念的某种思想，但同时又有不同的侧重点和表现形式。这些不同的名词使信念的含义含糊不清，也使人们对信念产生了不确定的认识。

Abelson（1979）在进行认知科学理论研究的基础上对信念这个词语做出定义分析，认为其属于人们为了实现某个固定的目标，或者在一个必要的环境条件下进行知识管控和运用。外国学者 Brown 和 Cooney（1982）提出，信念解释是规范管理和控制行为的主要影响因素。外国学者 Sigel（1985：351）认为，信念定属于“一种通过浓缩以及整合整理，基于图式结构研究和定义分析的经验组合而成的心智结构，这一心智结构被相关持有人确定为真，且能够有效规范和指引实际行为”。外国学者 Eisenhart 针对信念下了一个定义，即“融入活动之中的常见的态度”。外国学者 Harvey 针对信念这一概念做出分析，可以认定为一大实际心理表征，不仅有较强的有效性，还有一定的真实性，也能够被持有者合理运用，指引某人的想法和实际行为。外国学者 Nesper 觉得，信念系统不仅涉及情绪和判断，还涉及个人经历、记忆和对实际生活和别的时空的假设。他通常不对外开放评论。外国学者 Pajares 提出，信念和知识是不一样的，但不好区分，人们通常可以人为做出区分。他把信念界定为对一个论题正确与否的主观判定，只有通过对人类言语、意图和行动的全面了解，才能得出结论。他把人们的信念看作是毫无瑕疵的个体真实，它来自个体的体验与想象，带有浓重的感情色彩与价值色彩。外国学者 Richardson（1996）指出，信念指的是“基于心理感受之下的，和世界和社会有关，始终围绕感觉为真理念的假设或者命题”。外国学者 Pehkonen（1998）指出，信念不仅有不一样的深度，还融合了自我意识。无论是深层信念还是浅层信念，无论是有意识的信念还是无意识的信念，都是可以实现并存的；而在此过程中，个体的信念也在不断地被修正、发展、改变。《中国大百科全书（心理学）》针对信念这一词语做出了定义，即“人们在某些人和某些具体事情上的态度和情感。其不仅可以反映出真实的客观事实，也可以反映出错误的客观事实”。《大英百科全书》也针对信念做出了一个定义，即针对某命题持有的接受，可以是认同的情感、思想、态度。尽管目前学术界对信念的界定还很困难，但是，对信念的界定有三种不同的视角：哲学（教育）、心理学、社会学。在哲学意义上，信念是一种认识，而非一种物质，它是一种对一件事情的知觉或推论，是一种对事情的价值判断。信念可以是正确的，也可以是错误的。这被认为是一种“半逻辑”或者“类逻辑”的思考方法。信念产生的基础是针对世界得出了一个真命题。信念其实是和知识息息相关的。在（教育）心理学研究中，信念是对人们经历的一种精神构造，是一种用来理解客观事物并展示行为的一种精神表征体系。从社会学意义上讲，人们的信念来自他们生活的社会和文化背景，受他们社会和文化要素的影响而发生变化。文化是由政治、经济、法律和习俗等多种要素构成的一个长期积累和不断演变的复合体系。由于文化的发展和变迁，人们的思想观念也随之变迁。

根据上述各个学者对信念的界定与评价，并根据收录的各类表示信念的词汇与用语，笔者发现信念的特征如下：

（1）信念是一种命题。蕴含着持有人关于这个世界的一种明智的观点。

（2）信念具有个人特质性。它因其独特的个性而产生，是一种从自身经验中获得的对世界的看法和表现。

（3）信念具有个人主观性。这既是很私人的问题，也是非常主观的问题。它既可以符合客观真实，又可以被认为是一种主观认识，甚至是一种扭曲。信念既是个体的情绪，又是客观的思想。信念具有很强的主观性，人们对于同样一件事情的信念往往是不同的。

（4）信念具备一定的内隐性。这个概念不太清晰，也不太好深入研究和验证。

（5）信念具备一定的情境性。信念不会超越事实依据和真实现象而存在，属于一种看不见、摸不着的事物，涉及具体的事件、情形或行为。

（6）信念具有发展性。信念来自经历和现实，会根据新的经历和参照别人的信念而不断发展和改变。

（7）信念有层次和类别性。有的信念是表面的，有的信念是深层次的，有的信念是内心的。不同水平的信念，其稳定程度和影响程度也不尽相同。而外部信念的影响领域相对狭窄，会被相关因素影响而发生改变。信念可分为描述性信念、评价性信念和规范信念。

（8）信念的定义分析不是太清晰，和“认知”等观念有密切的联系，但是也存在一定的差异性。相对于理论认知来说，信念、态度、价值观和习惯等都属于非智力因素。

（9）信念具备较强的理论指导性和实践操作性。持有信念的拥护者会下意识地将其当成一大准则，规范自己的思想和理念。换句话说，人们的思想、言语、行为都是由他们的信念所决定的。

因此，我们可以将信念界定为：在一定的情况下，人们在自己的知识、经验等因素的影响下，对发生的事情做出的具有鲜明个人印记的判断，它是一种用来引导自己思维和行为的潜在的理论。

二、信念系统的内涵

个人所拥有的不同信念结合在一起，构成一套信念系统。我们站在心理学的理论研究基础上，可以针对“信念系统”这个概念做出分析，进而引申出外国学者 Rokeach 的理论分析。外国学者 Rokeach 最早将信念系统定义为一种由人们在他的特殊情况下所持的许多信念所构成的体系。在这个体系中，信念之间并不必然存在密切的逻辑关系。这些都是以心理的方式呈现，并被组织起来的。罗克赫对信念体系有三种假定：信念体系中的信念，其力量是不同的；体系中的各个信念在不同层面上的表现是不同的，存在着核心信念和边缘信念；不同的信念在易变性上是不同的，越是接近核心位置的信念，就越难改变。

外国学者 Rokeach 认为，这个体系就像是一个原子的构造，原子核会对环绕着其旋转的颗粒产生引力，从而使其成为一个稳固的体系，而某些信念则会产生一个中心信念，再加上周边的其他信念，构成一个完整的信念体系。Rokeach 根据关联性（connectedness）来决定各种信念在体系中的地位：当一种信念与其他信念之间的作用因素联系得更紧密、更有影响力时，该信念在信念体系中的地位就更高。要决定信念的相关性，Rokeach 提出了五个标准：与个体认同、自我认同等相关程度越高，相关性越高；与他人分享的信念越多，相关性越大；宗教信念是从别人那里获得的，而非宗教信念是从自己所信念的对象中获得的；由于非派生信念是从自己的经验中获得，因而与自己的联系更为紧密，其作用也就更具相关性；一种对个人偏爱的信念，是一种非常武断的、和其他信念联系较少的信念，它处于信念体系的边缘。

外国学者 Green（1971）认为，我们可以基于三大角度来研究信念系统的结构特点，第一是准逻辑性（quasi-logicalness），第二是心理中央性（psychological centrality），第三是群组结构（cluster structure）。第一个方面是将信念体系和知识体系进行比较，认为信念体系是一种不符合逻辑的体系。知识体系是建立在逻辑学基础之上的，体系中的各类知识之间存在着内在的逻辑关系。每个人的信念都是不同的，它反映了每个人的想法和价值，它并不必然是严谨的。第二方面，认为信念体系与个人之间存在着紧密的联系，并且各个因素在信念体系中的重要性是不一样的。在一个体系中，一些信念对于它的拥护者来说是比较重要的。因而，体系中有“强信念”与“弱信念”之分。信念愈强烈，愈接近中央，愈受重视；信念越微弱，就越是无关紧要。第三个方面表明，信念是以群体的方式存在的。对同一信念对象，也就是相同的事情，往往有许多信念。该团体内的信念可以是有关联的，也可以是脱节的，甚至可以是矛盾的。

外国学者 Abelson（1979）和 Pajares 指出，知识系统与信念系统是有一定差异性的。他认为，相对于知识体系来说，信念体系有六大明显特点。

（1）信念制度并非人人都有，主要有三个原因：第一，由于个人的角度不同，其信念制度也会有差异；第二，不同的信念系统之间存在着某种程度的矛盾；第三，一个人在同一时间可以拥有两个信念系统。

（2）信念体系往往包括与现实相去甚远的理想化的场景。

（3）信念体系是建立在情绪与评估两个要素之上的，其中，认知层面是对各种观念的判断，而动机层面则是对各种信息的影响。

（4）信念体系中的要素是开放的、没有界限的。

（5）信念体系是一种具有个体倾向的体系，例如偏向于一个观点而忽视另一个观点。

（6）信念体系是由能在主观上为信念的正确性提供证据的个体产生的。

外国学者 Pehkonen（1999）针对信念系统内的信念做出等级性的划分，最终得出第一是意象（image），第二是信念（beliefs），第三是构想（conceptions）。意象可以说是底层和基础等级，它是一个人的实际认识系统，是由其经历产生的，含有很重的感情成分，是一种不自觉的行为。信念相对来说是在中等水平等级的，这是一种个人对特定事件或事物的主观认识，它还包含了情感因素。而与信念有关的主体认知和构想并不必然是建立在客观现实之上的。观念是一种带有强烈认识成分的自觉信念，是自觉的。

通过对上述有关研究的分析，我们可以总结出信念系统的特点。

（1）在一个体系中，信念并非单独存在，而是以群体的形式出现。每一群人都是有关事物的信念，而这些事物所含有的信念数目各不相同。

（2）信念系统是一个由许多信念群组成的系统。一个体系中的团体和团体内部的信念与心理学有关。

（3）不同的群体在信念系统中所处的位置是不一样的，在同样的信念系统中，同一信念在群体中所处的位置也是不一样的。那些对个体思维和行为有很大影响的信念，或者内部团体的信念，会更靠近系统的中心；那些对个体思维和行为或者内部团体有影响的信念，会更靠近系统的边缘。

（4）人的信念系统具有开放性和动态性。由于人类生活的局限，所认识的客体具有无限、多变的性质，这就导致了人们的信念系统具有一种开放、动态的特点。这就是说人们在自己的信念系统中所体验到的知识和知识积累，会形成更多的信念团体。信念群体的组成是不断改变的，有些会因为不断地确认而增强，有些会因为证伪而削弱甚至消失，还会因为新的情况和新的信念而改变。基于以上的研究，我们就可以得出信念系统的结构形式，具体见图 1。

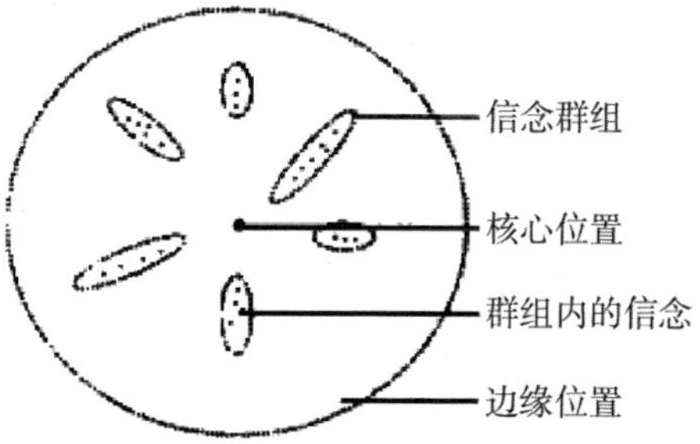

图1　信念系统结构示意图

图 1 中有一个球体，意味着一大信念系统，中央的点代表着信念系统的中心，距离该点越远，意味着距离这一信念系统的中心越远，越接近于边缘。在这个球体当中有很多椭圆形体，意味着多个信念群组。椭圆形体内的多个点是指群组内的多个信念。

球体的外沿由虚线构成，椭圆形体可以自由进出信念系统，这意味着信念体系是一个开放的系统，其组成内容是动态变化的，即系统中的群体会随着持有者丰富的经验和认知发展而增加、减少。球体内每个椭圆形体的位置是不同的，有些更靠近球体的核心，而另一些则更接近球体的边缘。椭圆形体的不同位置表明，对其追随者的思想和行为影响较大的群组更接近系统的核心，影响较小的群组更接近系统的边缘。随着信念持有者的经验和信念的变化，群体之间的相对位置会动态调整。球体内椭圆形体的外沿也由虚线构成，这意味着群组中的信念也是动态变化的。每个椭圆都面向球体的核心，这意味着每个群体中的信念都是由内向外扩散的，群体中越重要、越稳定的信念越接近核心。

第二节 教育信念和教师信念

一、教育信念

我国学者瞿卫星（1998）、宋宏福（2004）等针对教育信念做出了划分，即指对某种教育理念、思想、情感、理论的确定。我国学者邬志辉（2000）、陈向明（2003）等指出，教育信念其实是深深扎根于教师心智结构体系里的，是长时间积累而得出的价值观念，通常代表一种没有思想或者先验性的假设，影响和规范教师的课堂教育观念和行为。《教育大辞典》（顾明远 1998：785）中对教育信念的定义为“对一定教育事业、教育理论及基本教育主张、原则的确认和信奉”。

很多学者对“信念”与“观点”没有加以区别，因而指出“观点”的定义也就是“信念”的定义。本节对各国学者关于教育理念和信念的文献资料进行整理，以便更好地解释两者的联系与差异。

教师自身持有的教育理念，是指教师在实际开展教学活动的过程中，碰到的各种教育问题和现象，进而持有的思想和观念，特别是在自身教学能力和素质发展，以及学生主观认知等方面。这种认知会对教师的直觉和判断产生直接的影响，进而对他们的教学行为产生影响。教育观念其实指的是教师对学生学习情况和发展情况的认知观念，属于自己的独特看法和思想，也是有效开展教学活动的根本和依据，是教师在长期的文化教育发展下积淀而成的看法和经验。在特定的历史和文化环境中，教师的教育思想指的是教师在日常生活、教育教学实践和专业理论的研究过程中，以对学生发展特点和教育活动规律的主观主义认知为基础，从而产生的一种关于教育的个体观点。教师的教育理念是教师在教学活动中，结合个人教学经验、专业素质、教学技能和水平，以及教学环境条件等，对教学和学生学习等方面所持有的独特的看法和观点。教师的教育理念对教师的教学活动开展起到了一定的影响和指导作用。

通过对上述不同的“教育信念”的界定进行比较，可以发现并不是所有的教育信念都是一样的。从整体上讲，学术界普遍认为，教育信念是一种更大范围的观念。然而，这些界定所指向的范围并不一致，而且界定的侧重也不一样。

在外延上，大部分的学者都认为教育信念所牵扯的应当是宏观的教育理论、教育思想、教育主张、价值观念和教育规则，而教育信念就是一个人对这些宏观理论观念的看法，如瞿卫星、宋宏福、邬志辉、陈向明、顾明远、易凌云和庞丽娟、周利斌。同时，也有一些学者提出，教育信念与教育活动中的各个参与主体和客体及其特征有关，具体内容有教师的角色和能力、学生的角色、课程、教学工作等，而教育信念则是对他们的看法，如辛涛，申继亮、高潇怡和庞丽娟。

二、教师信念

本书所探讨的教师信念，只是一种与自己的教育教学有关的信念。

外国学者 Clark&Peterson（1986）指出，教师信念在教师思维体系当中是比较主要的。他们将教师思想区分为三种：第一是教师计划，第二是教师互动思维与决策，第三是教师理论和个人信念。其中，教师计划代表的是教师从课前准备工作到后期反思和总结的全过程，该过程是具备思维性特点的；互动思维和决策是指教师在开展实际教学活动中展开的思维想象；教师的理论和个人信念存在于各个环节和流程。外国学者 Clark 和 Peterson 指出，教师个人信念其实在一定程度上是类似于教师理论的，可以通过采取教师的多元资源，制定科学合理的教学计划，进行深入交互思索，最终做出决定的理论性分析过程。Peterson 等学者深入表达了个人针对教师信念的看法，提出这种信念不仅涉及教师对学科内容的掌握和呈现，还涉及学生对学习知识点的掌握和理解等内容，另外还包括了教学目标、课程实施要点以及师生关系维护等方面的问题。外国学者 Porter&Freeman（1986）指出，教师信念的主体是教师，客体是教学取向，不仅涉及学生的学习理念和方式方法，还涉及教师的课堂教学角色、教学模式和体系等内容，不仅能指明教师在教学过程中需要承担的责任和义务，还能呈现出学生需要设定的学习目标等。

外国学者 Kagan（1992）指出，每个教师都能根据自身的教学情况做出内隐性假设，比如他们可以总结出每一位学生的学习特点和需求，讲述学生的学习过程以及指明课程目标。这种“内隐”的假定往往被默认，而且教师往往不知道这种假定的存在。因此他将教师信念定义为“职前或在职教师所持有的关于学生、学习、课堂和所教学科内容的内隐性假设”。在实际的课堂教学过程中，我们无法找到那种固定不变、完全没有瑕疵的教学方法。教师要结合各个模块的教学内容和目标来设定教学情境，进而采取有针对性的教学方法。在同一情境下，教师可能面对多种同样有效的应对策略，这时教师所持的内隐性假设将决定教师的最后抉择。Pajares（1992：314）认为教师信念指的是教师的教育信念（educational beliefs），他们对自己的职业、学生学习、教学内容、角色和职责的影响不同。比如，教师对学生的信念、对知识本质的认识、对自身的看法、对学生是否能够胜任某项工作等方面的看法。Calder（1996：709）认为，教师信念一般是一种教师的教学信念，也就是在教学情景与教学过程中，教师对教学、学习、学习者、课程、自我等有关概念所持并相信的观点。Woods（1996：194）表明，BAK（beliefs, assumptions and knowledge）的概念分析很重要。他觉得，信念、假设和知识是存有一定差异性的，其主要表现为人工的差异。通过对教师的采访可以看出，这三个方面的联系比他们的区别要紧密得多，所以我们必须采纳 BAK 这种三位一体的定义和概念。结合 Woods 的观点可知，教师信念其实和 BAK 的概念内涵具备相似性，因此，该概念的含义基本上涵盖了教师认识的各个层面，不仅涉及教师的教学态度和理念、教学的价值观，还涉及教师的教学思维、原理、方法，与内显理论的概念息息相关。

M.Borg（2001）指出，教师信念代表的是教师自身具备的一种教学法信念，或者也可以表达为教师自身的一种教学理念。其具体内容不仅包括教师对实际教学过程的看法，还包括对学生和学科的看法。Meijer 等学者针对“教师知识”和“教师信念”两个概念做出了差异性分析，表明在“教师”的思维过程分析中，其个人理论、信念和直觉要素的组合比较复杂难懂，也不容易区分。和与事实命题比较相近的认知相比，教师信念往往被人们认定为教师自身价值观、思想、观点等抽象而复杂的认知内容。Sahin et a1.（2002）在自己的研究过程中对“教师信念”这个概念做出了定义，即信念代表的是教师对个人工作情况的了解和掌握，它关系到教师的情感、态度、经验和决策。S.Borg 在回顾和分析了有关教师信念的文献后，他认为很难将“知识”“信念”等相关的概念从个人的认知中分离出来，所以他不再试图分别界定“教师”“信念”，而是将“教师信念”作为一个统称，用以概括教师心理世界中的各种因素。在 S.Borg 的研究中，虽然教师信心和信念是教师认知的一部分，但二者在概念上都是通用的，是指在其事业中的任何一个阶段，教师对工作中的各种思考的问题、了解的知识所持的看法。乡村英语教师的教师信念是指乡村英语教师对英语教学的看法、观念、态度等。

在国内研究中，俞国强等（2000）认为教师的信念是指在教学过程中，对教学活动和教学过程研究而产生的一系列的理论、观点和间接的评价。我国学者郭晓娜（2008）指出，在实际的教育教学过程中，教师结合教学实际特点，分析研究最终的正确价值观，做出教学内容的合理选择，且要在师生关系问题的处理上发表个人看法，要科学设定教学目标，采取有效的教学评估模式和方式方法，要对教师的角色进行认识，掌握好学生的学习特点，形成一种独特的解释和评判的价值系统，其实这也是一种教师自身应该持有的教学信念。我国学者林一刚（2008）对 Kagan、Porter&Freeman 等人的教师信念定义分析做出了深入研究，最后可以得出教师信念是一种对教育和教学的假设，并将其归纳为以下四个特点：

（1）教师信念自身也是一个体系，而且教师信念处在一定的水平上。

（2）教师信念有“中央—外围”结构，越靠近中央，教师的信念就越不容易被转变。

（3）核心教师观念的转变，会影响整体的教师观念。随着时间的积累，边缘的教师观念也会发生改变，从而引起核心教师观念的改变，进而改变整个教师观念体系。

（4）一些观念教师能够自己认识到，并且能够通过言语来有效地表述出来，而有一些观念则不能。

王慧霞（2008）针对教师信念这个概念做出了定义分析，即在实际的教育教学工作中，教师产生的针对性的教学观念，尤其是在自身职业发展、教学技能和学习效率提升等方面，产生的一种主观认知。教师的信念对教师的教育活动和身心发展都有重要的作用。

通过对以上中外学者关于教师信念定义的对比，可以看出，其定义的指向是多样的，并不是一致的。双方之间的矛盾主要体现在两个方面：一是对概念的指代范围的理解不一致；二是所指向的基本特征不同。

对于教师信念的内涵来说，我们可以从两大方面入手进行研究，第一是教育方面，第二是学术研究方面。本节所列关于教师信念的定义中，有些侧重于教育性，有些侧重于学术性，有些侧重于二者结合。

学界对这一问题的关注点存在差异，其根源在于对这一问题的研究角度不同。谢翌（2006）通过参考文献综述，对“教师信念”这一概念进行了界定，归纳出六种观点：

（1）将教师的信念视为知识和教育理念的组成部分。

（2）本研究着重于探究教师自信心构成要素及功能。

（3）对教师信念的本质特性进行了深入研究。

（4）重视对教师信念的肯定及其与思想行为的联系。

（5）重视教师信念中的情绪因素。

（6）本研究着重研究教师信念的存在形态、被肯定的程度，以及与教学活动的相关性。

就其实质特征而言，对教师信念的界定不一，体现了对教师信念本质特征的认识。主要有以下五种类型：

（1）教师信念是教师的认知。在这一认知中，教师信念是教师认知的一个组成部分，并与其他要素共同组成了一个整体。在这个整体中，教师的信念和其他的认知要素是共生的，是发展的，是很难分割的。教师个人信念很多时候都是和假设、知识共存的，甚至可以融合成一个整体，不太容易区分，还会组合成 BAK 的定义，这种定义包括教师认知的各个领域的内容。教师的信念指的是一个相对抽象的认识层次，比如他的个人价值观、态度和概念，具体是指教师针对个人工作问题和内容所作出的研究，以及产生的认知和理念，它指的是教师对自己工作的思考和解释，是教师对教育教学现象的主观认知。

（2）教师信念是教师相信的一种理念。在这一理论中，教师信念被看作是一种被教师认可和坚守的现实，强调了它的真实性；是一种对自身教学抱有信心的观点，由具体的论断和原理组成；是一种在教育中，教师对实际教学工作中的相关性要素持有相信态度，形成的一种正向的心理导向。

（3）实际上，教师信念属于一种假设。这种认知可以在一定程度上凸显教师自身信念存有的假质性，虽然不一定被证明为真相，但在实际的教育活动中，教师仍然有可能依据这些假设做出教育决定。教师信念其实是指教师自身具备的包括教学内容和理念的一大内隐性假设，是教师针对教学全过程和各个环节而做出的假设。

（4）教师信念指的是对教师的评价与指向。“信念”在教育与教学中，是人们对于教育与教学现象、理论与观念的看法、判断与评价。在自我评价的基础上，教师要建立起自己的教育态度与教育方向体系。教师信念是教师的教学取向和对英语教学的观点、观念、态度、理论、观点的判断。

（5）教师信念是知识。在这个意义上，教师信念是一种比较特别的知识，它存在于教师所掌握的大量知识中。其独特之处表现为：信念可以像其他的知识那样，通过老师的提炼和运用而实现；另一方面，信念又作为一种“过滤器”，参与到教师抽取、利用其他知识的过程中。教师信念研究是一种思考的过程，是教师的知识储备。

笔者针对信念、信念系统、教师个人信念等定义做出了深入的分析和研究，且在信念体系和教学信念的关联性和差别性等方面做出了研究。就“教师信念”这一内涵而言，其只是一种“教育”层次的概念。在教育层次上，教师的信念自身也是一个体系，这个体系的各个维度在这一部分中都被提到。笔者从其基本特征出发，提出了“教师信念”是“教师认识”的一个重要组成部分。在对教师的认识和课堂教育的联系中，最重要的是教师的信念分析。

第三节　教师信念研究的理论基础

一、建构主义的认识论

认识论是一个哲学范畴，是关于什么是知识及如何获取知识的一种观念。从其实质上来说，建构主义其实也属于一大哲学概念，其根本理念是人们事先对真实事物的深入了解，进而合理运用到社会经济发展和教学发展等过程中。

持有建构主义理论的研究者表明，认知是我们结合个人理论知识和经验而做出的有效建构。但是，关于主体建构行为的问题到底是什么样的？人们并没有达成共识。以此为根据，就产生了各种不同的建构主义。

笔者这里可以以激进建构主义和社会建构主义为例进行分析，让读者了解这两大主义在客观认知方面的差异性。激进建构主义不仅否定了经典本体论，还否定了认识论，并且指出，由于单纯的客观真实不可能被证实，所以，人们不能以此为终极目的。这一学说着重论述了认知的建构性，将所有的认知都看作是主观能动性内容的创造。认识的过程指的就是，在已经有的知识和经验的基础上，对外界进行构造的过程。并且，这个构造还呈现出了个性特征，不一样的人所对应的认知理念和结构体系也是不一样的。激进建构主义的典型代表人物是 von Glasersfeld（1995：31），他指出：知识并非以感觉或其他形式被动获得，而是以主观能动性的方式构建；“认识”并非寻找客观世界的终极实体，它只是将主体的体验世界进行了信息整理，其作用就是从生物的角度来看“适应”。社会结构理论强调人类认识活动的社会性，并将其看作是人的认识过程中所必需的，同时也决定了人的认识方向。在此基础上，笔者提出了一种新的研究方法。在认识过程中，一方面是人与人之间的相互作用，使人产生独特的体验，另一方面是人与人之间相互交流产生了知识。

皮亚杰与维果茨基的认识论是其形成与发展的重要理论依据。皮亚杰的认识论以“有机体”和“环境”的“双向共存”为中心，其基本观点可归纳为以下三点：第一，人类认识的中介或图式起源于活动。知识是从主客两个方面互动的过程中产生的，因此，知识包括了主客两个方面。在人类最初的认知过程中，不是感知，而是行为本身发挥了媒介的作用。第二，认识媒介是在生物与环境的相互协同作用下产生与发展的。皮亚杰提出，人的认识是从内在与外部的联系开始的，它的发展机制是“吸收与适应”。吸收是一种在不影响已有的认识框架的情况下，吸收新的认识成果的过程；适应是在原有的认知结构不能容纳新的认知内容时，对其进行调整和改变，以适应新的认知内容。第三，主体的知识是由自身固有的内在因素构成的，即个人固有的经验、知识和认知机理。维果茨基的知识观认为，文化是人的认识的媒介。维果茨基指出，人们对世界的认识，在很大程度上依赖于某种特殊的思维方式，如语言，而思维的发展又取决于人类所处的社会、文化条件。人类通过使用诸如语言这样的符号来认知世界，其思想从社会性的思想逐步发展到个人性的思想。维果茨基还认为，人对世界的认知功能并非内在的、自发的，而是通过人与人之间的合作、相互作用、交流而形成的。人类独特的精神认识功能是通过外在的行为而形成的，这是一个逐渐内化的过程。思维发展的真正走向是从群体思维走向个人思维，而非从个人思维走向社会思维。

虽然各学派的理论主张与看法各有不同，但其认识论的根本原理却是一致的。在人类认识的发展过程中，人类认识的主体与客体的关系、认识的条件与方法、认识与意义的特点，都是人类认识的基础。无论是在主体还是客体关系上，理论都表明人是自主认知这个世界的，人在自我认知的过程中彰显了个人主观能动价值，属于创造性的认知过程。人在对世界的认知中，并不是将外部的东西和它们之间的关系进行了镜面式地投影，而是根据自己的经历或已经形成的知识，在自己的脑海中对外部的东西进行了重新创造。因为是重新创造，所以创造出来的知识也是带有主观性的，而且这样的创造是建立在对外部的客体及其相互联系上的，因此具有客观性。所以人类的认知发展是主体与客体的结合，认知发展的进程是不断地向客观世界靠拢，而与客观实际始终无法达成一致。从认知的条件与模式来看，二者都重视个人已有的经验与知识和个人的主观能动性发展。该理论主张，对于新事物的认知是建立在个人已有的认知基础上的。在这种不断认知的过程中，人们会在自身认知和外在环境条件联系当中产生一种交叉性的作用，实现外部环境条件到内部心理环境条件的有效转变，进而通过人的认知加工实现内在吸收，持续地对个人的经验和知识进行增长研究，从而让个人的内部的主观认知与外部的客观世界逐步达成一致性。根据社会建构论，人们对世界的认知，其实是和实际社会发展和文化教育环境息息相关的，关系到人们的世界观认知，依靠的主要是语言学等理论。但是这一方法也带着一些社会发展和文化发展特点。因此，人们对世界的认知过程，其实就属于社会化体系的一大构建过程。要想成立良好的社会组织，主要依赖于两大措施，第一是采取具备文化特色的语言类措施，实现自身理论知识的内化吸收，达成认知目的；二是个人在与周围人和环境的交往过程中，不断提高自身的认识水平。关于“知”与“意”的性质，建构论认为它们都是人类主观能动性的产物，都属于纯客观性的范畴。知识和意义其实带有两种属性特点，第一是具备较强的个体性，和社会发展存在一定的协商性关系。第二是带有较强的社会协商性，由于存在比较健全的磋商机制，所以不同的人所构建的认识与价值有同样的一部分，并且可以相互交流，从而形成了一个社会的认识基础。

二、建构主义的学习论

各学派的理论研究者都认为：第一，学生对其有意义的构建是建立在对其有意义的认识之上的；第二，要获取新的信息，必须有综合的认知。第三，社交交往促进了学生的学习；第四，我们要从真实的世界里去做那些最值得去做的事情。

建构主义学习论观点和思想主要展现在三大要点上：第一是学习本质特色和内容，第二是了解知识理论本质特点，第三是学习理念和方式方法。

关于学习的性质，皮亚杰与维果茨基分别从两个角度提出了两种观点：一是从认知角度出发，二是从学习角度出发；一种观点是关于个人内部认识架构不断发展和改变；一种观点主张“学习”是一种社交活动，是一种有价值的构建过程。

皮亚杰认为，社交互动引起认识上的矛盾，是智慧发展的强大动力。失衡推动主体超出了当前的状况，启发了一个新的方向。一个人的学习过程，是一个对自身认识结构的吸收与适应的过程。在同化过程中，新的信息融入原有的认知结构中，这样，就可以丰富并修正已有的认知结构中所含的信息。在认知过程中，同化是一种质的变化，这个“质”的变化无时无刻不在发生。当学习者对外部世界的新认识与原来的认知结构中的内容产生了剧烈的抗拒，而以原来的结构不能接受新的知识，这时，就会产生一种变化，来接纳新的知识，使其与认知的发展相适应。在人类认识的发展过程中，顺应是一个质的变化。

维果茨基认为，学习的本质是社会知识和意义的建构。人与人之间的交流，使人与人之间产生了某种互动关系。在与其他人的协作和互动中，多人共同商定，共同研究认知客体、事件和概念的含义。采取社交互动的方式，可以使个体的认识架构得以建立，而发展则是将外部的、存在于主体之间的知识和含义内化成为个体所拥有的内容。由于发展的重要中介是对人类含义的社会性讨论，因此，个体构建的独特主观含义及学说必须符合物质的现实，方能得以发展。由于学习与个人的相互影响具有不可分离的关系，而且，学习的内容也是从这样的互动中产生的，因此，学习的本质就是对社会性的认识和含义的建构。

从认知的性质来看，它是一种社会意义的构建。语言是一种社会结构，它是建立在语言知识、规则之上的。在一个特定的领域中，人类的知识、规律和惯例是决定和评判知识真伪的重要因素。一个人的主体性的认识经过内化后，转变为可以为别人使用的认识，这个转变就是一个人与人的互动的社会过程。只有被他人审视，被他人评判，才能成为他人的东西。也就是说，个人主体的认识要转化为他人的认识，就需要经过一个互动的社会过程。从其本身来看，个人所学到的知识是被内化了的，是被重新构造过的，因此它是个体对社会意义的构造。

在学习方式上，注重学生主动参与有意义的学习活动，基于真实情景进行探究学习，基于社会交往、合作学习，建构主义的目的在于使学生不再只是一个被激发的对象，而成为一个积极的、有意识的、有能力的构建语义的人。由于建构论强调认知是密不可分的一部分，所以它提出了一个关于认知情境的观点。由于学生的学习效果与学生的具体情况有关，因此，基于学生的具体情况，教师应当给予学生关注。构建主义理论强调人与人之间的互动关系，因而，以人与人之间的互动关系为前提的学习，是人与人之间获得新的认知的过程。

三、社会认知理论的观点

（一）社会认知理论的基本观点

美国心理学家 A.Bandura 所提出的社会认知理论的核心思想是相互决定论：环境事件、人和行为三者相互决定、互为因果（Bandura 2001a：32）。在这一理论的发展中，人们日益重视人的能动性发展，重视人的自我能力发展，强调自我完善、自我调整、自我反省的功能发挥。下文从三方互惠决定论、自我系统和自我效能三个方面说明社会认知论的基本观点。

1. 三方互惠决定论

班杜拉认为行动是主体（人）、行为和环境三种因素互惠决定的结果，于此，他提出了三者之间的关系图（见图 2）。

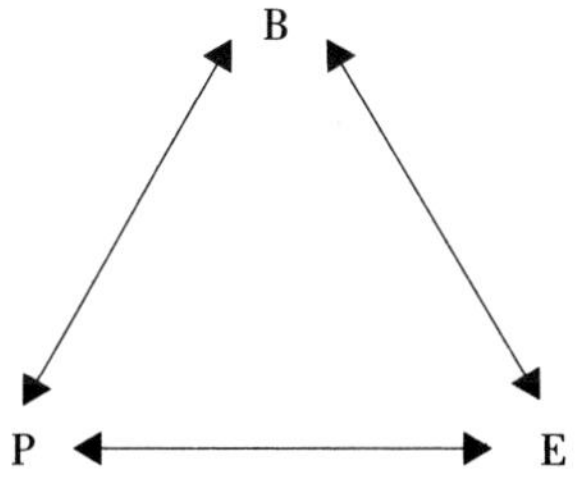

图 2　人、行为和环境三方互惠决定关系图解[①]

在图 2 中，B 表示行为（behavior），P 表示人（people），E 表示环境（environment）。三者之间的箭头代表三个方向的相互制约和相互影响。P 和 B 之间相互决定：P 的内部因素如动机、意向、目标、情绪等影响着 B 的模式和强度；同时 B 的内部特征和外部结果又影响或部分决定着 P 的意向信念和情感反应。B 和 E 之间相互决定：E 是 B 的对象和外部条件，它部分地决定着 B 的模式与强度；同时 B 也能改变 E，使之适应于 P 的需要。P 和 E 之间互相决定：P 的个人特性、情感与认知能力等是特定环境作用的产物，并且受到 E 的制约；同时 E 取决于 P 的认知把握，E 只有被 P 认识且把握时才能对 P 产生影响，把握的程度取决于 P 的认知特点（成晓光，2003）。其中，人起着主要作用，尤其是人的认识水平起着关键作用。例如符号的应用能力、预测能力、观察学习能力、自我调整能力等。人类的认知功能是人类能够预见、调整和控制外界环境和自身行为的基础。人的认识技能并非自然形成，而且不可能只靠自己的努力。人类的认识是在与周围的条件、行动的互动过程中形成的，在这种情况下，也有影响。人类的认知能力、行为与环境三者之间始终存在着相互影响、相互制约的关系。其中任何一种都离不开另外两种。

在特定的人类活动中，人、行为和环境这三个要素并不是同时共同作用的，它们并不是在同一时间产生的。三个要素在思维、行动上的作用并非完全等同，在不同的时期、不同的环境下，其中一个要素可能会起到重要的作用。这三个要素对思维、行动、认知的结果起到了决定性的作用。

① 注：引自 Bandura 2001a：32。

2. 认知结构

班杜拉表明，人的行为内在存有一种认知体系，具备三大功能和作用：感知功能、评价功能、调节功能。人们基于自我认知来了解社会变化和世界变化，进而获得个人认知。

大部分外在因素都是经由人的认识构造而发挥作用的。这种认识的架构，确定了被试所观测到的外部事件，确定了对事件的理解，确定了事件对其影响的后果，还确定了事件所传达的讯息是怎样被整理为未来使用的。主体通过认知结构将对外界的观察符号化。在对外在事物的观测之外，人类的认知构造也使得人类能够观测自身的活动，并将其符号化。人类通过对事物的观测和抽象化分析，对事物将来发展的后果有一个预期，通过对情境中发生的事情和反应的后果有一个关联的认知表达，进而对其将来的行动做出评价，根据评价结果对自身的行动进行调节或指导。它包括了广义和狭义两个方面，从广义上讲，自我调整是指在三个方面相互作用的决策过程中，人们在其中所起的作用。从狭义上讲，指的是自我改善的过程。人们在自我调整中采用了正向的策略，也采用了逆向的策略。正向的策略可以降低成绩和目标的距离，而逆向的策略则可以给自己设定一个更高的新目标。人们为自己制造了一种失衡的状态，也为自己设定了一种更高的行为准则，并用这种准则来打破这种失衡。在个人调节系统的实际运作过程中，采取语言等抽象思维符号系统，我们能够从思想上入手，尝试采取多元化的措施来处理各种问题。对不同的行为所可能造成的后果进行评估，并在其中选择最好的方法去实现。在自我规范体系的作用下，对已有信念进行反思，并对其进行强化、削弱或消除处理。当人们认为一项行动不对的时候，这种观念就会变弱甚至消失；相反，这种观念就会变得更强。

由于信念系统的错综复杂，两种不同的信念可能同时存在且不会互相排斥，因此，一个被自我调整体系认定为错误的信念，并不一定会马上消失，一定会在经历了无数次的尝试之后，被反复确认，最后才被抛弃。大学生的自律性受到内在因素和外在因素的制约。其中，外在因素主要有对自己行动的评判、外在的加强等，内在因素主要有对自己行动的观察、判断、回应等。

所谓“观照”，就是看一看自己的行动。判定过程就是以三种基础来评判自己的行动：一是从个人的标准出发，二是从他人的参照行动出发，三是个人对于行动的归因。结合个人评判，我们可以做出一定的情感反应，也可以采取强化自我的措施，建立自己的行为动机。

3. 自我效能

自我效能是一种自我参考的思维，它是一种人对自身发生的事情具有的自律能力的一种本能，是一种对自己能否达到一种行为程度的判断，还是一种对自己实现一个设定行为所需要的行动过程的组织和实施的能力判定。Bandura 基于自我效能感，把人类的认知能力、社交能力和行为能力结合起来，形成一个完整的行为流程。

自我效能基于人的自我评估，对人的行为选择、努力程度、努力时间、思考方式、情感反应都有很大的影响。人们往往会回避那些力所不能及的事情，而会选择他们能够应付的事情。自我效能感高的人，他们将更多、更持久地为达到目的而努力。一旦遇到困难，他们就会更加卖力。在面对困境的时候，很多人都会不敢面对和极力逃避。无论是在思维模式还是在情感反应等方面，如果个人效能感不强，则会一直顾虑自己的问题和缺陷，不断质疑自己，不敢面对问题。对于具体成因来说，他们往往将失败的原因总结为没有责任感和不称职。高自尊者会将自己的能量投入所处的环境中，面对困难时，会有更多的动力和激情；在原因上，他们倾向于认为自己没有尽到最大的努力。

自我效能判断和行为有着密切的联系，两者能否保持一致性，取决于多种因素。其具体表现为：主观行为动机、环境条件支持、自我效能的误判。在缺乏激励的情况下，个体不会做出任何的行动，不管他们的自我效能高低。在不适宜人类活动的情况下。由于对自身效能的误判，使个体的真实能力和所需能力出现了偏差，从而使个体的感觉和行为出现偏差。

（二）社会认知理论的学习论

社会认知理论认为，人类没有任何与生俱来的行为技巧，只有最基本的生理反应。不同的行为技巧和新的反应方式都来自学习。学习方法分为两类：一类是直接的，另一类是间接的。

直接学习来自人的直接体验，它是在行动中获得正、负两种效果的过程中获得的。当一个行动模式能带来正面效果时，这个模式被证实是有效的，就会被选择；一个行动模式若造成负面后果，则该行动模式不起作用，应予以摒弃。不管是不是行之有效的方法，都构成了人的经历，而人也正是在这种逐步累积起来的经历中，吸取教训的。班杜拉认为在人类的学习中，直接学习是最基本的。这说明了个体力是从活动中获得的，因为活动的结果有三个作用：第一，信息传递，表明在哪些情况下可以显示出恰当或不当的行为；第二，动机引发，正面的行动成果促使一个人继续行动；第三，行为强化，一种成功的行动后果加强了这种行动。

直接学习只占学习的小部分，在当今社会，人们的知识大多是通过间接的方式获得的。间接学习是一种由学习者对别人所呈现的行为和结果进行的学习，这种方法并不要求学生亲自体验并巩固自身的知识，只要求学生通过旁观来获取自己的直接体验，故称之为“间接学习”。

社会学习理论研究者认为，针对人们的许多行动，我们都可以从观察他人的例子中学到。模范的作用主要表现是为其传递信息，从而引发人们学习。通过观看，人们会得到关于演示行为的象征意义，这些象征意义会引导他们采取适当的行为。观察学习包括四个子过程：注意过程、保持过程、生成过程、动机过程。

学生的注意力是从别人身上获得的，也从身边的人身上获得。获得资讯的方法与资讯的量是被一个专注程序过滤及决定的。注意过程往往会被三大因素影响和制约，第一是别人榜样性的特征，包括他人的思想诱惑力、个人魅力等；第二是观察者的个人发展特征，包括个人价值观和态度、思想等；第三是观察者和被观察者之间的内在联系，如果两者经常融合在一起，则观察者就能够快速模仿和掌握学习内容。

在此基础上，本书提出了一种新的语言学习策略。这个过程首先把被观测到的行动转化为一种回忆的图像，之后又把它转化为一种行动概念的语言编码。把图像和语言加以编码，把它们储存在头脑里，引导学习者日后行动。认知复述就是在学习者的大脑中，想象力在进行着正确的操作，这对保存编码信息是有利的。

生成过程也称动作再现过程，这就是观看式的学习。在这个过程中，一个人把对运动的概念从他的记忆变成了行动，它包括动作的认知组织、实际动作和行动监督三个步骤。对行为概念的提炼和整理，是对行为概念的一种认知组织。实际动作，就是要把这些行动组合起来。行动监督是对实际执行的动作的观察和纠正，可以是自我监督，也可以是他人监督，动机过程贯穿整个观察学习的全部。激励动机是一种内在的驱动力量，它可以引发并保持一个人的高度注意力。一个人通过观察而习得的动作并不必然会显现，而显现与否则依赖于他的动机。人类行动的动力来源于过去他人和自己在相似行为上所受到的强化，不仅包含外部的替代和直接强化，还包括个人内在强化。替代性强化其实是指在观察他人受强化的基础上，强化旁观者的效果。直接强化的根本目标也可以是规范和强化学生的学习效能。自我强化指的是个人根据信息和数据反馈，不断评估和调整自我，采取奖励措施来维持自我规范行为和正确思想。

在观察型学习中，对人的发展有两种重要的影响：一种是抽象的，另一种是创造的。人类通过对概念的学习、对所获信息的搜索和处理，实现了对所获知识的抽象观测。通过抽象观测，人们可以对一些具体的行动进行抽象处理，这样就可以创造出超出他们所见和所听的行动。抽象规则和其对应的生成行为涉及三个方面的内容，第一是社会范型的内隐性特征，第二是实现信息到符号规则的有效转化，第三是基于规则规范行为，形成新样例。透过对学习的观察，也可以创造。具体表现为：第一，观察性学习是一种认识与行动的创新手段；第二，在大部分的创新活动中，需要的知识和技巧都是从例子和练习中获得的；第三，当发明家学会某种技术之后，他们将会不断地向他人学习，以便为自己的创意工作增加新的特点；第四，采取观察的方式，可以为创造性的集成创造条件。

四、建构主义和社会认知理论的结合

建构主义主张以人为主体，积极地构建意义体系，并突出意义构建的社会属性。社会认识论是一种关注人类对于世界的认知理论。看似两种理论的侧重点不一样，但若在如下几个方面的角度去思考，就会发现他们之间存在着共性和交集，在这种交叉的情况下，两者之间可以互相补充。主要表现为：第一，人类对于这个世界的主体意识；第二，人类对这个世界的认知；第三，为人类搭建了一个“有意义”的平台；第四是人的内在发展机理；第五，人们创造性资源产生的途径。

从人类对世界本体论的理解角度可知，两大理论均认为是人类对实施的诠释，并非单纯的客观性分析。

建构主义认为，认识并非主观能动的简单被动的反映，而是主观能动地根据自身的认识与经历而形成的。“真实”是学习者通过自己的经历来构建的，或至少是根据自己的经历来诠释的；每一个人的世界，都是学习者自己构建的，在与环境互动的过程中，学习者凭借着自己的个人经验，自主地构建了知识体系。所构建的知识体系并不能反映出主观世界，也不能构建出客观世界，它只是构建了主体的内部世界。建构论研究者主张，人们的认知能够无限地靠近真实，却不能彻底地达到真实，也不能彻底地反映真实。因为就个体所建构的知识系统而言，每个人对这个世界的认知都具有不同的特点，而且每个人的经历与体验都不一样，所以他们所看到的、感受到的、产生的世界观都不同。从知识的社会共商角度来看，建构主义强调个体与社会和文化的联系，强调在不同的主体间，可以借助语言等社会符号进行知识学习。由此可以看出，个人构建的认识并非完全是客观的，而是具有主观色彩。与此同时，个人对于“意义”的构建也并非随心所欲，而必须在与他人的谈判、和解中加以修正、整合。

社会认知理论研究者认为，人与环境之间存在着相互制约、相互影响的关系。在社会认识论研究中，环境是由人与自然共同组成的一个世界。在此理论下，人们的认知是在其所处的环境与行为互动中不断发展的。人类的发展是一个不断理解、构建社会的历史进程。由此可以看出，人对世界的认识不仅具有渐进性和趋近性，而且具有主观性，即人类对世界的认知是在这三个因素的相互作用中逐步产生、发展的。亲和力指的是通过人与人之间交流，对所处的环境有一种更全面、更深刻的了解。但是，无论人们对这个世界的理解多么接近，因为这种认识的过程是通过人类的认知结构来实现的，所以，都不可避免地带上了主观的烙印。所谓的对客观世界的认知，从来就不会是纯粹的客观，总是主客观相结合的。

建构主义研究者认为，人的认知活动是一种能动的、创造性的活动。学习不是一个简单的信息输入，而是学习者的一种自我建构。

自主建构的结果具体表现为：新的知识和已有的知识之间存在着一种内在的关系，新的知识和已有的知识融合在一起，形成了一个整体，从而形成了一个新的知识体系。人类在构建世界知识方面的主观能动性还表现为构建方式。维果茨基认为，人是通过与他人的互动来构建自身知识体系的。由于是一种交互性的行为，因此，交互性的主体不能是消极的，只有积极的主体才能产生交互性。由于人类积极地参加了社会活动，因此，人类就在这些活动中形成了自己的社会性知识。

人类积极地构建着自己的“意义体系”，这主要表现在三点：第一，构建是一种追求认识均衡的过程；第二，客体不是被动的接收者，而是主动的中间人；第三，在各种情境下，积极地构建语义体系。在认识过程中，班杜拉提出了一种以认识失衡为基础的认识过程。在发现自己没有理解能力的时候，个人就会思考，自己有没有需要学习可以得到这种理解能力的新事物，只要在这种情况下，个人就会积极地构建新的含义，从而促进自身的认识发展。在新的语义生成的进程中，个人起到了一个积极的中介作用。为了成功地执行期望的行动，并最终产生新的含义，个人不再是消极地接收外界的信息，只采取单纯的反射性行动。还有，人类具有预见的力量，可以在行动之前对其进行恰当的掌控，而非单纯地对行动的后果做出回应。在新的语境下，新的语义是逐渐生成的。在新的环境中，原有的认知结构已经不能适应。这时，就会出现新的不平衡。当人们对新的认识均衡有了需求时，他们就会对新的含义进行构建和测试。

从人们构建意义的平台来看，这两个理论都承认了诸如语言这样的象征意义在其中所起的重要作用。以语言为代表的各种社会符号，帮助人们进行各种各样的交流，开展各种各样的活动。

建构主义，特别是维果茨基的社会建构主义认为，在人类的成长与发展中，人与社会是互相依赖的，而社会的大背景则是人的成长所必需的。这个“平衡点”表现为三点：一是个人的发展，其中包含了更高层次的精神功能，具有一定的社会性基础；学生只有在参加大量的社交活动，并将这些活动的影响内化，他们才能掌握关于他们所生活的世界和文化的战略和知识。只有在个人与同龄人及他人在社交情境下互动，才能激发出多样的内在发展热情。第二，从社会层面和个人层面两方面来看，人类的行动是通过“符号”和“象征”这两种方式进行的，其中有文字符号、数学符号、色彩符号、声光符号等等。人们就是利用这个公众的符号来建立和传播自己的知识和信息系统的。第三，学习是知识的社会协商。社会协商是指在个人与他人对“世界”含义建构的互动、中介研究和转换的进程。在这一过程中，人类共同分享了事物、事件和概念的含义，从而完成了自身的认知与构建。

社会认知理论在三个方面体现了对社会环境和语言等符号的认同。第一，符号的内部构建。社会认知理论认为，主动作用产生于个体与其环境的相互作用，建构意义的过程因为使用语言等符号而发生在心理内部。思想的威力，是指人们运用不同的社会象征，如语言来表达事物及其相互关系。无论是抽象的还是创造性的，它们都是在一定的社会情境中进行的，而且都需要经过经验与以语言为代表的抽象社会符号表达的规则之间的转换。第二，符号创造需要与社会相互作用。个人的象征创作，就其自身而言，是一种积极的构建，依赖于个人所拥有的资讯，同时也依赖于其所能获得的社交资源。第三，直接学习和间接学习均基于符号的应用。社会认知理论，在此基础上，笔者提出了一种新的研究方法。在这种方法的应用下，个体首先通过自己的经历获得体验，然后借助某种社会象征，例如语言，将这种体验提炼为规则。在间接学习中，个人对自身与社会的联系，对别人的行为，以及他们所处的环境进行观察，以评估为依据，从而得到经验，然后利用语言等符号，将这一知识抽象出来，并将其转化为规律。在人类进行创造性的观察时，更多地使用像语言这样的抽象化符号来展开思维创新。

结合人们的发展特点和内在机制来说，无论建构主义引导下的是中介理论，还是内化理论，都是和人认知理念、体系以及动态化调整和发展息息相关的。这两大理念不仅和人们的心理调控相关，还和人们的认知和可持续发展相关，揭示了人类认知与心理发展从低等的、直接的、自然的心理功能到高等的、间接的、社会的心理功能的演变过程。皮亚杰是认识建构论理论的主要创始人，他把人的思维过程划分为不同时期的成果。维果茨基是一位以人为中心的社会性建构论的代表性人物，他认为人的高等心理进程是一种重要的媒介行为。他把媒介分为三类：一是物质媒介，二是心理媒介，三是其他媒介。所谓的物质媒介，就是人们通过集体合作、人际交往、语言等社会象征手段，使自身的认识与精神得到发展的一种手段。在各种活动中，人们通过各种物质性的手段，发展如语言和其他社会符号，并由此创造出精神上的手段。心理媒介是人类思维活动的媒介，它主要体现在人类的语言思维活动、记忆活动和逻辑活动中。维果茨基认为，人的心智活动的意义只能以他人的手段为媒介来实现。人的发展要先在人与人之间的关系处理中，把人的发展内在化。内化理论把人类思想的发展看作是一个与社会、历史、文化、物质等因素密切相关的理论。内化是一种符号性活动，这一现象既存在于人们的行为，又存在于人们的思想中。人类通过和别人的交互来进行社交，和别人共同创造新的信息，将诸如语言这样的一种符号体系内化。在社会实践中，具备社会性特点的语言通过交往语言，被转换为内部言语，然后进入言语思考，最终将其内化。

在社会认知理论中，自我调控是一个很有意义的过程。在社会认识论研究中，“三方互惠和互动”是指人的一种互动。自我调控是人类认识结构的一种内在调整，在狭义上是指人的自我调整。从总体上看，人类自我调控的根本机制是人类认知发展和进步的根本。

就人的创造性产生途径而言，两种理论都承认使用诸如语言这样的抽象符号来完成形式操作。社会建构论研究者认为，语言表达是一种社交行为，并把它看作是一种思想的前提。人类对于这个世界的认识并非源自客观事实，而是源自人，既有当代人，也有古代人。人类是在与他人的交流过程中获得对外界的认识，其中包含了许多不同的观念和类型。在英语教学中，一些重要问题往往是用英语来总结和表达的，因此，语言不仅是一种载体，也是一种表现形式，同时也是一种获得和处理该知识的手段。人们也要依靠知识来进行创造。社会建构论研究者也相信，人与人的相互作用是人类认识的基础，而人类认识正是通过这种相互作用而做出构建的。人类的语言运用是人类的一种社交活动，然后用它来构造和创建世界。人类能够利用语言等抽象的社会符号，对语言知识进行学习和运用，特别是在创造知识的过程中，它的概念和类别的构造通常是建立在逻辑的基础上的形式操作。

在实际的社会认知理论研究中，人们针对自身行动成果和效能感的反映，展现自身通过语言等社会符号展开思维创新的过程。班杜拉相信，个人对于将来的期望，是其作为或不作为的动力，而个人的期望，则是基于个人的经历，以及用诸如语言这样抽象的社会象征所表达的认识，经过逻辑的思考，得以完成。它体现了个人对形式化操作的能力。通过对自身行为结果的有效预判，结合环境条件、制约因素、个人行为根本，以及需要面对的多个问题等，来确定该行为方式、实施行为的策略、所要付出的努力程度。这些决策过程就是一个形式运算的过程。

第二章　素养与教学素养培养

第一节　素　养

什么是素养？素养是否等同于素质？对此，学界众说纷纭。首先，不能将“素养”完全等同于“素质”，二者既有区别，又有关联，《教育大辞典》中明确指出“素质是个人先天所具有的解剖生理特点，包括神经系统、感觉器官和运动器官的特点，其中脑的特点尤为重要。它们通过遗传获得，故又称遗传素质，亦称禀赋”。而“素养是指在长期训练和时间中所获得的修习涵养”，其基本要点是：后天形成、可培养、多层面、综合发展。因此，素质指的是事物本来的性质，包括品质与资质；素养指的是人类个体经由平时修养而形成的知识、能力、品德等，通过人的外在表现反映出来。

1997 年，OCED 启动了“素养的界定与遴选：理论和概念基础”（Definition and Selection of Competencies：Theoretical and Conceptual Foundation，DeSeCo）项目，OCED 界定核心素养的逻辑起点是成功的生活和健全的社会。提出每一个“核心素养”（key competence）都必须满足三个要件：①对社会和个体产生有价值的结果；②帮助个体在多样化情境中能够满足重要的需求；③不仅对学科专家重要，而且对所有人重要。然后，选择并确定了三大类核心素养：互动地运用工具、与异质群体互动和自主行动。进而将每个核心素养分解成三种能力，再将每个能力以列举的方式呈现具体的行为。这样就形成了 OCED 的核心素养三层框架。OCED 同时提出核心素养有三个基本特征：①超越所教的知识与技能；②核心素养的本质——反思性；③在不断改变的情况下，个人的核心素质是相互联系起来并起到一定的功能作用的。

教师核心素养具有独特的专业意义，“教师品质”“教师品性”“教师品德”等多是描述教师核心素养的称谓。一些学者将“教师的素养”定义为“教师所具备的素质和修养”，1990年出版的《教育大辞典》将教师素质与修养表述为“教师素质是教师为完成教育、教学任务所应具备的心理与行为品质的基本条件”，“教师修养是指教师在思想、道德品质、文化专业知识、教育、教学能力等方面经过学习和实践而达到的水平”。Fadel的《四维教育：成功的学习者所需要的素养》，提出了一种崭新的四维素质架构，并以不同的词汇展现出21世纪的成功学生所需的素质：“知识”（跨学科）、“技能”（创造性、批判性思维、交流合作等）、“品格”（道德领导力、好奇心和复原力等）。褚宏启教授认为：第一，核心素养是“关键素养”，不是“全面素养”；第二，核心素养要反映“个体需求”，更要反映“社会需要”；第三，核心素养是“高级素养”，不是“低级素养”，甚至也不是“基础素养”；第四，核心素质既要体现“本土性”，又要体现“全球化”。

综上所述，笔者提出，教师的全面素养是持续发展的，并且受到多种因素的制约，教师在长久的社会生活和教学工作中所体现的知识、情感、态度、能力、人格等方面的品质和成就是一种评价教师整体发展程度的主要标准，它是教师在信息化、全球化和学习型的时代中，在面对复杂的、不确定的情况下，可以将自己所学习的知识和手段结合起来，以更好地处理现实问题，展现出必备的健全的人格、积极的情感和主要的能力。它是一种超越了知识、能力和态度的综合体现。

全面素养提出的根本依据，是教育哲学的本体论回归。教育哲学本体论解答“什么是教育”这个问题。对于教育的本体论，各种哲学观点都有各自的特点。有人说，教育的本体论是人的学习本性；也有人说，教育的本体论研究是为了为将来的社会培育出符合社会需求的人才，这就要求教育者对学生的身体和心理发展规律给予充分的重视。有些人把教育学中的“本体论”说成了“学以致用”。到21世纪，在“万物互联”和“知识爆炸”的大环境下，网络信息技术飞速发展，尤其是智能机器人自主学习能力的不断提高，给人类带来了新的挑战。世界经济合作发展组织首先选择了这一概念。素质是伴随人而来的，经过不断学习、不断发展，获取参与社会生产所必需的品质和技能。在这种哲理认识的基础上，构建与实施了“以人为中心”的培养体系。2016年，教育部正式公布了中国学生发展核心素养体系建构，体现了教育哲学的人本回归，它主要包括自主发展、文化基础、社会参与三个领域；还有健康生活、学会学习、人文底蕴、科学精神、责任担当、创新实践六个素养。其中，自主发展指的是个人发展所必需的基本能力，社会参与是人的社会性发展所必需的个性和重要的能力，文化基础则是人所必需的工具性能力。三个方面的发展方向均是以人的基本人格和基本技能为导向的。在进行核心素质教育的同时，还要求教师掌握素质的哲学本位理论，将教学的目的从对知识的理解转变到对学生的理解，培养出一个能够满足学生发展需求的、高核心素质的教师队伍，这是一个非常重要的任务。在实际的教育中，如何实现这样的转换，对广大的乡村英语教师而言，是一个很大的考验。而“核心素质”的确立又必将带来新的课程标准、新的教材、新的考试命题等方面的变化。这对老师来说，是一个很高的标准。如果不能提升整体素质，就难以培养学生的核心素质。因此，在师生之间，教学相长、相辅相成很重要，这样才可以将国家核心素质培养的要求凸显出来，并将其有效地转换为学生的核心素质发展基础。

第二节 教学素养

教师的教学素养是指教师在课堂上所具有的一种外在的、最根本的品质。教师素质考核的内容主要有以下几个方面。

一、板书布局合理、内容精要恰当、书写规范美观

板书是教师最重要的一项工作，是教师的“门面”。因此，板书的合理

性和美感也就成了考核的一项内容。而一些学科，比如音乐、体育、美术等，因为学科的特殊性，没有板书内容，但一些基本的题目是需要板书的。在许多场合，有无板书也是一项考核的内容。

二、普通话标准

普通话是教学中最基础的语言，也是衡量一个人能否胜任教师的重要标准。在讲好普通话的过程中，还要注意语言的清晰和精练、表达的流利、适当的语速、充满感情的语气。在考试的过程中，考生很可能会因为紧张而将自己说过的话复述一遍，或者将最后一个字咽下去，甚至是吐出一半，这种情况要尽量避免。在日常生活中，学生要多做练习，尽量避免重复或吞字。

三、仪表大方端庄、精神饱满、教态自然得体、有亲和力

面试时，主考人最看重的就是应聘者的举止是否得体。应聘者端庄大方、精神饱满，是自信的体现，应聘者若具有亲和力，表明应聘者与同学之间可以和谐相处。

课程内容在学生评价中所占的比例大约为30%。在日常学习中，考生应该在自己的性格方面多下功夫，多做板书，多做普通话等方面的训练，使自己更能适应教师的要求。

在全国各地的教师招聘考试中，试讲评测虽在各地有所不同，但都包含在以上的评测要素之内。值得一提的是，虽然各地评分的权重各不相同，但总体来说，教学内容、教学过程及教学素养是评分较高的评分因素。不过，考官评分并不是一项项的评分相加，而是一个整体的分数。因为教师的个人素质才是评判成绩的重要因素。

第三节　教学素养培养的理论基础

一、冰山模型理论

“冰山理论”产生于心理学，最初由弗洛伊德“冰山理论”发展而来。弗洛伊德把人的思想比喻成一块冰，把人的思想分成两个层次：意识层与潜意识层。他认为一个人的言谈举止是由意识与潜意识层共同控制的，潜意识层是决定个体行为表现的关键力量，并且是在个体没有察觉到的情况下主动运作的。1973 年，美国著名心理学家麦克利兰（David C.McClelland）首次提出冰山能力素质模型（以下简称“冰山模型”），也称为职业胜任力模型。冰山模型系统地论述了个体在担任某一职业时应具备的知识、能力体系。这一模式自被提出以来，一直被人们重视，并得到了很好的应用。“冰山模型”中个体素质由两部分组成，即“冰山上部分”和“冰山下部分”。其中，“冰山上部分”是易于感知和评价的外显能力，包括基本知识、基本技能，它们是一种外部的表达方式，属于可以被理解和衡量的显性能力、素质，相对来说，它们也更易于被教育和发展。“冰山下部分”指的是人内在的难以触摸和测量的内隐能力，具体包括社会角色、自我形象、特质和动机，这些都是人内在的、难以测量的隐性能力、素质，而冰山下的各类特质很难受到外部因素的干扰。从能力占比来看，显性能力占整个冰山的六分之一，虽然内隐能力很难被测度，但是它所占到的比例高达六分之五，这说明人们的内隐能力对员工的行为和绩效起到了很大的作用。

“冰山模型”理论对本研究的启示：第一，对我国中小学乡村英语教师跨文化能力水平的分类研究有一定的帮助。在此基础上，笔者提出了一种基于“隐性研究”的乡村英语教师的“跨文化教学素养”维度，这也符合关于“跨文化教育素养”的定义分析。第二，为我国乡村中小学校乡村英语教师的国际交流能力评估指标的权重设定奠定基础。

二、布鲁姆教育目标分类理论

1956年，美国著名的教育心理学家布鲁姆及其团队提出了轰动学界的布鲁姆教育目标分类理论。该理论由认知、情感、技能三个范畴所组成。其中认知领域主要有六个类目构成，分别是知识、理解、应用、分析、综合、评价六部分；情感领域部分由 Krathwohl DR（1964）划分为五个层次；动作技能领域由 Simpson EJ（1985）提出动作技能领域七个层次教学目标。从对跨文化素质形成的文献进行分析可以看出，现有的关于跨文化素质形成的研究大多是基于布鲁姆的“教育目的的分类”，对其进行了相应的探讨。其中具有代表性的如英国语言学者 Byram 依据布鲁姆教育目标分类理论对跨文化素养进行划分，同时在欧盟的邀请下，依据该理论编写了《通过教育培养跨文化素养》一文；韩国跨文化交际学者金荣渊（1985）将布鲁姆教育目标分类理论作为理论基础，对学生的跨文化素质进行分析和探讨。由此可见，布鲁姆教育目标分类理论对跨文化素养研究领域产生了深刻的影响。布鲁姆教育目标尽管可以帮助我们从多角度、多层次对教育与教学的目的进行思考，但是在运用的时候，它的缺陷和限制也越来越明显。布鲁姆教育目标分类理论认为人类的认知过程是一维的，而各个层面上的种类之间没有任何的交集，但是在现实的教育中，这种做法是不符合逻辑的。2001年布鲁姆的学生安德森进行仔细分析和度量评估，小组人员对现有的指标也进行了修改，发布了布鲁姆教育目标分类修订版。新版中主要交换了创造和评价的顺序，并提出了认知教育目标二维分类标准。修订后的布鲁姆教育目标分类与之前的相比，在知识型的划分上更为细化，也更为明确。通过对这些类型的分析，可以使教师更好地认识到教学目标的类型取向，进而找出问题所在。

综上所述，在布鲁姆修正的教学目标分类法的指导下，对我国乡村中小学乡村英语教师的教学目标进行认知、情感、技能等方面的分析，可以更好地理解和掌握乡村中小学乡村英语教师的教学目标及特点，从而为我国乡村中小学乡村英语教师的教学目标的建立奠定基础。

三、拜纳姆跨文化交际能力评价模式理论

中小学乡村英语教师跨文化教学素养的结构要素作为指标体系内容构建过程中的核心内容，必须建立在与本课题紧密联系的基本理论研究之上。由此出发，本研究确定以拜纳姆（Byram）跨文化交际能力评价理论作为指标内容构建的依据。英国的 Byram 是第一个将跨文化交流理论应用到语言教学中去的欧洲学者。此外，他还参与了欧盟《跨文化教育指导方针》的编写。1997 年，Byram 根据布鲁姆的“教育目的分类”理论，对跨文化交流能力进行了综合评估，并将其分为三个主要成分，认为跨文化形态是其核心，其次才是其知识和技巧。在该评价理论中，拜纳姆对知识、技能、态度进行重新定义。首先，将知识分为两类：第一类，关于别人和社交进程的认识。第二类，了解自身并具有批判的文化敏感度，包括能够评估自身及其他文化活动及产物的能力。其次，将技能分为两个独立的类别，解释和联系的技能及发现和互动的技能。最后，跨文化态度是指对个体和其他人的价值观和行为的尊重和重视。概括来说，拜纳姆跨文化交际能力评价模式理论，将跨文化交际能力分为了知识、技能、情感三个大维度，并在三个一级维度下又划分了八个子维度。基于上述的跨文化素养评价理论的发展，美国杜克大学知名跨文化学者 Deardorff（2004）针对已有的具有代表性的跨文化素养评价模型对跨文化领域的专家经过多次反复意见征询，结果发现 90% 以上的跨文化研究专家对 Byram 的跨文化素养内涵表示肯定，并认可其跨文化素养评价模式理论。综上，本研究确定以拜纳姆跨文化交际能力评价模式理论作为目标体系建构的理论指导。

第三章　乡村英语教师教学信念的核心维度

第一节　理论概述

本章的主要目标是建构高校乡村英语教师教学信念系统的核心构成维度。

笔者在综合分析现有教师信念构成相关文献的基础上，提出了高校乡村英语教师的教学信念系统的五个核心构成维度。同时，分别阐述乡村英语教师信念系统五个核心构成维度，即从英语（外语）语言观、英语教学观、英语学习观、师生角色观和英语教学专业观出发的概念、内涵和考察方式。

第二节　乡村英语教师教学信念的结构维度

一、信念结构维度研究

20 世纪六七十年代，很多学者开始投入教师认知内容的研究和分析上，且一部分学者了解到教师信念形成和认知发展对实际教学效果的影响。但是，到了 20 世纪 80 年代，教师信念还属于教学领域的核心内容，也可以说是一大“缺失的范式”。目前，国内外对此问题的关注仍集中在对教师的决策上，而对这些问题关注较少，如对教师信念的重视程度较低。在这种背景下，Clark 和 Peterson（1986：286）指出：教师信念研究的目标，是“将个体教师们赖以感知和加工信息的参考框架明确化，可见化”。目的就是要理清一个完整的“教师信念体系”的架构。在对教师信念进行调查的过程中，Pajares 指出虽然教育工作者已经意识到信念对于他们的理解、判断以及课堂活动有着重要的作用，但是，目前还没有一个清晰而明确的界定。在此期间，他还建议就普通的关于教育信念的问题进行探讨外，更应该讨论具体的“关于……”的信念问题。Pajares 的提议是对 Clark 和 Peterson（1986：286）再次强调并明确了对教育信念的研究目的。在此基础上，国内外对教师信念和语言信念的结构维度进行了定义。其中，一些概念来自对教师信念的调查，而更多地表现在对教师信念的定义上。

Burns（1992）对六位外语（英语）教师的考察研究结果表明，在教师的语言教学与理论教学中，主要存在着五个信念：①关于与语言学习相关的语言本质的信念；②关于口语和书面语关系的信念；③关于语言学习及学习策略本质的信念；④关于学习者、学习者的能力、学习者英语学习能力的信念；⑤关于语言课堂及教师角色的信念。

Calderhead（1996）将教师的教育信念系统构成分为 5 个方面：①关于学习者和学习的信念；②关于教学的信念；③关于课程科目的信念；④关于学习教学的信念；⑤关于自身和教学角色的信念。

Richards（2000：65—73）没有明确阐述教师信念的维度，但是从其关于“教师信念系统本质”章节的论述中可以归纳出，他除了列举 Burns 的分类外，还讨论了一些较为具体的信念，例如教师对技能—规则—功能三种教学取向的不同信念，教师对语法—交往两种教学导向存在着差异，东、西方教师和学生对语言学习的看法也存在着差异，基于教师—课程—学生三种课堂中心的不同信念。

Richards & .Lockhart（2000：32—42）将乡村英语教师的信念明确为五类：①关于英语的信念；②关于学习的信念；③关于教学的信念；④关于课程或教学项目的信念；⑤关于英语教学作为职业（专业）的信念。

Williams&Burden（2000：56—63）在有关教师信念的讨论中，根据教师的心理观点，把教师信念分成三个部分：①关于学习者的信念；②关于学习的信念；③关于教师自身的信念。

国内关于教师信念的综述性研究中，刘桦（2004）在他的乡村英语教学信念系统相关话题的研究中，把“信念”划分成了8种类型：①教师专业化信念；②教师信念；③教学信念；④课堂信念；⑤语言信念；⑥教学计划和课程信念；⑦学习者信念；⑧学习信念。刘莉和杨艳芳（2008）按照研究角度将关于教师信念基本结构的研究分为三类：一是教学活动角度的研究，包括学习者信念、学习信念、教学信念、学科信念、自我信念等；二是超出教学范畴的教育角度的研究，包括对教育问题的基本认识、教育目的信念、教师职业的信念；三是教师个人心理内容角度的研究，包括教师效能感、教师归因风格、对学生控制的信念、与工作压力有关的信念等。王慧霞（2008）提出六个方面的信念：教师效能、知识的本质、激发行为的原因、自我觉知、自我价值、自我效能和具体科目的信念。

我国其他学者对教师信念的研究，主要集中在对其进行界定和实地调查上。例如，郑新民（2005）关于大学乡村英语教师信念的调查涵盖了关于语言理论、语言教学本质、课程设置、教学内容、师生角色、课堂活动、教学资源七个方面。郭晓娜（2008）将教师信念界定为包含教师、学生、教学目标、教学方法、教材使用、教学环境和教学评价七个方面。王红艳和解芳（2009）认为教师信念包括教学、学习、课程、教师自我或教师角色等方面。徐翠（2009）关于乡村英语教师教学信念的调查包括了英语语言、英语学习、英语教学、英语课程、自身专业发展五个维度。

在上述国内外学者对乡村英语教师信念的组成维度研究中，笔者的研究目的就是要构建一个组成维度的教师信念，并对每个维度的含义进行讨论，这些研究包括Burns、Calderhead、Richards&Lockhart、Williams&Burden、刘桦；有些研究的目的不在于构建教师信念的结构维度，而是在回顾中对分类内容进行综合和归纳，例如Richards、刘莉和杨艳芳、王慧霞；或列出某些尺寸，以便于定义，例如郭晓娜、王红艳和解芳；或在经验分析中，为便于调查，省去使用某些维度，例如郑新民和徐翠。这些研究者对其进行归类，可以发现有的是共同的，有的则是特有的。

二、信念结构维度构建

笔者认为，研究乡村英语教师的英语教育观念，首先要从教育活动开展的角度出发，从教育活动的客体、教育活动本身及教育活动的主体三个方面来探讨乡村英语教育观念。教师们的信念也是他们对那些核心要素的研究信念。英语教学以英语为客体，以教与学为主要内容，以师生为主体，以教学为核心。所以，乡村英语教师信念的构成维度比较多，主要有以下五种：①英语语言观，指和语言相关的信念，比如针对语言这一体系的看法；②英语教学观，是指对英语教育的看法，比如什么是英语教育的目的、什么是英语教育的方式、什么是英语教育的组织、什么是英语教育的内容；③英语学习观，就是说英语是一门语言的观念，比如对于英语的性质、英语的学习方法等的研究；④师生角色观，也就是在英语教学过程中，师生两种不同作用的观点，比如，关于在课堂上，是以教师为核心，还是以学生为核心；关于在教学中，师生的权力和地位多重要。以上四个维度都是在每个具体的课堂教学中得到反映的。若将目光从特定的教室中移开，就会发现，教师的教育活动是一种长期性的、短暂性的、非一次性的、专业化的活动。英语教育是乡村英语教师的一项重要工作。乡村英语教师对这个行业的认识，将会在整个教育过程的每一个环节得到反映，因此教师信念还应该有第五个维度，即英语教学专业观，也就是对于乡村英语教师这个行业的观点，比如，乡村英语教师究竟是一项需要有一定知识和技能的专业工作，还是一项需要高质量人才的专业工作，以及一项需要勤奋、认真的人才的教育工作，或者只是敷衍了事的教育工作。

在教师信念的五大核心构成维度中，教学活动是核心维度和内容，是基于教师信念系统全面性和间接性的理念产生的。笔者认为，要想形成一个系统而又简明的教师观念，就必须在尽量缩小非关键性维度的前提下，尽量扩大每个维度的覆盖面。以下笔者试图利用这本书所提供的五个方面来对以上各种学者的观点进行分析，进而凸显五大维度的必要性和可行性。

在外国学者 Burns 提出的六大核心信念当中，第一大信念是语言本质信念，也属于语言观范畴的信念。第二大信念是和口语、书面语相关的信念。实际上，在具体的教育工作当中，一般还是口头或者书面上的问题，属于教育指向性内容，我们也可以称之为教学观问题。第三大信念是关于学习观的信念。第四大信念是和学习者自身水平以及英语学习水平相关的信念，该信念涉及两大内容，一是学习者的信念内容，即学生角色观方面的信念，二是学习者技能及英语学习水平方面的信念，因为教师应该根据学习者的层次，合理地控制课程的难度和数量，选择适合学生层次的课程，所以这一部分是教学观。第五大信念是英语教学者针对教学功能的建议和看法，属于“教师”方面的一大角色观点。

针对外国学者 Calderhead 的信念分类，可知第一种是“学习者和学习方面的信念”，涉及的维度和内容有学生角色观和学生学习观。第二种属于教师教学观方面的信念。第三种属于“课程科目和内容模块的信念”，涉及教师的教学内容，也是一大教师教学观。第四种是“学生学习和教师教学两大方面的信念合体”，关系到教师的教学态度和观点，他们认为教育是一项必须不断学习的事业，也可以说是一项无需学习的事业。第五种和教师角色观息息相关。

外国学者 Richards&Lockhart 提出了信念的五个类别，其中四个和笔者提法类似，第一种观念是语言观，第二种是学生的学习观，第三种是教师的教学观，第四种是教师的教学职业观，第五种是教学课程或学科和项目的信念，是教学观系统的一大内容。

Williams&Burden 对教师信念做出了详细分析，从三大方面入手分析，指明了两大维度。其中，第一种和第三种是师生角色观方面的信念，第二种是学生学习观方面的信念。

我国学者刘桦（2004）针对信念做出了具体分类，部分类别是可以有效合并的。第一大信念是“教师专业化信念”，分属于教师的职业观信念。第二大信念是“教师信念”，代指教师自身的角色，可以和第七种有效融合，生成师生角色观。第三大信念和第五大信念分别是教学观信念和语言观信念。第四大信念属于“课堂信念”，涉及具体的课程教学活动。第六大信念属于“教学计划和课程信念”，和实际的教学教案和教材内容相关，我们可以称之为教学资源方面的信念。第八大信念是学生的学习信念。

刘莉和杨艳芳（2008）做出三类研究，其中所牵扯的信念就比较复杂了，并且，各种信念之间也有着许多相同之处。其中，“学习者”信念和学生的角色观息息相关；“学科信念”指的是特定到一个学科或一个科目中的关于教育内容的观念，应该是一种教育观；“自我信念”代表着教师角色观方面的内容；关于“关于教育问题的基础知识”的表述十分广泛而含糊，若将其具体应用于英语中，可以包含如下内容：“教育目标的信念”，就英语课程而言，它涉及英语教学目标的问题，即从教学角度来看；针对“教师效能感”和“教师归因风格”两大信念，笔者指出，学生本身不是教师信念的构成因素，而是影响教师信念的因素；“对学生控制方面的信念”和师生角色观息息相关；“与工作压力有关的信念”涉及教师的个人职业发展，属于一大职业观。王慧霞（2008）针对六个方面的信念做出了深入研究，其中“教师效能”和“自我效能”是影响信念的因素，而不是教师的因素；“知识的本质”具体到英语的范畴内，即英语的基本概念，是一种语言学的观点；“激发行为的原因”所涵盖的领域更广，我们可以把它概括为整个信念，而非信念的某个层面；“自我觉知”和“自我价值”关系到自己的位置，是一种教师的角色观念。

根据上文以教学活动为中心对教师信念结构维度的推理，并与国内外研究者关于“教师信念”的划分、定义进行了对比，得出“乡村英语教师信念”的主要核心结构维度包括以下五个要素（见图 3）。

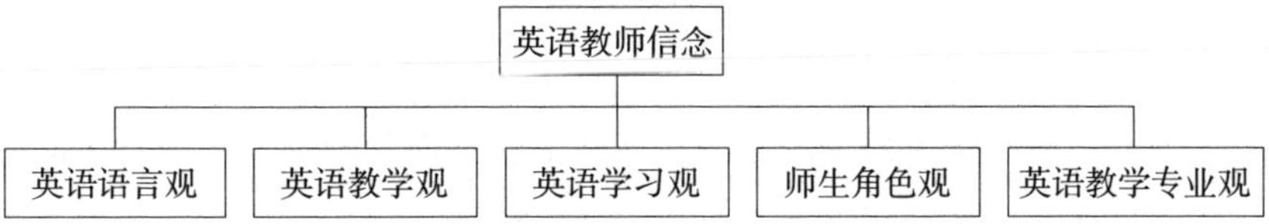

图 3　乡村英语教师信念的核心结构维度

第三节　英语语言观

英语对于每个人来说都是不一样的。在有些人看来，这和汉语或日语差不多，都是一种很普通的语言，并没有什么特别之处；但也有人认为，英语既是一种语言，又有其自身的特点。例如，有人将其视为一种在交易中挣钱的手段，有人将其视为一种阅读文献、进行思考的手段，也有人将其视为一种社会存在。乡村英语教师不能只把英语当作工作的一种手段，更要从另一个角度去看待英语——关于语言本质的看法。英语是一种天然语言，教师对其性质的理解，就是教师对英语的认识。传授英语知识是乡村英语教师开展教育活动的主要目标，因此，人们对其认识的差异，将会对教育活动的目标、态度、方法和步骤产生一定的影响。在英语课堂上，持不同观点的教师会以不同的态度对待课堂上的学生。这一部分主要是对语言学的发展历程进行梳理，并从语言学的视角对各种语言学观点进行归纳和剖析。

语言工具观是在语言文学时代之前出现的。当时，社会经济文化水平很低，所以，在对语言的认知方面，我们的观点都是建立在最直接的观察和思维基础之上，所以，我们把它看成一种工具。它的“工具性”表现为三个特征：一是作为人们日常交流的手段；二是阅读经典、研究经典的方法；三是进行哲理讨论的思想方法。将语言的本质理解为工具的观点，尽管遭到了语言哲学学者和外语教学学者的质疑与批评，但是，它是一种非常简单的语言，易于理解、易于接受。19 世纪，一群比较历史语言学家相继提出了“语言生物体”这一概念。历史比较语言学家提倡把语言作为一种自然客体来看待，并以一种自然的方式来对语言进行研究。在此期间，达尔文的进化理论对所有的科研工作都产生了深远的影响，涉及语言方面的学习。历史对比语言学旨在从多个角度对各种语言进行对比，从而构建各种语言家族，并提出各种类型的语言原型。这个目的恰恰反映了把语言看成一个有机体的观点，这个有机体具有完整的物种和物种之间的分类学关系。语言生物体观体现在几个方面：第一，就像所有的生物，语言都有它自己的进化历程；第二，在它的发展进程中，它也像一个有机体一样不断地变化和演化。第三，在进化过程中，语言如同生命体一般，构成了一个谱系；第四，同一种语言、同一种语系、同族相争，终有消亡的一天。我国学者袁晓红、刘桂玲等人认为，语言的这个生物机动性，不但反映在历史比较语言学上，还反映在结构派语言学上，把语言看成是一个由各个成分共同作用而形成的一个完整的体系，与生物学上的解剖相吻合，而转化—产生学派则把语言看成是一种有遗传意义的生物功能，都有语言有机体观的影子。

"语言系统结构观"是20世纪初期出现的一种新的语言学理论。结构主义语言学的创始人Saussure认为，语言是能够表达思想的符号系统，它们相互依赖、相互制约，最后构成了一种结构，形成了各种子系统，例如语音系统、语法系统，各个子系统是互相联系的，属于一种语言系统。在教学中，语言的体系结构观念表现为对规律和结构的重视，注重学生对规则和结构的理解，而忽略了语言的含义。

语言天赋能力观属于一种转换生成语言学发展而成的观念。对于转换生成语言学来说，其创始人Chomsky指出，人们的语言能力是天生具备的，可以说具备一定的生物遗传性，且独立于人，是别的认知体系当中的一大特殊技能。人类在出生时就已经在其头脑中建立了一种基于一般抽象文法的知识体系。

外国学者Pinker指出，儿童习得语言涉及两大机制：一是语言体系下的词汇、习语、记忆方式下形成的习得内容；二是联结机制，实现语言核心结构内容和抽象语法的有效结合。生成论研究体系下"天资"观点很普遍，尽管它的使用多是为了解释儿童母语的习得，但是对于语言学习也有很大的帮助。根据Pinker的两种习得机理，假定通用文法的影响并不局限于"关键性阶段"，则英语教育的影响有两种：一是促使学生通过有效记忆掌握词汇、习语以及一些不常见的构式，二是充分发挥激活联接机构的作用，实现自然语言结构和常见语法的有效转化，也可以实现两者的密切连接。

语言社会现象观在很早之前就属于社会语言学体系当中的主要理论观念。笔者认为，语言是伴随着人类社会而产生，并伴随着社会生活而发展的一种社会现象。王远新（2005）认为，语言是一种非均质性的、有规律的、以某种方式进行变化的体系。对语言的社会现象的观察，是把真实的、有生命的语言作为其所要探讨的问题，它的结构和用法与这些社会现象相互影响和制约。对语言中所反映的权利、体制话语和批评话语的研究，是以语言的社会现象为指导的一种社会语言学的研究。如果教师赞同社会现象的某个观点，则应在其教学过程中，重视其社交作用和使用，使其能够把各种语言与其社交作用相结合。

在20世纪80年代，人们对语言的理解提出了一种新的认识。该理论的核心观点是：作为一种通用的认知技能，语言与其他技能有着紧密的联系。基于此，认知语言学是一种开放的、依赖的、非封闭的、自给自足的体系；人类的语言能力并非与生俱来，它是在生物的基础与社会的语言文化背景的交互作用下，与其他的认知能力一道，经过对世界的体验、感知和概念化，逐步发展起来的。语言的能力，是一种有意义的语言构型的有组织的列表。在与社会、文化、心理、交流和功能等因素的互动中，人们产生了语言的技能，并在这些因素的互动中得到了应用。

针对语言能力这一体系下的习得机理，结合认知能力观点和思想来说，人们的语言能力通常是基于社会认知获取的，这种认识机理主要体现在三个过程中，即意向识别与文化学习、类比与结构映射、结构融合。意向识别与文化学习代表着学习者具有一定的目标性和功能性，而且展现出社会文化语言的应用和发展方向，通过对社会和文化的认识，培养学生的语言及其他知识技能。类比与结构映射是指人们根据认知功能的特点，寻找事物、关系、事件等方面的共性。在语言学习的早期，学生很少有抽象的经历，在学习过程中，通过“相似”和“结构对应”等方法，使其逐渐得到发展。结构融合是一种使学生逐渐掌握抽象构造的方法。通过对结构的合并，学习一门外语的人能够把他们在各个发展时期所学会的数量不等、复杂程度不同的结构整合起来，形成抽象的结构或规则。在语言习得方面，从认知的角度看，学生把构式（具体的语言项）当作一个具体的语言单位来进行综合学习，并基于语言的形式、意义和功能，在学习了完全构式之后，逐渐地理解构式中的每个构成要素的意义和功能。一名教师若认可了语言的认知能力观，他就会在教育过程中重视交流和语言学习，重视对构式的习得，他也会明白，因为每个人的认知能力有差别，学习的效果也会不一样。

语言的意义功能观是系统功能语言学的核心观点。系统功能语言学理论对当代语言学界，尤其是对中国语言学界产生了巨大的影响，因此，笔者单独探讨该理论。结合语言意义和价值功能观点可知，语言其实是一大语义系统，它的产生依赖于三大功能，第一种是概念和定义性的功能，第二种是人际交往类的功能，第三种是语篇分析功能，语言会对这些功能的发挥产生较大的影响。其中，第一大功能涉及的主要是话语范畴的内容；人际交往功能在一定程度上说明人们的话语基调、语气系统和情态系统息息相关；语篇分析功能彰显出话语意义和语言连贯度，与信息结构以及主谓结构息息相关。系统功能语言学者指出，语言可以说是社会发展的成果，其结构是基于社会发展产生的。研究者认为，语言功用是指发挥语言的沟通作用和功能，对其工具性进行重点的阐述。系统功能语言学的语言意义功能观对英语教育的意义与社会语言学的语言社会现象观具有很大的一致性，指出在实际的语言教学工作当中，必须强调语言价值和信息习得，着重分析语言意义和价值在人际交往当中产生的实际作用。

上文对七种语言观的基本含义进行归纳并进行了剖析，对其与各个历史阶段涌现的语言学理论之间的联系进行了说明，并指出了其在语言教育中可能地体现形式。这七种语言观分别是语言工具观、语言生物体观、语言系统结构观、语言天赋能力观、语言社会现象观、语言认知能力观和语言意义功能观。

第四节　乡村英语教学观

一、英语教学观的构成

在什么是有效的教学、什么是英语教学的目的、什么是有效教学的方式等方面，每个教师都有自己的观点，而这种观点就是他们所认为的教学理念。乡村英语教师对英语教育“教什么”“怎样教”等问题的认识，可以用一句话来概括：乡村英语教师的教育观念（教的层面）是什么？通过对有关乡村英语教师的教育理念的分析，作者总结出了三个与之有关的理论：第一，英语课教学的核心观念，即课堂的教学行为应当集中在教师身上，还是集中在学生身上，此类研究如 Garrett（2008）、Kember（1997）、Trigwell，Prosser&Waterhouse（1999）、陈红（2009）；第二，对英语教学方式的看法，即在课堂上采用什么样的教学方式，什么样的教学方式才是最有效果的，此类研究如 Bell（2007）、Harrington&Hertel（2000）、Horwitz（1985）、Snider 和 Roehl（2007）、陈红（2009）、陈红和郭春宁（2009）、陈文存（2005）、刘桦（2004）、王红艳和解芳（2009）、郑新民（2005）；第三，英语教育的目的，即在教育过程中，教师应当根据什么样的目标来开展教育获得，此类研究如 Bateman（2008）、Johnson（1992）、Knudson（1998）、陈红（2009）、陈文存（2005）。

尽管我们可以从这三个角度来检验教师的教学信心，但这三个角度其实是相关的，其中尤其以教学目标最为关键。这里的“英语”是从大的方面来看的，也就是“英语教学”的最终目的是要让人学习些什么，Johnson 将教学目标分为三个：第一是督促学生有效学习语言知识和技能，第二是引导学生了解语言规则和特征，第三是促使学生有效运用语言功能。在整个教育过程中，教育目的处于中心地位，对教育过程进行引导。由于教学目的的差异，需要采用的教学方式也不尽相同，而每种教学方式又都有自己的系统，所以，课堂的管理方式、教学活动、教学内容、教学材料的选择等方面，都有一定的相似性。因此，一些研究者对教学活动、教材等的看法，都可以被归为教学方式的观点。

二、关于英语课堂教学中心的信念

外国学者 Kember 针对具体的教学问题和困难展开了深入探索，其认为教育观其实主要有五种，第一种是为学生传授基础性的理论知识；第二种是讲授类的知识，就是老师给同学们解释各种各样的理论知识；第三种是教师与学生之间的交流与沟通；第四种是帮助学生了解所学内容的一种方式；第五种是能在教学中对学生的学习理念进行更新与优化。在这五种教育观当中，前两种方法都把教师放在了核心位置上，而后两种方法则把重点放在了以学生为核心的位置上，而第三种则是一种融合或者是一种转型。Kember将五种教学观与课堂中心结合表示为图4。

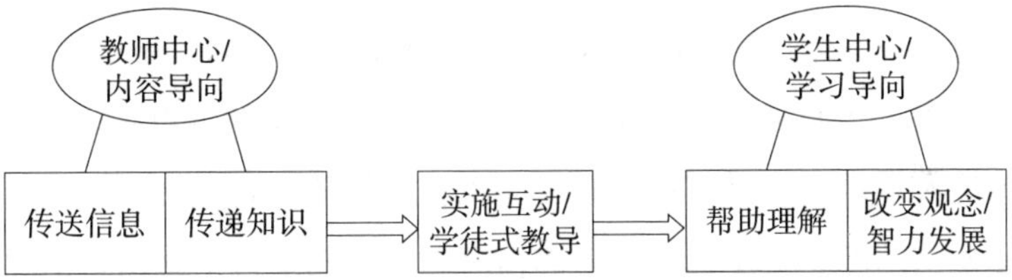

图4　教学观多层分类模型

“传送信息”也属于一大教学理念和方式，其时刻围绕“以师为中心”的原则。课堂教学的实际任务完成者是教师，学生只会被动学习知识和接收信息，他们所接收到的信息基于课程本身。“传递知识”的观点依然是“以师为本”的教育理念。传统型教学观点更注重“知识的组织与排列”。教师是知识的传递者，学生是接受者，把教学看成是有组织、有秩序的信息传递过程。“师生互动式”的观点认为，在教学过程中，教师与学生在教学中的角色是不可或缺的，教师兼做知识的传授者或指导者。课堂教学是一种以学生为主体的交互式过程。教学内容是由教师决定的，而知识则是在教师设定的边界上，通过师生的交互，让学生自己去探索。“辅助理论”是一种将学生放在核心位置的教育理念。教师被视为助手，他们的责任就是鼓励学生学习，教学被认为是帮助学生获得知识的一个过程。根据老师的要求确定了课程的教学内容，而知识教学则是在自己的框架下进行的。坚持“以学生为本”的教育理念很重要。教师是一种媒体，或者说是一种理念的发现者，它的责任就是肯定并推动这种理念的变化与发展。人们把教学视为一个培养学生素质和思想的过程。教学内容由学生建构，通过分析、讨论和应用社会现实中的思想、观念和事件等来构建知识体系。

Richards，Ho 和 Giblin（1996：242—159）的调查结果显示，在教育观念上，教师的教育观念都与“以什么为核心”这个问题有关。研究结果显示，教师的观念可分成三种类型：教师为中心、课程为中心、学生为中心。以教师为中心的研究者认为教师在课堂教学过程中起着至关重要的作用，注重课堂管理、知识讲解、提问技巧、形象、声音质量、言行举止，将课堂教学作为一场表演。以课程为中心的观念，把课程看作是一种教育要素，注重课程目标、课程结构、课程衔接、教材和任务类型，使课程教学能够顺畅地展开，每个课堂都是一个整体。在以学生为中心的教学理念和观点指引之下，学生的学习情况和成绩是评估实际教学结果的主要因素，此外还必须考虑学生的学习活动参与情况、学生的兴趣培养情况和学生的学习信息输入情况等。

本书认为，就其参与主体而言，只能是教师和学生两方。在同样的教学活动中，都以教师和学生为中心，这种情况不大可能出现。“以课程为核心”还牵涉了一个问题，那就是在教学活动中，教师与学生之间，到底哪一方才是主宰。所以，在综合上述文献资料的基础上，本书提出了两个观点：一是“以教师为中心”，二是“以学生为中心”。

三、关于英语教学方法的信念

英语教学模式和方法很多，早在 20 世纪中叶之前，就有一种比较典型的教学模式，即语法翻译法；20 世纪中叶以后，又出现了视听法、交际法；此外，还有沉默法、暗示法、社群语言学习法等。在 20 世纪末，又出现了浸入式教学、整体式教学、内容式教学等等。虽然这些方法和模式的出现是有顺序的，但是教师往往不会绝对采取最新的教学模式，教师会在已经出现的教学方法中进行挑选和改进，有时候还会直接将这些教学方法抛弃，只根据自己的想法来教学。在教学方法上，不同的教师在不同的教育观念上也有不同的选择。下面笔者始终围绕 Richards&Rodgers（2008）的分析和提出意见，对语法翻译法、视听法和交际法的相关内容和属性特点做出研究和分析。

语法翻译法是最常用的一种语言教学方法，时至今日，许多乡村英语教师还在运用这一方式。其目的在于提高学生的英语阅读水平，并在此基础上对其进行模拟。为了实现这个目的，老师的教学手段主要有：句型成分与语音的解释与分析、词汇变化与文法规则的掌握。在词汇教学中，主要采取了同、反义对照、举例说明等方法；对语法进行解释和分析时，主要采取的是演绎法。在实际的教学过程中，教师会给学生讲解一些规律，让他们记住并运用这些规律来解读文本。在班级的管理中，采取“教师权威”的方式，教师单向地向学生进行知识传授。同学们几乎不会问问题，彼此间的沟通就更少了。教材以写为主，说得很少。在听、说、读、写四技能中，重视读写，轻听说。课堂教学语言多为本国语言，以译文为依据，检验教学品质。练习的形式包括填空、造句、背诵、写作。

听说法，也就是视听法诞生于二战时期。该课程以提高学生在英语中的听力、阅读、写作等方面的实际应用能力为主要目的。听说法视口语为第一性，书面语为第二性。实施“听”与“说”相结合的教学方法，把主要教学内容置于“读”与“写”之上。所以，“听”和“说”的教学方法也被称为主要的教学方法之一。“听说法”把语言的习得看作是“一种激励、一种反馈”的习得过程。在实际的课堂教学过程中，教师不仅要采取有效的外语教学方法，还要合理采取录音、录像和电化教具等载体和技术，以提高学生的学习兴趣，从而对所学到的知识进行巩固。在此基础上，教师设计了一系列的快速响应练习，使学生能更好地掌握英语表达能力。提倡听力与阅读能力相结合的教科书，通常会按照语法、句式等原则，对外国语言句式和内容进行系统的罗列。纠正错误的措施是比较研究，实现正确信息和错误信息的有效比较，然后指引学生基于实际联系来获取有效的语言结构。

交际法诞生于 20 世纪 70 年代，是对特定的教育方法的一个总称。笔者从语言学习的角度探讨了语言学习的意义。交际教学方法是以学习者为中心的教学方法。在开展教育活动之前，要充分了解学生的学习需要。课堂上，教师要从学习者的需求出发，向学习者提供丰富的语言知识，使学习者能够在各个阶段都能获得足够多的知识，并能够主动地参与其中。该课程采取观念—函数式的课程设置，使用的教材以自然、地道和真实的原始材料为基础，以各种报刊和期刊的文章，或以电影、电视和广播为题材。交际教学法的教学方式多种多样，但它的核心思想是让师生进行有意义的交流和讨论。教学活动通常有小组活动与班级讨论等。在英语教学中，教师设置的情境要尽可能地逼真。交际法并不提倡对语法进行专业的讲解，而是提倡在进行语言交际的实践中，采取自然的方式来学习语法规则。

从最初的语言翻译法，到现在的创新性教学法，它们都是在不同的学科领域创新和发展而成的。虽然这些方法的重点和强调的内容不一样，但是都存在一些共性，即教师扮演的角色、学生扮演的角色、语言知识的获取方式、材料的应用方式等的差异性不大。在诸多方式的发展过程中，也表现出了几种倾向性的特征，比如：学习者在教育中的地位持续被强化，英语教学越来越注重以人为中心，英语教学越来越多地与社会接触，也越来越多地与其他科目的教学内容融合在一起，并且越来越紧密地融入实际生活之中。

Horwitz 根据自己多年的教学实践及调查研究，认为教师的教学方法主要有三个方面：一是激发学生的学习兴趣；二是对教师与学生之间的沟通方式提出自己的看法；三是在教学策略层面上，对方法论进行创新和优化。影响学生英语学习的因素主要有学生的英语学习态度、英语学习动机、英语教学材料、英语学习的自主性、英语使用情况。在师生交往中，交往理念包括：对语言的熟练程度、对语言的正确性与错误性的认识。教学战略观念主要涉及：外语学习的环境、课堂活动的形式、外语教学的独特性、外语教学的四项能力等。为了评估教师在实际的教学措施实施上的信念，外国学者 Horwitz 在了解 De Garcia，Reynolds 和 Savignon（1974）建议的前提下编制了《外语态度量表》，主要考察教师语法翻译法、视听法、交际法的实际应用效果，且针对的大多数教师的教学信念。

四、关于英语教学目标的信念

对于英语教育的目的，语言学家们都有各自的看法。在古代语言发展时期，英语教师应该着眼于对古代文本的阅读和学生翻译能力的培养，在社会语言学、系统功能语言学研究者看来，英语教学应该着眼于提高学生的语言能力，将提高学生的交流技能作为英语教学的目的。

Richards（2002）从英语教育的发展历程出发，探讨了教育目的之间的关系，并提出了相应的对策。以前，人们把英语视为进入英语世界，尤其是富裕、先进的英国与美国的一种媒介，习惯把英语与英美两种民族的文明紧密地连在一起。当今，在经济全球化进程中，英语已逐渐变成一门国际化的语言，人们将英语视为一种通货，一种与英美文化交流的工具。因此，有这样一种观点，即最佳的乡村英语教师应当对英美的文化了如指掌。在这样的大环境中，人们把 30 年以前的英语教学看作是“掌握英美民族的语言与文化的过程”，并要掌握一些美式或英式的发音与语调。如今，英语教学与其母国的文化价值观紧密相连。由自己的语言所造成的非纯正英语的发音和语调，以及纯正的英、美两种语言的发音与语调，都是被大众所认可的。英语教学已不再要求英美两种语言的语言表达能力，更多的是以“易懂”为目的。

Richards 探讨了英语和英美两种文化关系的改变，并探讨了英语教学在发音、语调、语言运用等方面所产生的影响。从某种意义上说，这个概念体现了英语教育目的的转变，但这样的表述是片面的，英语教育并不只限于发音、语调、语言运用等，更多地关注英语教育。Johnson 认为，英语教学取向主要有三种，第一是技能型（skill-based）取向，第二是规则型（rule-based）取向，第三是功能型（function-based）取向。这三种取向分别代表着三个方向：一是英语能力的发展方向；二是提高对英语语言规则的认识；三是英语成为一种能够培育学习者语言能力的外语教育。

有关第二语言教学研究的综述认为，在对语言习得过程进行阐释的三个学说中，二语教育受到三个方面的影响：经验论、唯理论和交际论（Johnson，1992a）。经验论者，如 Bloomfield、Lado、Rivers 等人认为学习外语是一种机械性的行为，是一种养成习惯的过程。在使用目标语（如英语）时，人们会根据自己对目标语的理解，将这种理解应用到教学中，导致技巧型和技能式教学两种方式出现。唯理论者，如 Ausubel、Carroll 主要从两个方面对英语教学进行了探讨。在一定的情境下，学生能够把复杂的语法和有意义的交流结合在一起，将这种诠释运用到英语教学中，便构成了“规则式”的教学。交际论者，如 Halliday、Hymes、Widdowson 等人把外语教学放在一个交互式的社交情境里，使学生在现实情境里扮演好一个角色。交际论形成了二语教学上的功能型教学。

三种教育导向，由于它们的实施目标不一样，呈现出的特征也不一样。技能训练的要点在于模仿、记忆、重复，培养英语习惯，并且要在重复的机械训练中，使他们能够把所学的习气等灵活应用。其中以对话、句型操练、语音训练为代表，并在此基础上，把英语的四项能力划分为“听、说、读、写”。技能型教学强调学生发音能力和口语水平的提升，但是，其主要通过学习成果的评估来观察学生是否可以基于口语和书写两个方面整合出系统化的语言体系。规则型教学观点认为，外语学习是一种以规律为指导的创造性活动，而外语学习的各个环节又是相互关联的。通过对语法的讲解，可以使学生灵活地运用所学的语法。规则型教学通过测试学生在一定的情境中运用他们所掌握的语言规则的能力来评定他们的学习成果。功能型教学注重现实生活中的言语运用，注重以恰当的言语方式进行有价值的交流。在课堂上，采用现实生活中的教材，注重交互交流，注重协作式学习。考核的方法是考查学生在实际的社交情境中运用语言的能力。

第五节　乡村英语学习观

所谓英语学习观，简而言之，就是对英语教学中“学什么”与“如何学”这两大问题所持的观点。

一、教育心理学视角下的学习观

行为主义心理学研究者视语言为一种习惯，视其为一种依靠刺激、反应和强化循环重复而形成的习惯，将英语学习的任务按特定的次序分为若干个阶段。在学习过程中，语言材料（例如一种句型）作为一种激励手段，向学生供给，学生们对此做出回应，当学生们的回应都是对的时，教师就会进一步加强向学生的供给。在行为主义理论基础上，在英语听力教学中，教师注重提高学生的听觉能力，提高学生的听力水平。例如句型操练、对话背诵、句型背诵等。只有在形成了一定的语言习惯以后，才能加以说明。

认知心理学研究者往往强调人们记忆的形成和加固，以及学生在实际学习过程中形成的思维创新模式。由于存在关注点的不同，所以出现了两大学习系统理论，第一是信息加工理论；第二是建构主义理论。信息加工理论把人脑比喻为一台非常复杂的电脑，把人的学习理解为一种以模式和规律为基础的电脑操作。信息加工理论注重“注意”和“记忆”这两种心理机制。一种说法是把注意力看作是从大量的资讯中筛选出最有价值的资讯的程序；还有一种是说注意力是一种能使人专注于思想活动的机制。注意力相关的理论意义在于：在学习中，学生要选择最有价值和最有意义的知识加以加工。比如，在英语听力训练中，学生应当学习将注意力放在重要的知识点学习上。记忆被区分为瞬间记忆、短时记忆和长期记忆三类，这就给了我们一个启发，那就是在学习的过程中，我们要对新的知识进行适当的学习，并对老知识进行回顾，这样才能让我们的英语知识得到持续的发展。

构建主义研究的是人类如何理解这个世界，外国学者 Piaget 将学习定义为知识同化和调节，Bruner 也指出教学的根本目的是实现发展定义理解，掌握认知技巧。外国学者 Kelly 认为，在个人发展体系构建过程中，每个人都可以说是科学家。从这三点看，建构论给外语教学带来了启发：（1）他们不是被动接受的人，他们是主动构建含义体系的人，用一句话来说，就是不能教会，要自主学习。（2）思维的发展，以及它与语言、经验之间的联系，是一种学习的中心工作。所以，了解是一种好的学习方式，而非记住。（3）语言学习材料和任务要符合学生的认识水平。（4）外语的学习是循序渐进的，过渡语（interlanguage）的不断重塑发展是一个长期的过程（Williams&Burden 2000：13—29）。

人文主义观把个体的思维、情感和思想放在了人发展的最前端，突出了个体的内在价值。这给了我们三个关于学习的启示：第一，所有的学习都应当把它放在这样一个情境中，这个情境有助于培养学生的自我认同意识，并把它与将来的实际目标相关联；第二，在实际的教学当中，教师必须起到有效的指引和鼓励，帮助学生选择科学有效的学习方法；第三，教师必须充分掌握不同学生关于世界观和价值观的想法，且不要过于强调自己的教学看法。

社会互动观认为人类生存在一个社会性的社会环境中，人与人之间相互影响。Vygotsky 赞同整体性学习的观点，他相信学习是一个完整的过程，所学的东西不能被拆分为多个构成元素来教授。人的学习，永远都是朝着比自己所掌握的知识和技术更高一些的方向去的，这个区域称为"最近发展区"。Feuerstein 认为人类的认知结构在不断地被修正、被塑造。社会互动观对外语学习的启示为在和别人的交流中，学习语言。

社会建构主义强调了教师、学生及任务三者的交互作用，认为学习是一个人和其他因素相互作用的结果。在教学过程中，不但包括教师和学生的自身要素，还涉及教学环境条件和工作氛围等因素。这些要素共同组合而成一个系统变化的体系和全过程。在这样的环境条件下，教师往往结合个人理念选择教学任务，学生则依据自己认为合适的方法去理解，从而使学生与教师的交流变得更加紧密。同时，老师与学生之间也存在着一种交互的关系：老师的课堂教学方式和模式可以在一定程度上彰显和透露出教师的个人价值观和教学信念，而学生对教师教学做出的回应，也会被他们自身的个性特征和老师给他们的感受影响。此外，在学习者、教师和任务中，环境都会对学习活动开展造成制约作用。Williams 和 Burden 针对四因素相互作用的学习环节，制作出了图 5。

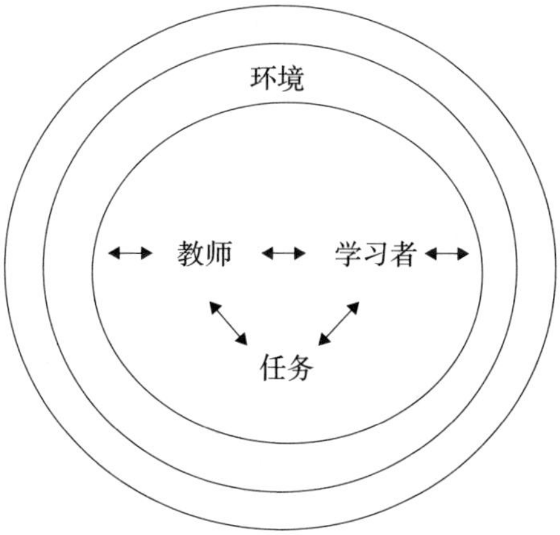

图 5　教学过程的社会建构主义模型 [①]

二、英语学习观研究

在外语教师信念研究领域，Horwitz（1985）用她设计的《语言学习信念量表》（BALLI，Beliefs About Language Learning Inventory）第一次对英语教学中的语言教学观念进行了系统的研究。通过对参与师资教育训练课程的学生的研究，她总结出了教师们对于外语学习的看法，主要有以下四点：（1）和学生外语学习天赋相关的信念；（2）在解决和处理外语学习难点和问题上的信念；（3）和学生外语学习本质相关的信念；（4）和学生外语学习技巧和措施相关的信念。Horwitz（1999）利用 BALLI，对英语教学中的师生关于英语教学的看法进行了评述与归纳，笔者的评述显示出她对英语教学中英语教学观念的一系列研究对后世有关研究的重大影响，且强调了 BALLI 理论研究的有效性。

Gow&Kember（1993）对有关教师学习观念的研究进行了评述。他们把自己的学习观点归纳为六大类：（1）学习过程其实是知识量增加和扩充的过

① 注：图 5 编译自 Williams & Burden 2000：43。

程；（2）学习过程是一种知识记忆的过程；（3）通过学习，不仅可以掌握事实，还可以实现实践操作目标；（4）学习是针对意义和价值内容的抽象研究过程；（5）通过学习，不仅可以理解现实，还可以解释现实；（6）学习属于自身变化发展的过程。其中，前三个可归为“知识再现”思想，后三个可归为“意义建构”思想，并在此基础上提出了新的观点。这两种思维方式并非完全分离，而是有一定的交集与重合。在大部分的英语教育方法中，以上六个层次的学习观点都包括在内，不同的学习观点对应不同的教学活动安排。

Richards&Lockhart（2000：34—35）着重讨论了在教学过程中，教师和学生教学观念的不一致性。他们认为，教师在具体设计教学活动方案的时候，必须具体了解学生的学习信念和思想。

Williams&Burden 从社会结构论和建构主义角度来看，指出一门有意义的外语应该具备如下特征：具有责任感的课程；能够产生一定的个性改变；会给你的个体带来新的理解；能有许多不同的表现方式；始终受其所处情境的影响；由社交交往而形成；往往是一种中介物的出现；学生之间存在着一定的差异；它既是认识性的，又是感情的；与人的感情相关联；一生都在进行。

在 L.Shulman 的研究中，通常，教师的信念都是以教师的知识来论述的。Shulman（2004）从教师发展的视角出发，对教师的学习观念进行了探讨，主要分为两种类型：一种是对教师的学习观念，另一种是对学生的学习观念。在此基础上，笔者从理论和实践两方面对教师的认知和信念进行了探讨。在一个互动的过程中，教师的个人信念和团队的公共信念互相影响、互相促进、互相发展。在统一固定的理论基础、教学标准和制度，以及现代化的教育反思和评估模式下，会产生相互影响和作用的效果，他们可以相互吸收、相互改造。在这样一个漫长的相互作用的进程中，他们的信念趋于一致，并构成了教师共有的集体信念。

Cid，Granena&Tragant（2009）特别对外语教学与学习的信念进行了研究，得出了三种对外语教学目标的信念倾向：职业倾向，即英语教学为将来的工作与研究做好准备；功能取向，也就是说，要获得或利用英语作为文化产品的媒介，如电影、图书和歌曲；就要有以人为本的交际倾向，以与外国人沟通为目的。

第六节　乡村英语教学师生角色观

角色是指在一个交流活动中，每个人都应担负的责任。在课堂上，师生的身份是指在课堂上教师与同学所担负的责任，这种职责体现在两人的立场上，体现在两人的权力和义务履行上。因为教育工作的本质特殊，所以教师和学生的作用看上去很单纯：一种是教师，另一种是学生。然而，这两种到底有哪些作用，如果认真研究，就会发现这两种作用到底有什么区别，这就成了一个非常复杂的问题。在此问题上，教师们的观点不一，形成的自己对教师和学生的角色认识也不尽相同。因为教师与学生之间存在着一定的联系，一方的作用被界定，另一方的作用也可以被界定，所以，这节将重点从教师的角色观入手，探讨教师与同学之间的角色关系。

Williams&Burden 认为，把教育看成是教师一个人在课堂上把知识传授给了学生，而学生们又愿意去接受这些知识，这就把非常复杂的教育变得非常简单了。其实，在现实生活中，教学活动及其所反映的师生角色，不仅和教师的教学信念和教学行为有密切关系，还和学生的学习特点和要求、师生相处的关系，以及他们所在的文化背景等息息相关，教学过程是多要素影响的过程，也是比较复杂的活动和工程。外国学者 Williams&Burden 在研究教师心理学相关内容之后，深入分析了语言教学活动的开展方式，其中包含师生角色的演变和设定。外国学者 Richards&Lockhart 指出，教师角色其实更多的是职业性的角色，其任务是按照学校的办学要求来开展教学活动，且要结合个人教学内容、教学方法和思维发展特点来分配角色，了解语言教学的文化背景。下面笔者将教师角色扮演当作主要内容，研究学校、教师和学生三方的角色发展情况。

一、学校机构视角下的师生角色

不同角色和种类的教学部门，比如公办学校、私立学校和第三方教育机构等，都有着相对应的教学发展目标、制度、方针、设备系统、师资队伍、管理系统等。所以，在满足教师个人职责发展需求方面，也有着多元化的要求和规定，这就导致了学校的背景在某种意义上对教师起到了影响。

本书认为教师拥有两个层面的角色：第一个层面是指在学院层次上的作用，该作用是被学院确定的；第二个层面是教师在课堂上的作用，教师在课堂上的作用是通过教师在课堂上的表现来实现的。

有些学校老师可能扮演更多元的角色。外国学者 Richards&Lockhart 研究得出了两个层面下的八种角色：（1）需求分析者：教师按照特定流程和方法分析学生的个人需求，并以此来制定教学方案和确定进行教学的基础；（2）课程开发者：教师应从学生需要出发，为自己制定教学方案和教学大纲；（3）材料准备者：教师们为自己的班级准备了教材，只有在必要时才会有选择地使用教科书；（4）咨询者：教师找到有问题和有学习障碍的学生，为他们开展个性化辅导；（5）导师：资深教师为缺乏丰富教龄的教师提供指导，协助他们拓展事业；（6）小组成员：一位教师以一组成员的身份，与同一所学校的其他教师共同工作；（7）研究者：在语言学习过程中，针对具体问题，进行实践探索；（8）专业者：作为一名职业人员，老师应该通过出席讲座和阅读职业杂志、参加职业团体等，提高自己的职业素养。

二、教学方法视角下的师生角色

从教学法的角度来看，教师是一种“第二层次”的角色。不同的教学方法对师生双方都有不同的要求，尤其对于英语教学方法，更是有着不同的要求。笔者在这里单纯研究后续问卷调查中可以运用到的语法翻译法、听说法和交际法，对不同方法应用下的教师和学生角色进行剖析。

可以说，语法翻译法始终将教师教学当作核心，属于一种常见的英语教学形式。教师是选择学习内容、制定和实施学习计划、讲解规则的人。在学习过程中，学生主要接受、记忆、理解和运用各种语言。在课堂教学中，老师是一名“权威者”，一切教学活动由老师说了算，学生必须听从老师的指导与安排。

听说教学是一种由老师引导的教学方法。在教室里，教师处于主体地位，具有主动性。他们给学生演示英语，掌控着学生们的学习方向与速度，监视学生们的成绩，并及时改正学生们在语言上的错误，改变学生们的学习方法，让学生们始终专注于自己的学习。

交际法语言教学重视交际过程而不重视语言形式的掌握。本书认为，在课堂教学中，教师在课堂教学中所扮演的角色主要有辅助交流者、小组参与者、需求分析者、顾问、小组管理者。在交际中，教师要协调学生的交际活动开展，使其顺利地完成交际任务。集体活动的参加者是指与学生处于相同位置并能直接加入学生群体中的人，让他们进行交流。需求分析就是在课堂教学中，教师们利用小组或个人的语言沟通来了解英语需要，然后找出适合他们的方法。在外语教学中，教师通过对外语知识内容的解释、肯定和反馈，使外语教学效果达到最佳。在交际式的教学中，学生是一个很好的交谈者，他们自己选择学习过程、学习目标、学习方法，从而达到学习目的。

三、个人视角下的师生角色

尽管大部分的乡村英语教师都经过了特殊的教育方式培训，并且其所处的教育单位也有可能需要他们采用特殊的教育方式，但在实际的教育操作中，教师并不总是严格遵守。大部分的教师都会针对特定的情况，给出一种可以处理问题的教法；有些老师采用了多种教学方法，以便学生吸收；也有的老师觉得，教之事，没有一成不变的规则，学生的学习方法与老师教学效果息息相关。老师们会从自身的经验、性格特点出发，采用具有自己特色的方法解决问题。

从个体的角度来看，教师的作用并不必然是由其所处的教育组织所决定，也并不必然是与某一种教育方法有关。Richards&Lockhart（2000：105—106）提出教师为自己设定的几个不同的角色：（1）计划者：教学活动的计划和组织；（2）管理者：组织、管理课堂及学生活动，使教学成效达到最佳；（3）质量控制者：保证学生们在英语教学中的素质，并能及时纠正他们的语言错误；（4）小组组织者：为学生创建良好的团体学习氛围；（5）帮助者：让学生找到适合自己的学习方法，使他们能自主地学习；（6）助推者：提高英语的学习兴趣，营造有利于提高学生英语水平的课堂氛围；（7）授权者：赋予学生自主选择方法和学习的权力；（8）队员：以一般成员的身份参与班级及团体活动，与学生们展开互动。

外国学者 De Guerrero&Villamil（2000）采取定性研究和分析方式，通过隐喻，对教师的角色做出分类：第一是合作领导者，第二是知识提供者，第三是挑战者，第四是培养师，第五是革新者，第六是工具提供者，第七是艺术家，第八是修理工和体操教练。其中，合作领导者代表的是教师基于互信这个前提，引导和帮助学生实现他们的学习目标。知识提供者是指老师把自己拥有的知识传授给学生。挑战者是指教师通过向学生布置具有挑战性的任务来促进他们的学习。培养师指教师培养和激发学生的潜能，培养学生的综合素质。"革新"是一种与教育科研保持同步，并主动把新成果运用到教育中的做法。工具提供者是指教师向学生提供一种语言，使其进行语言交流。艺术家意味着教师还是一位有艺术性的演员，教育是一种艺术行为。修理工是教师对学生的言语失误和不正确的学习心态的矫正。体操教练是指教师训练学生在学习过程中进行大脑运动，就像是在体操训练中进行肌肉训练，从而提升其智能水平。

上面提到的老师的作用并不是固定的。在各种情况下，教师对自己所扮演的角色进行了适当的调整。不管教师给自己设定了怎样的任务，他们一般都是从课堂的角度来考虑的，比如课堂的组织与管理、课程的内容与计划、教育的方法、教育的启发、教育的评价。

第七节　乡村英语教学专业观

乡村英语教师是一个普及性较强的行业者，需求量较大。那么，乡村英语教师在从事教育工作时有何看法？乡村英语教师的职业生涯又如何？这些问题的答案，就是乡村英语教师的专业观。

首先讨论职业与专业的区别问题。职业是一种由一批人组成的群体，他们的工作要求有特殊的技能。这是一个以专业知识学习为目的的行业。1933年，Brandeis 提出了评判专业的标准：专业是一个正式的职业；要想进入这一行业，必须接受培训，包括知识和技能两个方面；职业的角色分配不仅是一种生活方式，还是一种为别人服务的工作。

在职业规范逐步确立期间，人们对“职业”的相关问题进行了热烈的讨论。1966 年，联合国教科文组织发表了一份名为《关于教师地位的建议》的文件，就教学工作及教师应具备的条件做出了阐述：教育工作应被视为一种专业；一名教师对他所教的学生，有着自己和集体的责任，他们都应该在一所学校里，学习普通教育科目、专业教育科目和师范教育科目。从文件中可以看出，教育已达到了职业的基本标准，而对教师的职业特点、职业要求等方面，也都体现了职业的基本特点。自此以后，许多国家都对教师的成长给予了高度的关注，并在此基础上走向了教师专业成长的道路。美国自 20 世纪七八十年代，就已经开启了教师专业化的道路，并于 1983 年发表了《国家在危险中：教育改革势在必行》。随后，英国也与 1988 年颁布了《教育改革法》。我国于 1994 年颁布了《中华人民共和国教师法》，该法明确规定：“教师是履行教育教学职责的专业人员。”它是在中国教育发展史上首次将教师职业身份作为一项全国性的立法。1995 年，国家重新确立了“教师资格证”，使我们朝着“职业教育”的方向迈进了一大步。2011 年印发的《国家中长期教育改革和发展规划纲要（2010—2020）》，促进我国教师职业化发展。

关于英语教育到底应不应该成为一种职业的讨论，Bailey、Curtis&. Nunan（2004：13—15）从四个方面对乡村英语教师的职业素质进行了探讨。他们认为，要想形成一种职业，必须具备以下四个条件：（1）从业人士实践者应该得到更好的教育和训练；（2）建立行业标准和从业资格认证制度；（3）公认的理论和经验基础；（4）从业者喜欢这个职业，并是这一职业的支持者。

从事这一职业的人需要有较高的学历和训练水平，这就意味着他们需要有较深的学识和所需的技巧。就英语教育而言，“知识”是英语的基本理论，“能力”是英语的使用技巧。工业标准通常涉及某些特定的职业资格。在我国，教师资格取得的渠道是通过考试，最终还要得到教育委员会的资格认定，获取教师资格证，还要有一定的任教资格。学科基础是区分一般职业和专业职业的标准和原则。这门课程不但需要实践操作，还离不开基本理论和原理。英语教学原理和多个学科的理论知识有关，比如应用语言学、认知科学，所以，把英语教学作为一门学科来看待，尚缺乏一个统一的理论依据。在中国，除了各级教育委员会这样的官方机构外，也有各种社团这样的非政府机构，它们可以在受到有关教育部门的资金支撑的基础上，为快速实现学校建设和办学目标而努力。

语言教育与教学活动的特殊性决定了其所涵盖的领域是广泛的，因而其专门的理论依据也必须是各种学科的综合。

乡村英语教师是一类从事英语教育的职业工作者，他们如何实现自己的职业发展？职业发展是一个自觉的、持续的、有系统的、不断的进程，以优化自己的专业知识、技能体系和态度。Bailey、Curtis 和 Nunan（2004：4）将教师的专业发展定义为教师智力、经验和态度持续增长的过程。

我国学者陈玮（2010）指出，英语师资专业化涉及两大方面：一是学校内，二是学校外。在学校层面，必须关注教师校本教育活动的设计和开展，使得教师变为科研者和指引者。学校还必须强调英语师资队伍创建及方法创新，从过去的教学方式转变到现在的教学方式，从原来的教学方式转变到直接面向教师们的实践情况和问题进行的探索方式，并推动教师培养方式与乡村英语教师的身份转变之间的相互配合，让教师们习惯以学生为核心的教学方式。我国学者李叶霞（2010）认为，促进乡村英语教师专业化发展的方式有五种：明确课程标准，更新外语教学观念；转变传统的教育方式，对教师的角色进行重新定位；提高教师的教学水平，加强教师的职业素养；以科学研究带动教学研究，提高研究水平；开展反思式教学，开展活动式教学活动。我国学者岳淑丽（2010）指出，教师专业化发展历程主要有三个，各个历程都凸显出个人发展特色。第一个历程是职业发展早期，将自我能力培养当作核心目标；第二个时期为职业化时期，以“为教而学”的教学模式为特征，以规范学习为特征，以“预设”课程为主要内容；第三个阶段是以享乐为特点的职业化（专业化），在课程开发、课程理解和课程表现的过程中，其教学措施具备较强的享受性，在实际的教学活动开展过程中，我们不但能够享受教学、享受关爱，还可以享受奉献。

无论是在国外，还是在国内，都很难找到一种对乡村英语教师“专业”概念的具体论述。Beijaard、Verloop&Vermunt（2000）的研究发现接受调查的教师都将自己看成学科知识专家、教学专家和教学法专家三种身份的综合，但不同的教师在这三个方面的认同水平也不一样。调查还显示，随着职业教育的发展，教师对自身身份的认知也在不断改变。我国学者吴一安（2005）针对教师专业素质和能力的培养情况做出了调查分析，得出了包括四大维度的乡村英语教学素质培育框架和体系。这里所谓的四大维度就包括英语教师的职业发展观念和道德培育观念。吴一安所建议的职业观具体包含了专业归属感、使命感，为人师表、专业态度、关爱学生。

第四章　乡村英语教师教学信念构成要素

第一节　乡村英语教师的英语语言观

正式调查问卷中语言观部分共包含六道题，分别为工具观（10 题）、系统结构观（1 1 题）、天赋官能观（12 题）、社会现象观（13 题）、交际功能观（14 题）和认知能力观（15 题）这六种不同的语言哲学观点，调查的目的是考查受试教师对它们各自的认同程度。

从整体来看，调查结果显示出如下特点。

第一，接受调查的高校乡村英语教师对各种不同语言观的认同程度总体较高，除了天赋官能观的均值为 3.68 以外，其他五种语言观的均值最低的为 4.30。

第二，不同受试教师对同一语言观认同程度的差异起伏不大，除了天赋官能观外，受试教师对其他五种语言观认同程度的标准差均小于 1，其中四种小于 0.90。

第三，六种语言观中，受试教师认同程度最高的是工具观、社会现象观和交际功能观，最低的是天赋官能观。

从现有相关文献来看，贾爱武（2003：90）的实证调查发现，外语教师群体的语言观具有明显的工具性和主体知识倾向性。贾爱武基于外语教师的语言观，指出了三大取向：第一是语言本体知识取向；第二是工具性取向；第三是文化取向。从其解释来看，语言本体知识取向包含本书所列的系统结构观，工具性取向包含本书所列的工具观和交际功能观。郑新民和蒋群英

（2005）的访谈调查也发现外语教师主要将语言看作交际工具的语言观。本研究中，教师对工具观和交际功能观的认同程度最高，结构系统观较高，这一发现与他们的调查结果是一致的。可见，在我国，乡村英语教师把英语看成是一种交流的工具，把英语看成是由词汇、语法组成的结构体系。

本研究所发现的高校乡村英语教师语言观所呈现出来的这些特点说明了什么？为什么会形成这种特点？很难从现有的文献中得到相关说明，因此在下面的部分中，试图对这些问题进行分析和探讨。

虽然六种语言观的主张有区别，但受试教师对这些理论的认可度都很高。由此可以看出乡村大学乡村英语教师在语言观念上的主要特征：第一，在教师的信念体系中，大部分教师都能接受各种语言哲学观，尽管各种语言的看法不相同，但它们都存在于大学乡村英语教师的信念体系中；第二，在大学里，大部分的乡村英语教师都不愿意去追求一种或几种不同的哲学，而对其他的则一概置之不理。从大学乡村英语教师的语言观总体特征可以看出，很多教师不愿选择和相信某种语言哲学观。

从总体上来看，在英语教学中，学生对“同一种语言”的认可度没有太大的差别。结果表明，在被调查的乡村英语教师中，他们在语言学与语言哲学方面所受到的教育在内容与深度上都没有太大的差异。这种现象又一次证明了在教师的信念体系中，各种语言哲学信念并非相互排斥，而是共存的。在六种语言观中，受试教师之间对天赋官能观的认同程度差异相对较大（标准差为 1.091），这可能与国内教师对以 Chomsky 为代表的生成语法了解程度的差异有关。在我国，部分大学的乡村英语教师对生成语法知之甚少，而另外一部分则对生成语法有一定的认识，但认识的层次存在着很大的差别：大多数教师都是从常用的语言课本上知道有关生成语法的知识，一小部分教师则是通过专著和期刊论文等方式知道更多关于生成语法的知识，还有一小部分教师对生成语法产生了浓厚的兴趣，并把它当作自己的一个研究领域，所以对它的认识很深。不同教师对生成语法的不同熟悉程度必然影响他们对生成语法的认同程度，所以，从调查结果中可以看出，受试教师在对其他语言观的认可上没有太大的差别，而在对天赋官能观的认可上存在着比较大的差别，这是因为他们对生成语法和他们的天赋官能观的语言哲学的熟练度有很大的差别。

受试教师对六种语言观认同程度存在差异。工具观、社会现象观和交际功能观的均值在六种语言观中最高，它们之间的差异相对较小。考察这三种语言观，第一，他们都有一个相同的观点，那就是把语言看作是在现实生活中不可或缺的交流手段，而它最明显的特点就是它的工具性；第二，系统功能语言学的学术观念在我国语言学界有广泛影响力，使得大学教师对语言的功能特性有了更高的理解；第三，在我国大部分的通用语言学教科书中，对语言的界定都是以“交流工具”为基本的，因此，在这些教科书中长大的大学语文教师对语言的认识，不可避免地会被教科书中的观点影响。从这个角度来看，这三种语言观都得到了最大程度的认可，也就情有可原了，但是，他们所具有的共性，导致了他们忽视了他们之间的差别。

天赋官能观受到的认同程度相比较最低。它反映的是以 Chomsky 为代表的生成语言学派的基本观点，认为语言表达是一种生命活动。人类在漫长的生命演化过程中，其脑内与生俱来就具备了学习语言的能力。人类受自然语言启发，具有将固有的通用语法转化成其所使用的语法，进而根据语法的规律来组织词汇。受试教师总体对天赋官能观认同程度较低的原因可能如下：第一，天赋官能观对人类语言生物性的重视，与某些诸如系统功能主义等注重语言的社会性流派相违背。该分析表明大部分的教师都倾向于承认语言的社会工具性质，这就表示他们对这种生物性质的认可度会有所下降。第二，天赋官能观是生成语言学派的语言哲学基础。在国内，从一些普及型语言学教材中的内容，体现各语言学派思想的语言学专著数量来看，较之功能语言学派来说，生成语言学派的学术思想并没有得到广泛传播。因此，在这样的语言学环境下，大学里的乡村英语教师们对于产生语言学的理解，往往不如对功能语言的理解深刻，因此，他们对产生语言学的理解也就比较少。

第二节　乡村英语教师的英语教学观

乡村大学乡村英语教师的教育观具有如下特征。

第一，在各具体题项的认同差异方面，学生对教师的教育观念的认可水平存在着很大的差别。尽管一些题项的认可度比较统一，但更多的题目的认可度差异比较大。

第二，在对不同类教学观的认同差异方面，不同受试对归属于同一因子题项的认同程度差异大体保持一致。

第三，在不同教学观的区别方面，教学观维度内交际功能、语法规则和听说技能三个因子的均值彼此相差较大，受试教师对这些概念的认可有不同的水平。认同程度最高的是交际功能教学观，其均值在 4 分以上；最低的是听说技能教学观，其均值在 3 分以下。

本研究在英语教学观方面的发现与 Johnson（1992）、王红艳和解芳（2009）、徐翠（2009）、高强和张洁（2010）等调查发现基本一致。在英语教学目标观方面，Johnson 在调查中发现约 61% 的乡村英语教师拥有一个清晰的主要的教育目标，他们当中，将语言技巧或语言规律视为最重要的教育目标的比例各有 7%，认为主要教学目标是语言功能的占 47%；其他约 46% 的教师一持有综合折中的教学目标观，二是缺乏对教育目的的清晰认识。王红艳和解芳（2009）的个案研究发现三位教师分别以规则、技能和功能作为自己的外语教学目标，相应地，她们分别更多地使用语法翻译法、听说法和交际法进行教学。在教学方法观方面，高强和张洁（2010）通过对乡村地区乡村英语教师语法看法的调查，发现教师们普遍认可“交际法”的原理，但也认可语法的价值，以“折中”为主。徐翠的调查发现大多数教师（76%）从理论上分析了英语学习中存在的问题，指出英语学习的目的是提高学生英语学习中的语言运用能力。从采访资料中可以看出，大部分的教师都对自己的教学目标有清晰的认识，小部分持有功能、技能和规则折中的目标观，问卷调查表明，我国的教师对英语和交际式的“功利目的”观点的认可度是最高的，也就是大多数教师认为，语言的运用是他们学习的首要目的，而交际法是他们使用得最多的方法，这与上述 Johnson 等人的发现是一致的。

笔者主要从三个方面对大学乡村英语教师的教育理念进行了探讨。下面将结合采访资料，对这一部分进行分析和讨论。

在调查中，不同的教师对不同的教育理念的认可度存在很大差别，说明他们对自己所持的教育理念有比较清晰的选择。教师对某种教育理念的认可程度比较高，那么这些题目的标准差比较小。教师之间的认可度差异很大，那么这几个题目的标准差也比较大。

以教学观中的三个因子为单位分析，教师们对主要载荷同一个因子的题项所表达的教学观念的认同程度基本一致。说明按照问卷调查的结果将教学观部分分为三个因子是合理的，同时还说明教师对不同的教学观能做一定的区别，另外基本一致也说明对不同的教学观，教师认同的意见统一程度不同。对交际功能观的意见统一程度最高，语法规则观次之，意见分歧最大的是听说技能观。从访谈中可以看出，教师对各种教学观的亲和力是不一样的，因此，研究人员认为，从调查结果中可以看出，教师对三种教学观的亲和力与熟悉程度有关。由于对交际功能性观最熟悉，在教学实践中使用的也最多，所以其认可度和观点也最多。对于听说技能观了解的程度不一致，有些教师知道得比较少，所以在整体上，他们对这个问题的认可度是最小的，观点的一致度也是最小的。

问卷调查显示教师对三种不同教学观的认同程度有显著差异。访谈的结果显示，教师们对系统功能语言学的基本学术观点和交际法的主张均较为熟悉。听说技能教学观是结构主义语言学在外语教学上的应用。该方法产生于20 世纪五六十年代，八九十年代时在我国的高中教育中得到了广泛的应用。不同年龄段的教师对英语的理解各不相同，年纪较大的教师在他们的初中阶段就已经受过该类型的教育，并且对该类型的教育也有感性的理解，在他们进入英语专业学习之后，他们已经对该类型的理论以及他们所倡导的“听、说、读、写”相关教育理念有所理解，并且有了较深的研究。这部分教师对听说技能教学观的理据和实践方法有着最全面的认识。而一些青年教师在自己求学期间没有感受过听说技能教学，人们对其的认识只能从一般的语言学教科书或教育学教科书中获得，而他们所接触的最多的是“交际功能”这一概念。对这些教师而言，结构主义语言学和听说技能教学在语言与语言教育的发展史上，仅仅是其中的一部分。他们对听说技能教学仅限于基本了解，当然，也不会有太多的认可。语法一规则教学的认同程度居于三种教学观的中间位置。研究者认为，其原因有二：第一，由于其实用性、可操作性、对教师的要求较低，并且与我国高中英语考试的要求相一致，因此，其对学生的学习有着非常重要的意义。受此影响，大学里的乡村英语教师对此并不感到奇怪，他们有时也会在自己的课堂上使用。第二，不管是后来的情景教学法、听说教学法，还是交际教学法各种分支、认知教学法等，他们都没有且事实上也无法否定，在英语语言学习中，对语法规则的研究具有十分重要的意义。他们之间的基本差别不是有没有必要去学，而是用什么样的方式去学。究竟是由教师对各类语法规则进行直接的解释，还是让学生在进行了很多的英语训练之后，让他们熟练地学习和使用这些语法规则，或者让他们在交流的过程中对语法规则有更多的了解，尚需根据实际情况而定。

第三节 乡村英语教师的英语学习观

调查问卷中英语学习观调查部分共有 17 个题项，均来自 Horwitz 所设计的 BALLI 问卷。乡村大学乡村英语教师的教学观念有以下几个方面的特征。

第一，在各具体题项的认同差异方面，与教学观部分相比，受试教师对学习观部分不同题项认同程度的差异总体比教学观部分低。各题的标准差最高为 1.176，最低为 1.788。

第二，在总体认同程度方面，受试教师对学习观部分的认同程度低于教学观部分。17 个题项中有 7 题的均值低于 3.4，均值最低的第 55 题只有 1.61 分。

第三，在因子认同度差异方面，四种学习观之间存在差异。被调查的教师在英语教学中的重要性上的认可程度较高，而在英语教学中的重要性上的认可程度较低。

本研究中所发现的受试教师对 BALLI 中英语学习本质的信念表述认同度最高，这一特点与 Atlan（2006）和肇彤（2006：27）的调查结果一致。Atlan 发现关于学习本质的各表述最低有 71% 的受试表示认同，最高达到 90%。肇彤的研究发现对学习本质的表述认同比例最高占到受试的 94.9%。包薇（2005）发现教师认同最高的是语言天赋维度，最低的是应用学习难点维度。本研究结果与其发现不一致。

本研究中根据因子分析所提取出的四个因子与 Horwitz（1985，1987）所区分的四个维度有三个相同。Horwitz 将外语学习观分为外语学习天赋信念、外语学习困难信念、外语学习本质信念和外语学习策略信念四个维度。而本研究中的探索性因子分析结果显示这部分可以提取出四个因子，分别是英语学习难易信念、学习重点信念、学习本质信念和学习策略信念。通过对比可以发现，除了本研究所发现的学习重点信念与 Horwitz 的学习天赋信念不一致以外，其他三个因子是相同的。因子提取的这种不完全一致性可能是由两个原因造成的：第一，调查研究的受试不同，本研究调查的是中国的高校乡村英语教师，反映的是中国的情况；第二，本研究中的调查并未包含 BALLI 中的全部题项，题项不同或不完全相同能够造成所能提取的因子的差异。

除了英语学习本质信念认同程度突出以外，本研究的发现还有其他两个特点。这些特点说明了什么？为什么呈现出这些特点？下文结合问卷数据的相关分析和回归分析，以及访谈数据进行分析和讨论。

与教学观相比，教师对学习观部分不同题项认同程度的差异较低。这一特点说明，具体涉及学习观的每一个具体观念时，教师的看法相对较为一致。表示“非常认同”和“非常不认同”的人数比例总体要比教学观部分低。教学观主要与受试教师的知识、能力和环境相关，不同教师的知识结构、教学自我效能感不同，所以，他们对于教育学的具体主张也会有很大不同。而且，学习观念更多的是与个人英语学习经验有关，在我国的语言学习环境基本一致的前提下，大部分教师在英语学习经验上的差别不大，因此，他们对于学习观念的不同观点也不会有太大的不同。在学习观方面，对于不同的特定视角，受试的教师认同程度有较大的差别。若将受试中的教师与其对不同语言观念的认可度进行对比，则可发现教师对不同学习者的认可度，其观点较为清晰。也正由于教师本身对英语的学习有一个清楚的看法，所以他们可以清楚地表示同意或不同意。例如，第 54 题关于语言学习和运用中的目的语文化问题，教师的认同度非常高，均值达到 4.55；而第 55 题关于语言表达准确性问题，教师的认同度非常低，均值仅为 1.61，这说明教师对学生的看法和评判是很清楚的。

在英语教学中，对“学习观”这一项的整体认知水平偏高，说明其对“学习观”这一项的认知水平不高。在 17 道题中，平均得分低于 3 分（含 3 分）的有五题。这些题项主要集中在英语学习重点因子。第 55 题得分最低，均值仅为 1.61，因子分析的结果表明它属于英语学习重点因子。从题目对比上可以看出题目的精确度在英语学习中的重要性。笔者觉得，教师们对这一观念的认同度普遍较低，有以下三点原因：其一，在以提高交往能力为主要目标的主导下，教师们会对学生的语言表达准确度提出更高的要求，使得他们的表达能够达到有效交流目的；其二，与以往相比，教师对学生的语言错误更宽容；其三，问卷中该题的表述过于绝对化。这三点原因在访谈数据中得到了证实。第 60 题得分均值为 2.52，该题也是关于教师对学习者语言错误的容忍度问题，其得分较低，与第 55 题的前两点原因相同。第 61 题得分均值为 2.37，该题强调英语学习中语法学习的重要性。这可能是由于目前普遍采用的交际式的方法避免了对语法的直接学习。第 62 题得分均值为 2.61，该题是关于英语学习中口语等语言输出与听力等语言输入之间的难易问题。被访教师一般都认为，只有在对词汇和语法规则的掌握水平比较高的时候，口语和写作的教学过程才会变得顺畅。但是，在听力和阅读中，所需要调用的只是消极的词汇知识，并不需要将语法规则全部掌握。所以，大部分的教师都觉得，外语的输出要比输入更困难。第 66 题得分均值为 2.71，该题是关于英语学习中听、说等口语语言与读、写等书面语之间的难易问题，同时也间接涉及读、写的重要性问题。同样，因为口语和书面语言均同时存在语言输入和输出两个方面，所以，单纯用文字来表达更容易。

学习观部分共包含四个因子：英语学习难易、英语学习重点、英语学习本质和英语学习策略。高校乡村英语教师对这四个因子的认同程度存在差异。受试者对英语学习本质因子认同程度最高而对英语学习重点因子认同程度最低说明了什么呢？不妨分析它们各自所包含的题项。学习本质因子包括54、63、64和65共四道题。第54题的得分均值在学习观部分所有题项中最高，教师对该题的高认同度表明，大部分的外语教师认为，英语教学与英语民族的文化密不可分，在英语教学与应用过程中，应重视该民族所具有的文化特色的表现。研究英语的本质是研究英美不同民族的文化。第63题明确提出，英语教学是一种技巧性教学，而在教学中，教师必须利用多媒体来帮助学生进行技巧教学，大多数教师认同外语（语言）基础阶段的学习与其他专业的学习最主要的区别是，而其他科目，如经济学、物理学等，则侧重于知识传授。综合起来看，教师们对第63和64题的认同实际上就是承认了“初级英语是技能学习”的性质，并强调了英语教学中“听、说、读、写、译”能力的培养。第65题体现的是教师对人类语言天赋的认同。而对于教师为何会对英语的性质持这种看法，通过对其进行相关性及回归分析发现，这种看法与教师自身的教学经验有很大的关系。英语学习重点因子包括55、57、60、61和66共五道题。除第57题以外，其他四道题的得分均值都在3分以下。其中，第57题表明大多数教师对“英语学习的重点是词汇”这个看法是一种中性的看法，无法表明他们的认可取向，而另外三个题目得到较高分数的理由，笔者已经在上面进行了阐述和解释。

第四节　乡村英语教师的师生角色观

正式问卷中关于师生角色观的题项共18个，均由研究者根据文献自行设计。通过探索性因子分析，共提取出四个因子。因为第四个因子仅包含1

个题项，题项太少，数据分析中未包含该因子。进行了数据分析的三个因子为：师生角色信念、师生地位信念和师生责任信念。高校乡村英语教师的师生角色观呈现出如下特点：

第一，在各具体题项的认同差异方面，相对于“教学观”和“学习观”这两个方面，不同教师的差别不大。标准差整体较低，最高为 1.158，最低为 1.826，18 道题中有 11 个题的标准差低于 1。

第二，就整体认同度而言，相对于“学习”这一环节，教师们更多地处于“师生关系”这一环节。18 道题中均值大于或等于 3.4 分的有 13 道题，均值最高达到 4.27 分。

第三，在因子认同度差异方面，在对三种师生角色观的认同度方面，教师们都有不同的看法，并且他们对师生角色信念因子的认可程度是最高的（均值为 3.9739），对师生地位信念因子的认同程度最低（均值为 2.9253）。

调查结果显示，大部分被调查者都同意“教师有多种角色”的看法，这些发现与楼荷英和寮菲（2005）、王红艳和解芳（2009）、郑新民和蒋群英（2005）等研究表明教师与学生的关系也是十分密切的。对于师生之间的关系，本研究中的问卷、访谈以及上述的文献中的调查的结论都与此相吻合。大部分的教师都觉得，在现实的课堂中，因为种种的因素，都很难实现真正的师生之间的平等。

本研究发现了师生角色观的三个特点，下文就它们的形成原因进行分析和讨论。

在“教学观点”和“学习观点”两个层面上，不同的教师对相同题目的认同程度差别不大。这表明，在师生关系中，“特定”的“同一”观念在教师与学生之间的关系上，其认同水平是相当的。对于某一特定的观点，教师一般都会持相同的看法，例如第 67、70、71、72、73、76、77、84 题；要么整体倾向于不认同，例如第 79、81 和 83 题，较少有五个选项数平均分布的情况。这表明，在教师与学生的关系中，人们已经有了比较清晰的理解，并且对此理解也比较一致。调查还发现，被调查的教师对于自己的教学经历、学生的学习与发展需求、教育当局的需求等都有自己的看法。在这种情况下，笔者相信，在教师关系上，教师对学生角色观的理解是一致的，这是因为他们拥有着相同的教育、教学的知识、教学的经历，再加上教师有相同的教学需求。

教师对师生角色观部分的认同程度总体上较高。特别是第 67、70、71、72、73、76、77 题等属于师生角色信念因子的题项，均值大多在 4 分以上。细看这些题目，可以发现他们对教师的主要作用有不同的描述。三个问题的平均分值都很高，表明大部分乡村大学乡村英语教师对其所扮演的角色是认可的。但为何在不同的教学中，教师却能以不同的认同度来看待不同的教学角色？教师们为何不从其中挑选一个？这表明：其一，问卷中上述几种教师的作用并非相互排斥，而是相互融合的；其二，在大学乡村英语教师看来，乡村英语教师的作用是多角度、多层次、多目标的，他们不仅是英语教学的引路人，也是学生思维发展的引路人，是学生发展的培养者，更是学生学习活动的策划者、课堂的组织管理者和质量管理者。教师在教学中扮演的角色，一方面是为了推动学生的全面发展，对学生进行全人教育，另一方面是为了帮助学生掌握英语知识和技巧，帮助学生进行正常的学习。教师们对这几种角色的认可，说明他们觉得这几种角色都应当由教师来担当。第 79、81 和 83 三道题的得分均值最低，均低为 3。第 79 题是关于学生学习成绩好坏的责任归属问题，该题均值为 2.17，标准差低于 1。第 81 题是关于课堂教学中师生之间主配角的分配问题，该题均值为 2.35，第 83 题是关于课堂中师生地位的问题，该题均值 2.30。第 79 题的结果表明，大部分教师并没有把决定学生学业成就的责任归咎于教师。访谈结果显示，在教师看来，学生才是学习的主体，学生英语成绩的好坏，不仅要看学生本身，还要看学生在英语教学中所付出的努力与时间，以及学习方法、语言才能，教师只是在其中扮演着一个配角。而学生作为学习的主体，更不能在课堂上充当辅助角色，不能在课堂上处于下风。所以，基于相同的原因，第 81 题关于课堂教学中教师是主角，大部分被测试教师都不赞成“学生打酱油”的做法，第 83 题“在课堂上，教师的地位应当比学生高”，大部分受试教师都不认可。

以因子为单位考察，受试教师对师生角色观部分三个因子的认同度之间存在显著差异。师生角色信念因子包括 69—78 题共 11 道题，受试教师的认同程度最高，其含义和原因本节上文已做过分析。师生地位信念因子包括 68、81、83 和 84 共四道题，受试教师的认同程度最低。在这四道题中第 68 题的均值为 3，整体上看，教师对“外语教师主要是语言知识提供者”这种观点持中立态度。但是，该题的标准差超过了 1，受试教师们对五个选项的选择比例基本呈平衡分布状态，表明教师对该题意见分歧较大。第 84 题的得分均值较高，超过了 4，而且标准差小于 1，教师集体偏向认同，只是因为第 81 和 83 两题得分均值低，拉低了整个因子的均值。第 81 和 83 两题认同程度低的原因在上段已做了分析和讨论，此处不再重复。

第五节　乡村英语教师的英语教学专业观

调查问卷中英语教学专业观部分的题项共四个，第 85 题主要对英语教师的专业基础信念做出检测，第 86 题主要对英语教师的专业发展信念做出检测，第 87 题主要对教师专业水平信念做出检测，第 88 题主要对教师的专业教学态度信念做出检测。其中第 88 题是反向题，在做数据分析之前其分数已做反向处理。探索性因子分析结果显示该部分只能提取出 1 个因子。高校乡村英语教师的英语教学专业观呈现出如下特点。

第一，在各具体题项的认同差异方面，在整个教师信念的五个维度内，该维度教师之间的差异最小。标准差整体最低，最高为 1.049，最低为 1.773，四道题中有三题的标准差低于 1。

第二，在总体认同程度方面，在整个教师信念的五个维度内，教师对英语教学专业观部分的认同程度最高。认同程度最高的第 85 题均值为 4.63，最低的第 88 题为 4.22。四道题的均值全部在 4 至 5 分之间。

第三，在该维度内，在英语教育工作者的职业发展观念中，教师们的认可率是最高的，而在英语教育工作者的职业精神观念中，教师们的认可率是最低的，它们的均值分别为 4.63 和 4.22。

国内对外语教师职业观的定量研究并不多见。吴一安（2005）针对优秀外语教师素质框架做出了有效构建，指出了四个构成维度，其中涉及教师教学专业观：外语教师职业观和职业道德维度、外语教师学习和发展观，这两个维度分别相当于本调查中的英语教学专业态度信念和应用教学专业人员发展信念。调查发现，被调查教师的工作态度以敬业、认真为主；具有不断进取，不断追求教学知识学习、不断反省教学工作的精神。此结果与调查结果显示，大部分教师对自己的职业态度持谨慎、发展的态度。贾爱武（2003：83）发现年龄和教龄较长的。同时，乡村英语教师的职业发展心理状况良好。在此项调查中，没有对教师职业观念与其年龄的关系做定量的分析。

在本次调研中，我们将对英语教育的三大职业化特征进行深入的分析与探讨。

受试教师对英语教学专业观部分的四个具体方面的观点认同差异最小，说明在教师信念系统的五个维度中，对职业英语教育的看法，教师们较为统一。为何各教师的观点如此一致？这就要求我们对英语教育的特殊性进行深入剖析，从四个角度进行详细阐述。第 85 题主张，作为一种专业的英语教学，需要其从业人员（即教师）具有扎实的专业基础，包括英语语言基础和外语教学技能基础。第 86 题主张，英语教育学同其他学科一样，处于一个持续增长、持续发展的过程。第 87 题主张，教师是一名正在成长中的职业工作者，同样也要持续地学习和提升自己，跟随着职业发展的步伐，持续地发展自身。第 88 题是一个反向题，其提倡乡村英语教师在英语教学中不能抱着敷衍了事的心态，要用一丝不苟的态度去做。综合考察这四种观点，他们的共性就是：英语教育工作者不只是一般的工作，更是一份高素质的工作。从采访中可以看出，被采访的教师对于英语教育的特殊性及需求都有比较明确的理解。笔者发现，在调查中，乡村大学乡村英语教师对乡村大学英语教育的特殊性和需要都很清楚。只要对此有了正确的理解，对于英语教育的职业化观点就会自然而然地趋向统一。此统一性说明了大部分大学乡村英语教师都具有很强的英语教育工作者的自觉意识，他们将按照英语教育的基本需求和未来的发展方向，以一种一丝不苟的精神，致力于英语教育的专业化发展。

在教师信念的五个维度内，教师对“职业观念”的认可度最高。根据这一节中的观点，并结合问卷调查和面谈得到的资料，我们得出三个结论。第一，问卷调查英语教学专业观部分四个具体观点的特点有相同的趋势性，就是要用一种积极的、认真的、乐观的心态来看待英语教育学与自身的职业发展，这两种观念是相互协调的。而教师信念系统的其他四个维度——语言观、教学观、学习观和师生角色观内所包含各种具体观点有互不相同甚至相互矛盾、相互排斥的情况。英语教育职业观中某些内在的和谐统一是对教师高度认可的依据。第二，老师们对英语教学的独特性有了清晰而深入的认识。因为他们对英语教育的认识程度很高，所以他们往往会同意调查报告中对四个问题的看法，即职业基础、职业发展、职业理念、职业态度。第三，教师对英语教学的职业态度与其自身的教学实践知识、教学方法知识、教学经验知识以及对学生自身的兴趣所引起的自我效能感等都存在着一定的联系。这说明，被试的教师对于英语教学的积极、严谨、认真的态度以及对其自身的积极、严谨、认真的态度，都会在一定程度上影响并形成其自身的英语教学的职业观念，而其自身的教学方法知识、教学经验知识以及对其自身的激励作用，则是受试者意识到自己应当也有能力以积极、严谨、认真的态度来从事英语教学。以上几个因素使得教师对英语教学中的“职业性”有较高的认可。

英语教学专业观部分数据显示，被调查的教师对于英语教育的职业性看法的认可度是最小的，而且与其他三种看法的认可度也有很大的不同。英语教学专业观内部反映英语教学专业态度信念的第 88 题得分相对最低。仔细观察该题的分数分布情况，有一些与其他三道题不同的特点：第一，在四道题中，该题是得分均值的标准差唯一超过 1 的一道题；第二，得分频数中 1 分、2 分、3 分的频数均高于另外三道题，相应地，5 分的频数低于另外三道题。这表明在总体偏向认同的情况下，在英语教学职业态度上，受试教师的认可程度较低。这反映出，尽管大多数被测试的教师都不相信可以用正常的、应付的方式来处理英语教学，但还是有一些教师或多或少地持有这样的看法，这些教师的教育观念还有改进的余地。

第五章　乡村英语教师教学信念状况对教师发展的影响和启示

第一节　乡村英语教师教学信念状况对教师语言观发展的影响和启示

各种语言哲学观点有其存在的理由，对语言性质的阐释既有其优点，又有其缺陷。对于二者之间的差异，究其根源，在于对语言观察角度的不同。例如，语言工具观关注语言的外部实际用途，系统结构观关注语言的本体，天赋官能观关注语言的生物遗传性特征，社会现象观关注语言的社会性特征，交际功能观关注语言的语言本体与社会功能的接口，认知能力观关注人类语言能力发展的性质。所以，如果没有一个客观的、统一的评判标准，就不能对这些观点进行评判。这也是笔者所做的调查显示。在英语教学中，普遍存在着多种语言观点。尽管研究表明在乡村英语教师教学中，工具观、社会现象观、交流功能观获得了较高的认可，但这一高度认可主要来自教师自身的直观体验，也来自他们所受的更多的功能语言学教育。

基于上述讨论，进一步了解了农村英语教师的语言理念，并提出了一些改进的建议。首先，在教学实践中，教师应解放思想，以同等的心态去接受各种语言观点。对于语言观的认真选择，并不一定要以是否流行来衡量，因为从发展的角度来看，不同的语言观点，不管是主流的或不是主流的，都有一个不断发展的历史进程。其次，基于“平等”的原则，教师们不仅要关注目前我国的主流语言观点，还要拓展自己的视野，让自己更好地理解那些陌生的语言观点。最后，以广博的阅读和深刻的思考为依据，并与自身的教育实践相结合，对自己所信念的语言观进行鉴别和选择，更是通过观察、实验和反思，最终发展出自己的一套独具特色的语言观。

第二节　乡村英语教师教学信念状况对教师教学观发展的影响和启示

结合问卷调查和访谈结果，笔者从几个方面分析了乡村英语教师在课堂教学中存在的问题，并提出了自己的看法。其意义主要是指乡村英语教师应自觉加强对基础语言教学法的研究与思索。

访谈结果显示，除从事英语教育和科研工作的教师对各种教育方式和教育对象并无陌生感之外，其他专业从事科研工作的教师对各种教育方式和教育对象都知之甚少。这可以从两个角度来看：第一，对不同的教育方式，一些教师很熟悉，但对教育方式的系统化认识及教学应用还没有完全掌握。比如，有些受访教师对听说教学法，除了这个方法的名字之外，对它的知识基本上一无所知。有些受访教师认为，他们可以理解交往教育法中的某些基本观点，但他们并不知道，这些都是属于交往教学的各种方法的具体应用。相比之下，语法翻译方法才是教师们最常用的。第二，教师缺乏对各种教育方式的认识与掌握。被调查的教师一般采用的教学方式大多来源自身的课前辅导，其他方式很少。比如，一些教师说自己是一名非师专的学生，在任职之前没有学过教育学、心理学等学科；一些老师表示，他们虽然在入职之前研究过外语教学方法，但是对英语教学的认识却很少，所知的关于英语教学的认识，也都来自对研究生的辅导等。由此可见，大学生和乡村英语教师缺乏有关语言教学的相关知识并非孤例。

问卷调查涉及了语法翻译法、听说教学法和交际教学法这三种教学方法，以及语言规则、语言技能和语言功能这三种外语教学目标，研究发现，在英语教学中，教师与学生之间的认同感存在着明显差异。这一差异很可能是由于教师对英语教学方式、英语教学目的不同而造成的，但从采访的角度来看，这一差异很大程度上是由教师对其所处环境的不同所造成的。教师对这些词汇的亲和力各有差异，而这种差异会对他们的选择产生某种影响。

当今世界，英语教学已经步入了“后方法论”时期。其最重要的特征就是，不寻求一种适合于所有老师和各种教学环境的高效教学方法，而以工作在教学第一线的老师为主体，针对其实际情况，选择、调整、创新和使用最适合于教学情景的方法。但是，这种后方法论的特征并不代表一位英语老师就必须具备一些英语教育基本知识，而是应当对各种不同的教学方法有所认识，因为只有对各种不同的教学方法有所认识，在特定的教学情境中，才能够按需进行选择和创新。所以，当前乡村大学乡村英语教师的教育观念给他们带来了一个启发，那就是要深化他们对语言教学的基础认识，尤其是要自觉研究那些他们所不知道的语言教学方式。

第三节　乡村英语教师教学信念状况对教师学习观发展的影响和启示

通过调查，我们发现农村大学英语教师在英语教学观念上存在着四种不同的教学观念，这给我们提出了一些建议，希望我们能从这四种不同的教学观念入手，培养学生的学习素质和能力。

问卷调查结果显示，在四类学习信念中，受试教师对英语学习重点信念的认同程度最低。这种低认同度可能说明教师们对问卷相关题项中所列出的英语学习重点的几个方面不认同，这也表明了教师对于英语教学的侧重点并不十分清楚，从而缺乏一种明确的观念。通过对问卷调查的数据进行相关分析，结果表明，教师的英语中心论与其教学经验有明显的负相关，即教师的英语中心观念随其年龄的增加而变得模糊。从采访中可以看出，由于种种原因，大部分被采访的教师都觉得他们对英语学习要点的掌握并没有因为他们的工作经历而变得清晰；相反，英语学习要点变得越来越模糊。从这三个角度来看，我们认为，在问卷中，教师对英语教学重心的看法不够坚定，很大程度上是因为他们对英语重心缺乏清晰的理解。因此，乡村英语教师有必要对乡村地区的学生进行英语教学。在辅导时，不仅要从微观层面上对具体问题进行辅导，还要从更大的层面上掌握英语的学习重点，掌握每一阶段的英语学习内容等。因此，教师对英语学习重点应该具备非常清晰明确的认识和信念。

第四节　乡村英语教师教学信念状况对教师角色观发展的影响和启示

问卷和访谈调查结果所显示的高校乡村英语教师的师生角色观现状及态度倾向对于师生角色观的发展有如下启示：第一，对乡村英语教师多元的作用进行了积极、全方位的强调；第二，强化对教师与学生在班级角色定位的实验、思考、确定。

问卷调查结果显示，在师生角色观中的师生角色信念、师生责任信念和师生地位信念的三个方面中，受试者对师生角色观方面的认同程度最高。从问卷中该方面题项的得分均值来看，受试对问卷中所列出的十余种不同的教师角色均持较高程度的认同。这表明，在大部分教师的观念中，教师的作用并非只有一种，而是多元化的、复合型的。调查结果亦表明，在学校中，教师们对“教师”的身份认同度较高。笔者通过对乡村英语教师多层次、多环节、多视角的分析，提出了乡村大学教师综合发展，从而使其在教育中发挥更大的作用。在层次上，教师既有在课堂中所扮演的角色，也有在课堂之外所扮演的角色。在环节上，教师的作用主要有：为学生提供英语知识和教学资料；为学生展示英语能力；为学生制定教学计划、策划、组织、参加和协助；为学生的教学效果监督和评价提供帮助。在教学的基础上，教师可以扮演以下几种不同的角色：教学项目的制定者、教学计划的制定者、课程的设计者、课程大纲的制定者、教学项目效果评价的制定者、参与者和实施者等。

在教学过程中，老师的作用体现在课堂前、课堂中和课堂后三个阶段。教师在课堂教学中的作用主要表现为：设置教学目的、准备教学内容、准备教学材料、设计教学活动等。教师在课后的作用主要有：在教学中反思、在教学中评价、在课后评价学生、在课后激励学生。从多元化的角度出发，笔者认为，在英语教学中，老师的角色不再局限于帮助，而是要充分发挥引导作用。帮助孩子们顺利地完成英语教学的工作，是农村英语老师最基本的责任。教师的角色还包含了：调动学生对生命的研究兴趣，挖掘他们的潜力，推动他们的思维与知识品质的全面发展。

如何确定课堂中的师生关系，这是一个需要所有老师思考的问题。从问卷中可以看出，在教室里，老师比学生更重要。实际上大部分的教师都相信，在课堂上，师生之间的关系应当是对等的。但这个想法和采访的结果并不相符。调查结果表明，所有被调查的教师都不同意学生的身份高于教师；一小部分被调查的教师认为，在课堂上，教师与学生之间应当是平等的，并且他们自己也在根据自己的想法来做这件事。然而，在实际的教学过程中，要实现这一点，却是比较困难的。有的教师说，教师的地位要比学生高，只有这样，教师才有权威，才能确保教学活动的顺利进行，完成教学任务。从这一点可以看出，在课堂教学中，教师与学生之间的关系一直存在着很大的争议。这一问题的争议也显示出其研究的价值。教师可以在自己的课堂上根据自己的知识、能力、所处的环境和个性，进行不断尝试，找到最合适自己并对自己有利的师生关系标准。

第五节　乡村英语教师教学信念状况对教师专业观发展的影响和启示

调查结果显示，从总体上看，乡村大学乡村英语教师在英语教育的职业化观念比较清晰，但他们在自身各层面信念的发展不平衡，给了我们英语教育职业化观念的发展方向，即应以英语教育职业化观念为主。

在英语教学专业观内部的四个方面中，受试教师在英语教学人员专业基础、英语教学专业发展和英语教学专业人员发展三个方面的得分都很高，结果显示，他们在这三个领域都拥有一个清晰的信念，根据调查有关题目的内容可以看出，他们的信念属于一种积极、乐观和严谨的信念，属于一种良好的信念。第四个方面，即英语教学专业态度方面得分在英语教学专业观维度内得分最低。从问卷相关题项的内容来看，在英语教育的整体专业化发展层面上，教师关于英语教育，应以专业的态度来看待这一问题的观念发展却是比较落后的。乡村英语教师在自身成长过程中，能够更加严于律己，把自己当成一名职业人士，把英语教学当作一种职业，以一种严谨、认真、专注、负责的态度来对待英语教学，并不断提高自己的职业素养。

第六章　乡村英语教师信念的培育与引领策略

第一节　乡村英语教师职前信念教育的策略

一、指向修正与完善的职前教师信念教育要求

信念是人们互相传递和影响的结果。在教学过程中，教师观念的形成主要受两类教育因素的作用：一类是基本教学因素，另一类是有教师教育因素。虽然前者的目标不在于教师的培训，但却能在实际的教学活动中向个人展现出教师的形象，而且非常具体，对于个人教师信念的形成和发展具有潜在的影响。

（一）职前教师信念教育的内容设置要求

在基础教育中，情感态度与价值观念被列为主要的教育目的的同时，教师的培养也应以此为重点。因此，我们应从下列几个角度来改进对教师的信念教育。

第一，把感情态度、价值观念的培养目标与具体的课程相结合，防止信念教育模糊。在目前中国的教学体制下，初级的师资培训基本上都是在高师院校进行的。从外表来看，这是为了强化职业生涯中的职业素养，但事实上，这一课程过分强调了实用知识和技巧，忽略了对学生的感情、心态和价值观念的培育。

一方面，一个前程远大的教师，若不能从内部进行修炼，便会因不能对

其深刻的认识而陷于急功近利的心态；另一方面，教师在从事教育工作的过程中，如果不能保持乐观的态度，就会面临更大的挑战。在未来的工作中，这会对教师的职业发展造成很大的阻碍。因此，在对师资进行岗前训练时，要明确地了解到，教师的教育理念是由其情绪和价值观念所影响的。要使其更好地发挥作用，就需要将其纳入教育教学中去。开设专题班，从课内到课外，对在职教师进行教育观念的培育。

第二，对职前教师信念形成的内容序列，不仅要在理论上加以证明，还要尽可能地使其具有科学性和规律性。《礼记·学记》载："学者有四失，教者必知之。人之学也，或失则多，或失则寡，或失则易，或失则止。"即教师应该了解，在教学过程中，有四种错误，即学得太多、学得太少、认为学习太容易、一碰到问题就停止学习。学习者中容易出现"多""寡""易""止"的情况，造成这种情况的原因，除了学习者自身的学习方法与态度存在问题之外，更重要的原因是他们在选择与安排教学内容时，没有经过充分的考虑。从教育者的角度来说，要"教好学生，挽救学生的过失"，就是要建立起一种完善而精确的教学内容体系，既要有一定的广度和深度，又要有思维和讨论的顺序，明晰什么是最重要的，什么是最不重要的。对此，我们需要进行科学的论证和排列。例如，教学哲学等能够激发学生进行多层面、多角度的思考，关于教育问题的课程应该是教师信念教育中不可缺少的一部分，这一系列问题的提出，将有助于学生更好地了解实际生活中的许多教育现象，以及它们的相互关系。同时，要使学生们在学习书籍时注意到社会的真实情况，让他们从对社会教育现象的优缺点和原因的分析入手，提高他们对知识的认识。因此，在职业教育中，实践性教学内容必须与职业教育的基本理论相结合。孔子之所谓"学而时习之"，正是这个意思，此处之"习"的作用，不但是因为学生能利用所学到的东西，更是学生能从实际中获得更多的经验，从而激发学生的思维和学习的内部动力。这是由于，信念的加强是个人积极地获得某些观念的结果。

第三，从原来的教学理念入手，对职业院校的教学进行改革，推动学生从直观到理性的信念转化。正如上文所述，一个教师的个人信念并非在其接受职业性培训时就已成型，而当其参与教学实践，并开始与其学生进行沟通时，才逐渐发展。

（二）职前教师信念教育的形式要求

内斯普尔针对信念和知识做出分析，提出三大方面的差异性。

第一是确认程度上的差异性。信念涉及人们身体内部的假设，自身的期待和理想，以及个人的情景记忆。指出知识就属于一种即时现实。

第二是内容成分上的差异性。信念具备一定的情感和评估属性，理论知识却没有这种属性。

第三是结构方式和模式上的差异性。信念是基于信息随机存储组合而成的，信念结构不太严格；知识主要存储在由原则或逻辑命题组成的意义网络中。

虽然教师的教养信念一定要建立在渊博的学识之上，但是信念与学识并不能相提并论。所以，仅靠传授客观性知识来培育教师信念，是达不到教学目的的。在一定程度上，信念归根结底是一个人对某一件事情的感情和态度的集中体现。所以，要做好信心教育工作，就必须有丰富的有关知识，同时要有一种正面的、积极的情绪。

态度是一种经过学习而形成的内在条件，它会影响某个人或某类人，对某一事物或某一事件的行为的选择。态度习得是一种非常内隐性的学习方式，其形成和变化受人的认知、情绪和外部环境的影响。在学习过程中，教师的“加强”效应和“排行榜”效应能提高学生对事物的正向感知。在一种行动中，若能获得他人的认可，或能在行动中获得一次成功经验，则会强化该行动，并产生正面的影响。在教学过程中，学生对教师的好评度是最直接的影响因素。对在职教师来说，其示范效应是显而易见的。许多人由于渴望成为一名教师而在他们还是学生的时候，就会以自己非常喜欢和尊敬的教师为榜样。除此之外，在现实生活中，可以赋予学生积极正向的影响和认知，产生正面激励和引导的效果。

信念是知识与情感的集合，它不能简单地根据知识获取的规则来进行，而应采取各种方式，使学生的知识理论与技能发展相结合。所以，在开展初期的教师信念教育中，对其形式的选择和对其内容的选择一样重要。要优化职前教师的信念教育的效果，我们就要选择一种有利于他们形成自己独特观念的教育教学形式，重视教师自身形象对他们信念的影响。

二、职前教师信念教育内容的完善

根据学生所处的教学阶段和学习环境的特征，结合他们对教师专业的具体要求，在进行职前的教师信念教育时，应该包含如下的内容。

（一）文化价值观教育

信念教育是信念形成与发展的重要基础。在职业教育中，有针对性地指导教师生活信念的形成。基于当前国家的文化发展状况和基础教育中的教师专业特点，确立基于“文化”的人生信念，是教师专业发展的必然选择。要想让职前教师们建立起自己的文化信念，就需要让他们更加深入地认识和理解本民族的优秀传统文化。与此同时，还要拓宽他们的文化视野，让他们在具备一定的文化知识的前提下，建立起自己的文化价值观。

（二）哲学教育

哲学教育是指指导职前教师了解与思考哲学家的认识过程与结果，使得他们明确个人思维发展模式和思维观念，具体不但包括个人三观，还包括个人愿望和理想，以及学生的学习反思能力和素质发展。在不断地思考中，我们逐步地建立起了一套较为坚实的、具有科学性的、有说服力的、有主见的、有思想的、有行动的、有原则的、有步骤的、有规律的、有方法的、有目标的、有方向的、有意义的、有价值的东西。因此，重视和强化职业生涯中的人生观念，是职业生涯发展的一项先导措施。

（三）美育

现代教育培养出了越来越多的“单向度的人”。在相同的教育、教学方式下长大的教师，难免会遭遇相同的命运。教育变革就是人们自我反思和自我拯救的过程。当代教师所要树立的“信念”，更应该是一种精神上的“人本”理念。文化积淀是一种内在的修养，这种修养贯穿于教师的一言一行，使教师不仅能教授知识，还能培养人。美育是教师自我修养的最主要方式。

三、职前教师信念教育的方式选择

（一）将经典阅读作为职前教师学业评价的重要内容，丰富职前教师信念形成的思想与情感源泉

读古典著作，就像在和一大批名家交谈。在创建和形成个人专业理论知识学习系统的时候，教师还要多读一些经典作品，深化个人的职业认知。通过与经典之作的对话，体会到作家字里行间的真情，体会到精神和个性。虽然，我们的学生将经典阅读作为一种主要的教学方式，然而，这一倡导却并没有在学生的实践中进行。造成这种现象的主要因素有：设置的学科太多，压缩了学生的课外读书机会，也有一种“应试学习”的倾向。

（二）提倡以问题为中心、以对话和讨论为主的课堂教学及相应的评价方式

在新近的教学课程制度和体系创新改革过程中，核心改革项目是转变以往的课堂教学模式和方法，强调自主式、协作式和反思性教学。然而，在当前的许多教育中，仍存在着大量的“以教师为中心”的授课方式。我们可以设想：当教师作为知识的代言人，以课堂为中心，学生将会形成什么样的教育与教学观念？许多教改第一线的人都认为，正是那些刚刚从学校里出来的高师毕业生们，才会在学校里给学生们灌输知识。所以，从课堂教学方式改革出发，在提高教师的教学素养的同时，也要加强对教师职业素养的培养。因为对于职前教师来说，对什么是最有价值的教育没有清晰的认知之前，亲身经历远比学习更有意义。从理论上来说，首先要有信心，然后才能采取行

动。但是在实际操作上，要想让一位职前教师对教学的旧观念发生转变，首先，我们要从他所体验到的教学形式开始，让他在自己的学习中明白什么是最有意义的学习和教学方式。

（三）引导职前教师关注教育现实，学会质疑与反思

任何一种教学方式都不能离开反思。从理想信念出发来审视现实内心精神，才能真正具有教学精神，履行教育的使命。能对教师职业信心产生作用的教育，应具有下列两个特征：一是将真理置于灵魂的制高点，二是永远不会放弃对现实的关怀和拯救。这种方式能够反映出教育的最高精神，将其传递到了职前教师，从而达到了职前教师的崇高使命，并以此为基础，引导着未来教师精神追求的发展，推动现实社会的文化发展。

与其他类型的高等教育相比，教师职前教育的主要特征是指，学校培养的教师能力，很多都是为了应对外部世界的需求变化，教师在职前需要掌握的理论知识素养，往往脱离不了可以满足个人发展需求的环节和内容。他们工作，并不是为了某个特定的事情，而是为了一群还没有完全成熟的孩子。培养一名优秀的老师，不应该只是一名有学问的老师，而是一名能够传授知识的老师，还要培养能对青少年起到全面、正面作用的人。这种正面效应，来自教师的总体质量，特别是他们心中对于自己所处的这个世界的发展和正面的期望和坚定的信念，这也是广大教育工作者积极从事教育事业的主要原因之一。职业前师资教育要实现让受教育者具有以上的心理品质，其先决条件就是要让职前师资永远不放弃对现实的关怀和拯救。

要使职前教师真正关心和拯救当前的教育现状，就必须引导他们关注当前的教育现状。教材内容和理论要点通常和如今的教学实况存有差异性，要么是讲解以往，要么是计划将来，但是不管是哪种方向的认知和计划，都必须考虑现实发展和需求，才能体现出它的重要性。从事职前教师，特别是教育学科的教师这一角度上来说，应该先指导学生学习如何去关注当前的教育实际，以此为依据，更加有效地指引学生了解和解决教育学者和思想研究者在实际教学中遇到的矛盾和问题，从而提高他们的学习能力和自主思维能

力。同时，这又是影响职业生涯观形成的一个主要因素，也是职业生涯观形成的主要原因。许多在职教师对自己为何要学习本专业和各类基础课的理论知识，以及怎样学好基础课存在着认识上的误区。究其原因，主要是由于他们缺乏对实际问题的重视和思考，没有认识到理论在实际问题的分析和解决中的重要性。如果不能很好地解决这些关于理论之实践意义的认知问题，就会导致职前教师在理论素养方面存在不足，从而对他们今后的职业发展产生不利的影响。

（四）通过充满艺术氛围的校园生活，陶冶职前教师的高尚情感

根据认知统一性原则，对正在从事教学工作的教师进行审美教育，是教师成长的重要内容。

第一，营造一种充满艺术气息的训练氛围，使职前教师的精神得到净化与升华。培养对美丽事物的渴望是职前教师获得良好情感品质的主要环节。职业教育的教师若能在一个和谐优美的环境中实现内心洗涤，往往是他们向往美好的东西的必要条件。

第二，增设美育鉴赏课，提升学生的美育能力。美的东西能激发人追求更好的生活。所以，审美活动能陶冶情操。主体的情感素质与审美素质密不可分：人一旦找到了生命中的美，并从中得到正面的情绪，就会变得有爱心。人有了丰富、敏锐的审美意识，对美的理解就会更深刻、更微妙，丰富的感情就会成为一个人的精神生活不可或缺的一部分。在与幼儿的交往中，我们会体会到一种为人类的未来而奋斗的职业快乐，这就是我们对幼儿的关爱之源。教师的首要任务是指导青年健康发展，并对其美学素质、情感素质的提升起到关键作用。为了使职前教师具有较高的审美素养，有必要组织丰富多彩的审美活动，对学生进行审美教育，让学生在掌握了大量的审美信息的同时，还能得到充足的审美体验。要达到这一目的，最重要的方法就是为学生开设一门艺术欣赏的课程。

第三，提高教师培训中的美学因素及职前教师对理性美的认知。休谟说：“人们的心灵是互相反映的镜子，这不但是因为心灵互相反映它们的情绪，

而且因为情感、心情和意见的那些光线可以互相反射，并可以不知不觉地消失。”这向我们展示了复杂而难以理解的人类情绪的产生，并激发了我们对情绪根源的思考：情绪是一个人对外部刺激的一种直觉反应。如果在课堂上，教师们能够重视对学科领域的理性美进行启蒙，就可以对自己的职业产生更多的兴趣。

对教师而言，具备健全的科学理性信念是“追求真理”的先决条件与依据，而教师对理性之美的认知，必然来源于对真相的渴求与追寻。在教师看来，好就是美。一位教师，只要对“为儿童服务”抱有激情，那么他们甜美的笑容、优美的语言、优雅的举止，就会一直伴随着他们，美就是在教学活动中产生的。通过多种形式的美育教育，能让职前教师在愉悦的情绪下顺利地完成自己的学习任务。

（五）发挥教师博客对职前教师信念成长的潜移默化作用

老师能影响学生的学习信心，首先是在有目的、有组织的教室里进行，其次是在思想观念的潜移默化中对学生产生影响。而后者则因为目标太过明显，很难走进学生的情绪层面，从而不利于对他们的信念进行引导。而“情感教育”能有效地克服这些消极因素，从而对学生的信念形成起到积极的促进作用。

“教师部落格”是一群积极进取的教师们在网上开拓出来的一个个人化的思维花园。在网络上，教师通过日志记录着他们的教育经历和他们的教育理念。可以说，“教师部落格”是一片饱含教师自己思绪与感情的开放性精神空间。从他们的作品中，我们可以看到他们对自己的教育行为的真切感受，对自己的教育实践的深切反思。在基础教育领域，“教师部落格”是一扇向具有丰富经验和思想的老手们学习的窗户，可以起到对职业老师的教育和指导作用。

教师博客是一个开放的网上平台，它的创作与发布具有不拘泥于时空的特点。教师们可以畅所欲言。在教室里，由于受到课程、教学任务的限制，教师们只是扮演着“教书育人”“传道授业”的角色，而在博客里，他们才是真正的“传道人”，可以随意表现出自己想要表现出的任何一面。就教师训练而言，也可以是一种教师与教师之间的交流，其实质上与学生之间的交流并无不同。教师的部落格若能引起同学们的注意，就能对同学们的思维与情绪起到很大的作用。需要指出的是，教师的部落格基本上都是私人的。事实上，每一个个体的 blog 最后都会成为一个特定的 blog，这同样适用于教师的博客。

第二节　在职乡村英语教师信念发展的引导策略

一、在职教师信念良性发展的条件

（一）教师的哲学与人文素养

主体思维的导向决定了教育活动的终极走向。作为一名教师，要想有自己的教育理念，就必须有一定的哲学修养。我国基础教育课程改革反映了特殊历史时期教育观和课程观的变化。具有某种哲学素养，不仅有助于我们理解我国教育改革的目的，而且有助于我们树立自身的理念根基。

在众多著名教师的成长过程中，我们可以看到，他们通过阅读哲理书籍，形成了自己的教育理念。特级教师魏书生在 15 岁时就开始阅读《辩证唯物主义纲要》和《哲学讲义》。虽然许多中小学老师只字不提他们学过哲学理论，但是我们可以从他们解决问题的思维方式和方法上，清晰地感觉到他们具有深刻的哲学修养。

（二）教师对教学问题的内部归因方式

一般而言，如果一个教师的信念体系是开放的，那么教师就会乐于将自己的教研工作呈现给别人，并且主动地寻找不同的协助方式。如果一个教师的信念体系是封闭的，那么他就会变得很保守，不想向别人展示个人内心想法和意愿，不想和别人分享自己独特的教育建议和观念，更不愿意为他们寻找一个可以帮助他们解决问题的方法。

（三）教师所在学校的文化氛围

在新一轮的新形势下，教师职业素养的提升是一个重大课题，因此，开展校本教研和教学反省，是实现教师职业素养提升的主要方式。不少学校都在积极地进行着教师的科研与反省。在每个学期结束时，我们都会对教师的英语水平进行评估。不过，教师们对于评鉴的态度并不积极，因为一般来说，同事们只会讨论彼此的长处。为了不破坏同事间的感情，他们就会说些不重要的话题。这是一个典型的“闭关自守”的状态，并且在很多的学校里都有。在这种氛围下，要想使他们的学历和教养理念得到提升，将会是一件极为费时费力的事情。

《孟子・离娄上》载：“行有不得，反求诸己。”反省意识对教师的自我约束、自我教育起到了促进作用。在全校范围内，它是激发教师超越自我、追求卓越的一种校园文化。当一所大学在其内部建立起一种良性的校园文化体系时，它自身也将促使其对大学教育的信念朝着一个良性的方向发展。教师们的职业水准要在实际工作中去探索，一个出色的校园文化可以培育出一个出色的学生，更可以培育出一个出色的教师。在一种良性的校园气氛中，教师们可以拥有理想，还可以得到为自己的梦想而努力的支持。

（四）提升教师信念的情感源泉

从很多杰出的教师事例中，我们可以看到教师能够运用自己的本能去寻找一条行之有效的途径。它让我们真正地理解了教育的本质，打开了教学和学习的大门。只要教得合乎教育规律，教师就会走在前进的路上。虽然师范教育力求理性地培养教师的信念，但也不能忽略其信念中的直观因素。这一直观性的能力和素质往往依靠教师自身思想和情感的发展，且思想和情感是形成直观性信念的根本，是深入研究科学信念的核心方法。

在得到别人的认可，特别是完成工作目标之后，就会变得更有动力，而在教师这个具有较高灵性的人才中，这样的心理动力将会变得更强，在我国教育中，有“一日为师，终身为父”的说法。这不但可以引导学生尊敬教师，还可以要求教师严于律己，不断学习和发展，发挥激励作用，也为老师树立了一种坚定的信念，发挥了一种导向作用。找到一种行之有效的情绪鼓励方法，使得教师可以感觉到个人价值，为教育活动的有序开展不断努力和付出，产生坚定的信念，这其实也属于一种信念引导模式。

二、引导在职教师信念发展的主体及其责任

（一）以校长为主的学校管理者，是引导在职教师信念发展的主体

就其在学校的教育与教学经验来看，其观念的形成与发展与学校文化气氛密切相关。一所学校的文化，不仅反映在学校的管理制度和各项有组织性的活动过程中，还反映在学校的管理者和教师以及教师们在校园里的人际关系之中。对于上面提到的对教师信念发展有重要作用的各种因素，都能从管理人员的思维和行动中得到有效调节，其中具体包含了：制定明确的学校教育目标、制定教育管理制度和规范、选择最有效的教育活动开展渠道，也包含了管理者自身思想与行为的影响，这些都可以对教师的认知和教育教学活动产生深远的影响，从而影响教师能否可以产生坚定的信念，并持续得到完善和发展。杜威主张一切对人起着影响的体制都是一种“教学”。从人类发展的历史和实际情况可以看出，与其他的教育方式相比，体制对人的信念产生了更大的作用。

（二）学校管理者作为教师信念发展引导者的责任

夸美纽斯对教育者披露教育与教学方法，把教育者比作是一个花匠，在教学中要明了与顺从，在合适的时间给予受教育者合适的协助，并要避开一切阻碍与有危害的东西。

教育的主体是“人”，人是受教育程度高、自我价值感强的知识主体。所以，公平与尊重是经营的首要原则。教师工作的客体是青少年，他们的身体和心理都在发育。由于青少年的智力发育过程是复杂的，因此，对教师工作的评估不应该过于简单。要想对教师进行管理，学校管理者就一定要理解

并预测到对教师及其学生采取的所有管理措施的后果，这样才能对管理和教育的范围和方向进行有效的控制。

三、在职教师信念引导与转变的可行性策略

要从充实职业技能、制定有效的经营策略、发挥隐性情绪作用等角度引导职业技能人才的信念成长，给当前的中小学教师带来较大的冲击。在教育管理者看来，需要从对教师的学校教育体系、教育内容和教育形式要求出发，增强教师的学习自觉性和意象感，优化其信念层次的内容。

（一）制定人性化竞争激励机制，激发教师产生高层次需要

一切自主活动都以心理安全为根本，而自主活动又是创造力活动的根本。所以，任何一个组织的成长，都要从制度上予以保障。同样的道理，也适用于学校的经营与管理。教学活动是一种高水平的创新行为，但在教育改革中，教师需要具备更高的素质。所以，一切管理人员都应首先保证教师的精神安全。对教师的素质进行反思和构建，使其始终处于一种积极的状态，从而激发他们在更高的水平上进行自我价值的实现，为其信念的稳定发展打下坚实的基础。

（二）开展读书交流活动，丰富教师思想信念的来源

由于自主性、指导性和目的性较强，因此，自主开展读书交流活动对教师信念的影响更大。其中一种可能是因为老师对这些读物很感兴趣，想要从这些读物中得到答案；另外一种原因则是教师对阅读材料的作家产生了浓厚的兴趣，他们希望能够对具体作家的思想及他们的创作风格有更多的认识。在这个过程中，教师的想象力将会非常充沛，在认识和情绪的共同作用下，这样的阅读行为将会对教师的信念形成起到重大的影响。

（三）营造开放合作的教学研究氛围，促进教学信念的良性发展

在职教师的信念发展有一个独特的优点，那就是他们所具备的观察、经

验和反思的条件。但是，并非每个教师都能充分认识到这个问题，并运用这个问题。所以，学校管理者有义务让教师互相看课和讨论，其目标是让教师打开教室的大门，欢迎大家来听讲，最后就在课堂上遇到的问题展开讨论。

（四）重视礼仪对直觉信念的引导作用，重塑教师尊严与责任感

仪式是一种规范，它广泛地出现在人们生活中的各种领域，它主要是通过一定的惯例和流程来创造一种特殊的心理环境，采取直观的模式和方法，往往可以决定人们针对一些事物产生固定的认知，以及相应的情感和态度。这一直接作用是独特的，不能被其他语言影响。无论是以往的传统礼节，还是现代化的宗教习俗，都离不开特别的仪式，且和语言教学相辅相成，使人产生一种直觉和信念，从而实现对人们的教化目标。

（五）促进教师间的思想交流，发挥群体信念的相互支持作用

如今，在各类媒体中，时常能看到对教师不良行为的曝光与谴责，但不可否认，在这世上，老师仍是拥有正直、善良品质的最大群体。在每个群体中，都会有因为愚昧和脆弱而违反自己职业操守的人，教师只是人群中的一员，他们也会犯同样的错误。然而，在整个社会中，教师却是最不可失去的一类人，他们肩负着教育青少年，以实现社会经济的快速发展，完成核心教学任务。因此，学校管理人员往往要管理教师队伍，他们必须在实际管理中强调消除教师教学惰性，要让老师们建立自己的理想和信念，给老师们一个可以维持自己信念的心理支持。详细来说，就是要为各个学科的专业教师创建网络交流平台，激励他们参与各种学校论坛和竞赛活动当中，充分发挥老师们在彼此间的信念引导与互相支持。

第三节　乡村英语教师信念发展所需的精神支持

信念指的是一个人相信现实中存在着一种非现实性的情况，并认为现实

中可以通过自己的努力，让情况得到改善。可以说，这就是古往今来，所有有抱负的人，都愿意为自己的理想而努力的原因。数十年乃至上百年的发展与变迁，对一个国家和一个社会来说只是一个很短的时间，而对特定的个体而言，数十年可能就是其整个生命周期。而人们之所以甘心为国家和社会的前途奋斗，就是因为信念的力量。它的本质就是拥有它的人对自己所做的事情的价值观的追寻。人类社会文明进步的动力，必然是一种对人类精神的普遍追求，而在每一个时代，人们对“教育学”的诉求都表现得尤为明显和集中。由于教育自身不可避免的滞后特征，教育者自己通常很难在现在的岁月里看到自己要努力达到的成果，但他们仍然坚持着自己认为是对的教育，他们认为自己的行动可以给后人带来他们心中的美好生活，这是一种大善之行，超出了个人存在的目标。

教育说到底是人对人的影响，而人对人的影响最深刻、最持久的便是情感态度价值观方面的影响。教师是一个平凡的人，他需要有一颗坚强的心灵，才能不被周遭的俗语左右。这一点，既源于老师自身应有的理性认知，也源于老师自身的心理支撑。正如前面提到的那样，一个人信念的形成和发展决不能仅限于一个人封闭的精神空间，而是要在一定的社会情境下，在个体的实践认识与社会的文化信息交互作用下建立起来的，并在历史中被不断地丰富与发展。在教师的心中，会产生什么样的信念，以及会有什么样的变化。这不但离不开固定目标的制定和引导，还必须确保角色在日常生活和教学中获得知识和信念积累。在实践中所积累的知识和感情，对于教师的理性信念得以巩固和加强是必不可少的。在这些情况中，首先是一个人所生活的社会道德，其次是他身边人对他的精神支持。信念的种子在人的精神世界里生根发芽，茁壮生长，所以，在思想政治教学过程中，对于教师的信念生成和发展来说，教师精神生活和行为举止的影响力很大。教师发展需要走两条路，一条是教书，一条是写书。而能把两者贯通的，则是对教师信念最有利的一种精神生命。通过实践自己的信念，通过在写作过程中对自己的教育生命进行反省和建构新的教育理念，可以使教师的信念得到很好的发展。这种生活模式要是公开了，那意味着，教师可以和有相同想法的人分享自己的想法和实践经验，那么，教师就会有更广阔的视野和更强的精神力量。因此，老师若能在建设自己的心灵家园时，与同行之间建立一种和谐友好的交流关系，就能得到一种坚强的心灵动力，一起灌溉心中的信念之树。

而其校园内的人性化氛围营造，则为其信念成长提供了最大的心理支撑。相对于大的社会生态，校园生态系统中的“微”生态系统相对较好。所以，从自己的角度出发，寻求更多同行，一起营造一个好的人本化的氛围，不失为促进教师信念良性发展的一种最现实和最行之有效的途径。在工作过程中，提倡友好的协作和理性的竞争，要根据个体在为集体的共同目的推动过程中所做出的努力来对教师工作的成果进行评估。在这样的一个氛围中，既可以让有实力的人充分地起到引导作用，也可以促进教师思维创新技能的不断提升与素质的可持续发展。教师队伍信念的更新与发展，会在领导者和管理者当中，以及教师当中产生积极作用，形成相互扶持的状态。

上述关于教师信念教育的论述，只是尝试着在教育界寻求一条指导教师信念的可行之路。此外，作为一种社会活动的教育与教学，也无法离开实际社会而单独地生存下去。所以，在相当大的范围内，教师信念的形成和发展都将受社会信念的影响，并随着社会信念的变化而变化。但是，信念是人的力量，人的信念对教育信念的形成有着重要的影响。我们既要认识到社会环境对教师信念的影响，又要认识到改变人之信念对于改变社会环境的作用。要改变一个社会的风气，首先要改变人们的思想观念。要改变人类的信念，必须从孩童做起。在对教师进行信念教育和指导的过程中，各种因素都会对其产生影响。面对严酷的事实，究竟该如何去适应或去改变，对每个教师的信念结构和信念力量都是一种挑战。在教师信念的形成和发展，以及在教师信念教育过程中，可能会出现的困境和障碍，能否有效地加以解决，它取决于每个教育家都在寻求什么样的教育信念，以及他们如何分辨出什么才是真正的好教育。

第七章　教育信息化背景下乡村英语教师的角色定位

第一节　基本概念界定

一、教育信息化

最早在20世纪90年代的时候，美国就针对建设国家级的信息基础设施做了科研，那个时候业界针对这一项目计划，提出了“信息高速公路”（Information Superhighway）这个名词。本项目旨在构建以互联网为中心的综合信息服务系统，推进信息技术在生活、工作、教育中的运用。以美国为首，世界各国纷纷效仿，在本国建设自己的资讯基建，这样就促进了全世界的信息化发展进程，中国也加入了这场全球化的信息化大潮之中。从20世纪90年代末开始伴随着信息技术，在整个社会中得到了越来越多的运用，它与人类进步、社会发展之间的联系也越来越密切，大家已经意识到了它的影响，于是出现了“社会信息化”的说法。随后，随着信息技术和教育的关系被越来越多的人所认识，“教育信息化”一词也被提了出来。教育信息化是一种经济和社会发展的必由之路，它是我们国家完全步入信息化时代的需要，也是之后很长时间教育事业发展的根本方法。

有大量学者对教育信息化做出了界定：祝智庭认为，教育信息化是在教育的进程中运用现代信息技术，将多媒体和计算机网络作为最重要的方法，来对教学进行更深层次的推进，从而最大限度地与信息社会的发展需求相匹配，它对教学的发展具有非常重要的意义。李克东的调查表明，如今教育制度和模式变革的核心工作之一就是信息化教育，在严格遵循前瞻思想的原则下，可以实现教学理论知识要点和网络信息技术的有效融合，深入挖掘网络教学信息和资源，培养出能够满足新时代发展要求的高素质人才，确保教育水平的整体提升。在南国农看来，信息化就是将信息技术与教育管理体制相结合，通过互联网来发展高质量的教育资源，从根本上保障教育水平和效果，促进学生综合素质和品德的不断提升，实现教育现代化发展的根本目标。

综上可以看出，关于教育信息化，每个人都会有自己的观点，但是他们都会着重地指出要利用现代信息技术来提高自己的教育和教学水平，用现代化的方法来推进教育的变革，使自己的孩子能够得到全方位的发展。

二、角色

“角色”原意为剧场用语，意为演员在舞台上表演角色。20 世纪，在社会学的理论中，人物开始浮现。美国社会心理学家米德认为，个人被视为处于一种社交网络中，并发挥着相应的作用。他提出了“角色”这个概念，用以说明人与人之间相互影响的行为模式，并以此来说明人与人之间的关系。文化人类学家林顿分别以“地位”为标志、以“角色”为标志、以权利与义务为标志展开研究。林顿认为，身份是一种权利与义务的直接结合，而角色是身份的一种动态表达。在中国，孔子提出了“正名循礼”及“君君臣臣，父父子子”，这个说法被看作是最初关于人物的描述。当前，大部分的学者都相信，角色和主体地位、信息等有较强的关联性，可以从根本上凸显出社会性权利、义务，达到社会独特身份获取的目的，形成完善的社会发展体制。

三、教师角色

不同的人，其所处的位置不同，所扮演的角色也就不同。教师作为社会的一分子，同样在社会上扮演着与其相适应的角色。对“教师”这一概念的认识，应从三个层面进行分析。

（1）在我国唐朝，著名学者就提出，“师者，传道、授业、解惑也”。这就是我们所要承担的社会责任。简单地说，在那个时代，老师应该是一个传道授业、解疑解惑，促进学生发展的人。

（2）瑞典的一位学者经过深入的调查，把“老师”的角色划分成了三个层面，并给出了对应的解释：①老师在社会上的作用，是由他的言行所反映出来的；②老师的社会作用，是指其特定的社会位置；③老师在社会上的作用，是指人们对老师的一种内部期待。

（3）当今，在西方先进国家，已经有不少学者开始对“教师”这个角色做较为深刻的探讨。他们将教师的社交角色划分为四个层次：①社会角色，它涉及了教师对社会发展的角色；②学校角色，它是关于教师在学校中功能的彰显作用；③课堂角色，是指在教育过程中，教师的主导地位；④自我职业角色，是指教师对自己的职业性的认可，对专业教育的认知，并在自己的事业发展过程中对自己进行持续的塑造。

（4）国家在新的改革要求中指出，在教育过程中，教师应该更好地把握好传播知识与发展能力之间的内部联系，老师要与学生交流互动，共同发展，同时要激发学生的兴趣，引导他们进行自主学习，让他们在学习中进行质疑、调查和探究，让学生通过自己的实际操作，主动、有创意地学习。教师的社会角色多元化，在这本书中，我们将从学校的角度来看待教师的角色。通过这一分析，我们能够更好地分析出教师的社会角色。在学校里，为了履行自己的社会职责和义务，教师为了满足社会的期待而做出符合自己身份的行动，它包括了教师的行动和态度。举例来说，人们期望教师能把知识传授给学生。但是，在此过程中，教师也要负责组织学生的课余活动、参与教学讨论、与家长交流等。

第二节　理论基础

一、角色理论

1920 年，美国学者首次实现“角色”和人类心理学领域的有效融合。人们普遍相信，人的社会作用是受其所处的社会位置和其自身的身份所影响的，人们通常按照其所希望的那样行事。社会角色重点有三层含义：一是作为一种社交活动，每个活动都有其特殊的作用；二是这种关系由其所处的位置和认同所共同确定，其行为反映出其与其所处群体的关系；三是无形地要求受教育者按照社会期待、社会规范行事，承担社会给予的责任。确实，一切的行为都能将一个人的身份和价值观表现出来，并且还能反映出他的心理和行为与群体心理和行为之间的内在联系。角色理论其实从属于社会心理学领域，属于一大典型观点，也是基于角色分类规范人类行为方式的一大理论。一种基于个体的社会角色对其所处的群体产生了潜在的影响力，并以个体的身份和地位对其进行了分析。角色理论的研究涉及面很广，它的侧重点是对角色的学习、扮演、规范等内容的讨论，同时还牵扯到与角色冲突、适应等问题。角色扮演在角色理论系统当中的重要性比较突出，其属于一种以“角色”为核心、以“身份”为中心、符合社会需求、符合社会期望的行为。因为所处的位置和身份的差异，每个人都将在一定程度上发挥自己的作用，并在一定程度上适应社会的需求。确定角色是进行表演的先决条件。角色定位，就是由演员根据自身情况及社会需要，来决定自己所要扮演的角色。自我定位和现实需要常常有脱节现象，一个人的自尊心有时太高，有时太低，这也是导致实际操作中角色失衡的主要原因。社会需求与期待仅仅是影响他们行动的外部因素。

二、建构主义理论

在传统的教育体系中，教师是指具有某种特定的知识，并且愿意把它传递到年轻人身上的人。传统的“以教师为主”的教育方式，忽略了“以人为本”。建构主义从某种意义上说，已经颠覆了我们对于教师的传统观念，也颠覆了我们对教师的传统认识。这种理论研究表明，学生的学习应当基于参与的主体活动，而学生的学习是一个主动建构自己知识系统的漫长而实际的过程，但这种理论并不否定老师在其中的角色。根据建构论，就获取的知识而言，学生受到了外部信息刺激和制约，而非受到其本身构建知识和能力的制约。但是，他们还认为，不能忽略教师在学生的学习中的引导角色。总之，建构主义认为，在整个教育活动中，教师应该充当起一个促进者、引导者、合作者与研究员的角色，让他们可以主动地对所学的知识进行有意义的构建。

第三节　教育信息化背景下乡村英语教师的角色定位的必然性

伴随着教育信息化的不断深入，学生的学习行为表现出了开放性、互动性、主动性和多样化的特点，这就给老师的发展带来了新的需求。然而，这种转变并非对传统教学中“教师”的完全否认，它只是对“教师教学”的继承与创新。在教育信息化的大背景下，教师应该把新的信息技术应用于自己的教学中，从而推动教师的角色转变。乡村英语教师进行角色转换既是对乡村英语教师的新需求，也是农村英语老师自身的职业发展需求。

一、教育信息化对乡村英语教师提出了新的要求

（一）教育观念的新要求

“以生为本”是信息化教育时代的一项重要思想。农村英语教师在教学

过程中，除了向学生灌输已有的知识外，还要在英语课堂上提高他们的自我学习意识和技能，充分挖掘他们的潜力，提高他们的英语水平。在此基础上，教师要加强对学生的思想政治教育，提高学生的思想政治素质，树立正确的价值观。乡村英语教师应该把英语教学放在“以人为中心”的位置上，根据他们的具体情况，为他们制订相应的英语教学方案。在信息化的教学环境中，乡村英语教师的角色是对学生进行自我学习的指导与支撑，所以乡村英语教师应该视孩子为自学与发展的主力军。比如，在英语课堂中，教师可以在某个语法知识的基础上设置一个学习情景，让学生能够在课堂上进行自主沟通，并让他们积极、主动地去展现自己的对话，并参与到自己的学习中来。在这个信息化的教育年代里，另外一个中心思想就是对每一个人都应有足够的尊敬。由于个人的性格特点，学生在年龄、兴趣、性格、理解、实践等方面的能力和程度都不一样，因此，学生在学英语的时候，他们的底子是不一样的，他们的英语能力和兴趣也是不一样的。教师在乡村英语教学中要注意“因材施教”，在掌握其共同特点的同时，对其进行个性化的发展，从而达到对每一个孩子都有好处的目的。所以，农村英语老师在给每一位同学上课时，必须对他们的知识体系有一个透彻的了解，并寻找最适合他们的授课方式，以扬其长、避其短，挖掘其潜力和优点，促进其全面、健康发展。

（二）教学方式的新要求

大班制的教学组织方式，为英语课上采用讲故事方式提供了有利的环境，因此，讲授法成为目前英语课上使用最为广泛的一种方式。讲授法的好处是充分发挥了教师在课堂上的领导地位，让教师在最短的时间里把所有的东西都教给孩子，也方便了乡村英语教师对全班的掌控，对英语的教学进程有一个清晰的了解。然而，如果乡村英语教师过分依靠讲授法，那么，在英语课上，学生只会听讲，不会对所学内容进行思考，这就不能起到正面的作用。所以，英语教学应该注重口语交际、阅读和写作的训练，在学习过程中，教师应努力指导学生在理解、分析、质疑、实践等过程中更好地把握新的知识。如今，在信息化发展背景下，教育融合了多种信息技术和软件的功能和优点，通过远程的方法，把各种不同的知识信息进行了整合，并以文本、图片、视频、声音等表现形式呈现出来。新媒介产生的变化给英语课堂环境创造了更大的机会，它为乡村英语教师创造了一个真实的、有意义的学习情境，并为他们提供了大量的教育资源。而在这样的情况下，如果乡村英语教师还像以前那样充当普通教师，那么他们的帮助就不会奏效，反而会给他们带来更大的压力。

（三）教学内容的新要求

在教育信息化的大背景下，伴随着知识的持续多元化发展，不断地出现新情况，给传统的教学带来了一些冲击。其教育目标已经从以往的单纯知识传授，变成现代化的理论知识分析、学习，以及实践操作和创新技能的培养。基于教育信息化的发展，如今教育信息的传播已经有了一定的变化，在这个世界上，传统的知识型人才已经不被人们所重视，而是掌握运用知识、创造知识的创新型人才。因此，高校的教学目的也应实现相应的改革，对高校的教学方式进行适时的变革。目前，我们的教学目的是培养有知识、会学习、会应用、会创新的人。随着培养对象的变化，课程的内容也要相应地发生变化。在常规的教育模式下，老师只注重知识的传授，不仅不关注学生的理论知识学习情况，也不强调学生知识建构效果的评估，这样不仅不利于学生学习知识和经验的丰富，还会使得学生的学习面狭小、学习模式呆板，且不具备思维创新意识和能力。将信息技术运用于教学，能够将教学的内容从简单的教科书上拓展到生活的方方面面，实现从生活中来，到生活中去的目的。与此同时，在教育化的大环境中，由于课程的界限变得更加明确，各课程之间的关系也越来越密切，所以，在课程教学中，要不断地淡化不同课程之间的边界，使学生能够全面了解我们所面临的这个世界以及各种不同的知识。除此之外，伴随着知识的不断完善，在教育过程中，也要保持与时代同步发展，避免被淘汰。

二、乡村英语教师自身专业化发展的要求

在教育信息时代，如果一个乡村英语教师不想被这个世界抛弃，那么他唯一能够做的就是继续努力，提高自己的职业素养，扩大自己的知识面。这就要求乡村英语教师要改变自己的教学观念，不断提高自己的教学水平。农村英语教师要做好教育实践能力培育工作，提升个人教学水平和专业素养。首先，农村英语老师应该具有良好的职业素养。教师的敬业精神是促进其事业发展的重要因素，在教师成长的过程中，教师可以清晰地了解自己的教学能力，找到自己的不足，提高自己，从而更好地为学生学习服务。其次，教师要有一定的专长。乡村英语教师的“专长”是一种对乡村英语教育具有较强的听力、口语、阅读和写作能力的培养。老师要想在英语教学中起到引导学生发展的作用，就必须具有良好的职业素养，达到“教与学”的高效化目的。最后，乡村英语教学应该具有一定的职业素质，需要具备有关工作的基本技能和素质。

总之，当前，我国乡村英语教师面临着新的挑战，新的形势迫切需要新的人才培养模式。所以，在信息化的教育环境下，乡村英语教师应该以“终生学习”为目标，不断提升自己的英语专业素养。与此同时，乡村英语教师也应在新形势下积极学习新的教育方法，努力提升自己的教育水平。

第四节　教育信息化背景下乡村英语教师的应然角色

由于受经济、环境等因素的影响，乡村儿童的英语学习能力与城镇儿童相比有很大的差距。在教育信息化的背景下，要缩小城市和农村孩子之间的英语差异，就需要给农村孩子更多的教育资源。农村教师应该抓住教育信息化时代给他们提供的机会，对他们的教学内容、教学理念、教学方法等做出相应的调整。这就给教师们带来了更高的要求。因此，研究如何从学习者的视角来认识和把握乡村英语教师的教学行为具有十分重大的意义。国家指

出，教师应该主动激励学生，指导学生利用信息技术开展自主学习活动，运用资讯科技，提升学生在面对问题时分析与解决的能力。网络与资讯科技在教室内的广泛运用，将是后期教育信息化发展的核心特点和内容。但是，在如今这个信息化发展的背景下，教师再也不可以继续沿用以往那种“以师为本”的模式和理念，而是要强调始终将学生学习当成主要工作，根据他们已经获得的经验来对新的课程进行开发和研究，并对学生的实践活动方案进行设计。在这个信息化的教育时代，为了适应时代的发展，为了满足乡村学生的需求，乡村英语教师必须重新定位自己的教师身份，从“导师”“传授者”“权威者”，到“引导者”“合作者”“探索者”“研究者”等。

一、知识的引导者

在传统的学校教学过程中，注重“以师为主”，把知识以“权威者”的身份传递给了学生。但在现实生活中，学生却成了“知识接收者”。这样就会将知识和经验之间的关系隔离开来，妨碍了学生思考，对未来全面发展的人的培养是不利的。外国学者布鲁纳指出，学习的根本目标是让学生在自主学习知识之后丰富个人知识面，学生不再是只会被动接收信息的角色，他们是积极地探索和掌握知识的人。在教育信息化的大环境中，教师的作用越来越不局限于单纯的知识灌输，更多的是为学生们提供优质的教学资源，对教学方式进行革新，让他们掌握更多的教学方式，主动参与学习，并对此进行深思熟虑，从而激发他们的学习兴趣，拓宽他们的思路。首先，乡村英语教师要有英语基础，要有较强的教学能力，要有较好的教学效果。然而，要想提高学生的英语水平，还必须在课堂上开展活动。教师要从改善教学方式入手，将英语课堂交给学生，指导他们开展交际和实习活动，并指导他们做很多的练习，以学促教、以教示学，让他们既能学到新的东西，又能更好地掌握新的学习方式，从而达到整体提升他们学习水平的目的。

例如，当一个人第一次接触英语时，老师不但要仔细和他一起研究每一个字的意思，而且要用不同的方式帮助他了解这个字的特征。其次，在课堂上，要能更好地调动学生的学习热情和主动性。比如，我们可以通过课堂上的问题，来指导和激发学生进行思维发展。首先是分组讨论，然后是分组抢答、分组提问、举办辩论比赛，鼓励同学们互相帮助，一起进步。对于每一项工作，教师都要给予肯定，尽量让他们独立完成。一开始，学生们可能还无法完全适应这样的学习方法。但是，在老师给予了学生正确的引导之后，他们也会逐渐地对此表示认可，并养成独立学习和思考的习惯。最后，要指导学生进行“自主性”的学习，也就是教授他们一些英语的学习方式。这样可以让他们在更大的范围内，提高他们的知识水平，这对他们未来的发展有着长远的意义。例如，我们可以在户外开展教学活动，设计英语教学相关的游戏和竞赛活动，也可以组织学生进行英语之类的“角色扮演”，来加强他们的口头表达能力，同时也会在无形之中激起他们对语言学习的兴趣，从而实现将语言运用于实践的目标。在这个信息化的教育环境中，网络教学资源、学习应用软件及网络平台的出现为我们提供了广阔的空间。比如，农村地区的英语老师能利用英语应用程序，为孩子们安排一些朗读、听讲等作业，并在作业结束后及时给予孩子们回馈。

二、教学活动的协作者

在英语教学中，教师是主导，学生的一切行为都要听从教师的命令，特别是在硬件条件比较差的乡村地区。在这种情况下，学生在课堂上只有消极接受知识，久而久之，就会降低他们的学习积极性，不利于他们的全面、健康发展。随着资讯科技逐步进入教育领域，老师仍像从前那样独自作战，就不可避免地会显得他们力不从心。

在此背景下，笔者认为，乡村英语教师应该由“主导”向“合作”的角色转换。没有教师和学生的共同参与，就没有教育的价值。在英语课教学中，要想真正实现这一目标，还需教师和学生共同努力。因此，老师在做好自己工作的同时，还要主动参与学生的学习知识研究活动中，和学生一起发展和进步。这也对教师协作教学提出了一定的要求。乡村英语教学的主要任务是以学生为主，在英语教学过程中，师生应齐心协力，建立一个轻松、愉悦的学习氛围，增进教师与学生间的交流与合作。比如，一位农村英语老师在讲授食品词汇的时候，可以使用多媒体，在教室里播放食品相关的影片，师生间可以进行一次角色表演。它既能激发学生对英语的兴趣，又能改善师生间的关系，提高教学质量。

在传统的课堂教学中，教师们倾向于各自为战，从实际教学要点和制度系统上，往往各自为政，也不具备团队合作技能和精神。但是在教育信息化发展的背景下，网络技术的应用消除了学科方面的界限性弊端，导致不同学科内容的关联性更强，所以，强化教师合作是非常必要的。从这个角度上来说，一个学科的教师往往可以通过基础协作来达成教学目的，并在此过程中互相借鉴、分享彼此的信息与教学资源，以取得最优的教学效果。另外，通过电子邮件、研讨会、网上交流等形式，农村教师也可以与城市中的专家、学者交流，一起探索解决这些问题的方法。还有，不同学科的老师也能开展协作性学习。例如，乡村英语教师可以咨询教育界的教师怎样设计一门课程，提高孩子们对课程的接受度，从而更好地开展网上教学。最后，是教师与家长、社会的协作。在学生的成长过程中，学校教育起到了很大的作用，但是家庭教育和社会教育也起着很大的作用。比如，学生家长可以通过各种网络通信软件和教师即时沟通，这样可以及时掌握学生的学习情况和生活问题。教师开展教学活动，不应当单纯依赖于校园，而是应该将自己的工作拓展到社会上，把重点放在寻找教育资源上，使同学们能积极参与到社会中的活动中来。

三、课程资源的开发者

在传统英语教育模式下，农村英语老师成了英语教材的解释者，而农村地区则成了课堂上的“讲解员”。英语教育就是农村英语老师根据课本中所讲的内容，按照教材中的内容讲课，学生所得到的只是过时的、陈旧的内容。在新的时代背景下，既有信息的快速传递，又有知识的快速更新。传统课程和教材已不能适应信息时代的需要，因此教师应参与课程的开发与设计，从课程实施到课程设计、开发的转变。首先，从理论上分析当前农村英语教学中存在的问题，并提出相应的解决办法。乡村英语教师应该立足于英语教材，抓住新形势和发展机会，消除以往课堂和教材所限，了解教材内容方面的问题，从学习者的视角去设计教材。乡村英语教学工作者积极参加教学活动，有利于培养和提高自己的专业知识素质，提高自己的教学能力。随着对课程内容、教材内容和相关理论的深入理解，教师将从过去的“消极”状态转变为“积极”状态，主动利用英语教学，从而改善英语“学习”状态，增强学生的英语学习效率。其次，在教学过程中，要注意英语教科书的内容融合，并根据需要对其进行增减，充实教材。教师要基于不同的网络学习渠道、软件和平台，收集和了解多元化的信息教学资源，在此基础上，结合学生的学习特点和学习水平，对其进行整合。在英语专业中，丰富教学资源是一项十分必要的工作。英语并非外语学习者的本族语，所以要想学好外语，就得懂得外国的各种文化。与此同时，乡村英语教师也应该充分利用自己所拥有的独特的、具有地方特色的教育方式。这既能让我们的教育资源更上一层楼，也能让我们的学生在最大程度上感受到自己的乡土意识。这往往可以从根本上消除学生的文化意识培养困，还可以让他们对自己的故乡有一个更完整的认识，对自己的故乡有更深的感情。最后，作为教育课程资源和材料开发人员，必须学会共享成果，自主了解其他优秀教师和研究者的建议，让这个结果持续地得到改进，这样就可以分享给更多的同学。

四、教育教学的研究者

在传统的教育模式下，教师因其教学任务繁重，只能充当“教书匠”，时间一长，许多基层教师都难以承受。苏霍姆林斯基认为，要给教师的工作增添快乐，让教师们不会把日常的工作当成枯燥的任务，应该让每个教师都踏上教学研究之道。在教育信息化时代，在教学内容、教学目标、教学组织形式、教学方式等方面，都有相应的变革。要做一个优秀的教师，单靠几年的工作经历还不够，因此教师必须摆脱“教书匠”的角色，努力成为“研究者”。科研并非仅仅是科学家们的工作，要想让教师的教育和教学效果更好，提高他们的职业素养，就需要指导他们从事各类与教学相关的科研工作。以信息化为先决条件，在这一过程中，教师应逐步摆脱传统的教书育人模式，以更充沛的精神投入教育科研工作中，并逐步向“研究者”的角色转型。在新形势下，乡村英语教师应深入了解学生学习行为的特征和变化规律。在英语学习中，要运用教育技术手段，在课堂上为学生创造合适的学习环境。在此基础上，以学生的认识经历为基础，探讨如何运用最优的资讯表达方法，在课堂上有效地突破知识点和难点，充分利用网上的各种信息资源，丰富已有的课程内容与资源。

因此，在教学中，老师要扮演好一个“研究者”的角色，将学生、教材、教学方法和教学组织方式都视为研究的目标，并据此制定相应的教学策略，并对教学中存在的问题进行思考，以改善教学效果。乡村英语教师大部分都经过了高等师范学校的专门教育训练，具备了英语教研能力。而且，乡村英语教师们都是在第一线上工作的，他们很清楚乡村英语教学的现状，所以他们的意见很重要。由于教师是师生互动的主要参与者，因此，它在教学内容、教学活动和教学组织形式的研究上，相对于外国专家和学者来说，有着无可比拟的优越性。在教育界，这种作用能使大部分的基层老师确立自己的权威，塑造自己的新形象，这无论对于教育理论分析，还是实践操作研究来说，都会产生较大的价值。

五、现代教育技术的掌握者

很多乡村教师都会遇到这种问题，他们在网上找到了一个很不错的英语视频，但是当他们想要把这个视频截图下来，发给他们的孩子的时候，他们就不知怎么操作了，更不用说往英语视频里面添加中英文字幕了。因为互联网涵盖的范围很广，就算是理论知识丰富的专业人员，也不能了解全部。所以，网络信息技术应用赋予教师不断发展自我的机会和渠道。国家最新发布的教育改革和发展计划纲要中指出，要提高广大基层教师的信息技术应用能力，还要对自己的教学观念进行创新，改善自己的教法，提高自己教育与教学的实际效能。由此可见，在中国新时期，信息技术在教育与教学中的地位越来越重要。传统的“黑板—粉笔—课本”的教育媒介开始逐渐被“计算机—网络—多媒体”取代，所以，教师们一定要对信息技术有足够的了解，并对其进行娴熟的应用，成为一名善于运用现代化教学技术的人。对于学习者而言，语言学习就是一个多感官的综合应用过程。将现代教学技术应用于英语教学，不但可以使传统的课堂教学模式发生变化，而且可以使学生在课堂上获得更好的成绩。将教育技术运用到英语课堂教学中，能将原来的抽象化文字形象化，让课堂变得生机勃勃，在此基础上运用多媒体技术，为学生创设英语的语言情境，充分发挥其在语言活动中的作用，发挥网络的优势，实现英语课堂的“三维”和“个体”“学习”。随着网络的不断发展，科技不断进步，乡村英语教师也不可避免地受到了信息化对英语教学的冲击。对乡村英语教师来说，既要了解并掌握现代化的教育技术，又要熟练运用网上的教学资源，更要懂得如何把这些资源融入英语教学，使其充分发挥作用。然而，需要着重指出，教师们一定要把学生的学习需要作为自己关注的重点，其根本目标是彰显以往教育模式和媒介不能彰显的价值功能，而不是单纯的“为了用而用”。

第五节　教育信息化背景下乡村英语教师的角色定位问题及成因

一、教师角色总体上存在的问题

（一）传统课堂教学结构没有从根本上改变

根据问卷的结果可以看出，在当前的教师教育信息化的背景下，老师在学校中的位置还是比较好的，总分值为 3.47。但是，它与人们心目中的完美程度仍存在着一定的差距。一些学者认为，在教育信息化的背景下，很多教育家仍在使用相对传统的课堂教学模式，不能以一种更加开阔的态度来接受信息时代给他们的改变。首先，部分乡村英语教师依然在英语课堂上以“讲”为主，在这种类目当中，大部分教师都做出“一般同意”的选择，但最终分值仅大于 3 分。

教师 1：“在我看来，上课最主要的工作就是要把和英语有关的知识点全部讲出来，使学生能够熟练地掌握这些知识点，这样一来，他们的学习成绩提高了，我的工作也就结束了。”从这可以看出，老师们仍然坚持着传道、授业、解惑的传统教育观，以及授课式的教学方法。在实际的调查量表中，在“我能在英语课堂中为学生创造轻松愉快的学习环境”这一选项上，教师的最终得分是 2.42，比理论平均值还要低。

教师 2 在针对教学环境发表意见的时候指出：“我要求在我的课上，学生们要遵守我的规矩，我在上课，他们认真倾听，我提出问题的时候，他们才可以发言，其余时间都要保持沉默。”

（二）师生、师师之间缺乏交流与合作

信息化教育提倡合作、自主、探究式学习，协同学习不仅仅是同学们的合作，更要增强师生间的协作。乡村英语教师应该在课上和同学们进行更多的沟通和协作，教师们可以在课上了解到同学们所学到的东西，这样教师就可以在任何时候给同学们提出建议，同学们也可以把自己所学到的东西及时地给教师们回馈，从而实现一个很好的交互目标。根据这一问卷，许多老师对“我可以用英语教学中的协作学习与学生沟通”表示“一般同意”。

在访谈中，教师 3 提道：“在我的班级里，我要面对的学生数量如此之多，所以我无法将每一个学生的学习、情感需求都放在心上，平时我很少在班级里与学生们展开互动，如果学生有任何问题，可以在课下来找我。”教师 4 说道：“一堂课程只有四十五分钟，有些时候连设定好的教学目的都达不到，因此，我只有在课堂上发问，才能知道同学们对课程的理解程度，而其他形式的学习又会占据更多的时间。”目前，一些乡村英语教师主要是通

过课堂上的提问来与学生进行交流，而缺少了“对话、交流和讨论”这样的互动环节，从而忽略了学生学习积极性的提升。从这一点上，我们可以更深入地解释为什么教师缺乏协作沟通的意识，一方面是由于教师们的沟通和合作意识不强，他们只会在教室里赶工；另一方面，这也是由于在这所学校中，师生并没有充分认识到合作学习的重要意义。

（三）教学科研意识差、水平低

根据调查可知，在对教育教学研究者的问题上，分数都只有 3 分，这表明，当前的教师进行教学研究的意识有待进一步提升。在深度采访中，我们可以看到一些教师对教育科研没有足够的认识。教师 1 提道：“教师们要做的，就是讲解好课程大纲中所需要的知识，并将这些知识传授给学生，让他们去做一些简单的事情，这样他们才能应付这些考试。我认为，有一本作业本就够了，自己做一门课，实在是太难了，很难把握住其中的难度。”

教师 3 则认为：“我们乡村学校每个教师除了主科之外，基本上每人都要承担一到两门的辅科，每周课时量比城市教师多四五节，作业都改不完，哪有时间参加培训。”现在，很多乡村英语教师都单纯关注自身教学经验的积累，没有关注科学研究，也没有从根本上强化教学模式创新和变革，以自己的经验为主，更多的是以书本和习题为主，很少注意到与之有关的专业课教材和论文。因此，他们的理论知识相对匮乏，不能参与到英语教学的研究中去，也不能深刻地反思自己的教学行为。与此同时，一些乡村中小学教师短缺，乡村英语教师可能面临着一人兼带两三门辅科的情况，教师们对课堂的预习不够认真，没有做好课堂前的准备工作。由于教学工作的繁杂及其他因素的影响，使学校中的教师很难出去进修，更难以投入教育科研工作中去。另外，在对教育科研项目的评价上，学校也没有给予足够的关注，因此，老师们没有很大的动力去进行教学研究。

（四）现代化教学技术手段缺失

在实际的教学过程中，教学模式和手段只是一大要素，技术才能是核心影响元素。有学者指出，当前，许多教师对信息技术的掌握都有不足之处，并未将其应用于教育中。李芒提出，科技的应用能否缩短“劳动”的时数，应成为教育界的首要考量。通过调查研究可知，教师在教育信息化背景下现代教育技术的掌握者这一角色上的最终得分不高，为 3.21 分。

教师 3：“形式”是为“内容”服务的，我觉得最主要的还是要有一堂好的课，网络媒体、新技术的运用，这些都是其次，网络的技术应用任务是由一位教育技术教师来承担的，我要做的就是把基本的技术运用融入教育中去。

教师 4：“我们平常在公开课的时候会使用希沃白板，在学校有要求候会制作‘微课’，除了以上种种，我并没有感觉到轻松，通过互联网教学技术手段，反而增加了我的负担，我一边要对它们进行学习，一边要运用它们，我的精力实在是不够用了。”可见，教师们并不认可教育工具可以让教师少做很多功课，更不愿意积极运用教育科技工具。通过合理应用教育信息软件和技术，往往可以给予教师充足的科研时间，但是如果太过于强调信息技术的应用作用，不科学应用，则会产生较大的教学负担。其次，大部分时候，老师认为新的教育科技工具不好使用，所以他们不那么愿意去学习。这也表明，教师们对新的教学技术手段缺少了自信，从另一个角度也证明了学校对教师进行了教育技术的培训。在教育信息化的大环境中，教师要在各个领域中扮演好自己的角色，只有教师主动开展自身发展，才能使教育发展具有基本的动力。

二、不同类别教师对教师角色存在的问题

（一）乡村教师对教育信息化背景下教师的角色水平存在不足

在研究乡村教师基于教育信息化发展背景下的角色水平这一内容可知，乡村教师最终的得分是 3.47。首先，其最根本的体现就是农村中小学网络教学中网络思想、创新能力、整合能力和批判能力的缺失。其次，网上教育中

的教师运用与研究水平不够。

教师 3：“我们的任务是落实既定的教学任务，让学生提高学习成绩，我不是很赞成在教室里采用新的什么教育技术手段来进行教育，第一，我们没有这样的能力。第二，这样会让孩子们的注意力分散，而且，我也没有很多时间进行网上学习。”这进一步表明，农村教师对新的教学技术的认知不够，缺乏主动利用网络进行教学研究、创新课堂教学的意识和能力，思考一下，首先目前大多数农村的小学都还是传统的教学设备，就连一些贫困的乡村学校，他们的教育设施都没有达到标准；其次，现在仍有相当多的校园没有接入宽带网络，这必然会阻碍教师们运用新的教育方法。在这个教育信息的年代，有那么多的教学资源和资料，但是，在各个乡村地区，若不大力开发网络教学体系，则会继续拉大城乡教育之间的差距，产生明显的“马太效应”。

（二）低学历教师对教育信息化背景下教师的角色水平存在不足

学历其实可以在一定程度上反映出教师的在校学习情况和发展情况，调查可知，研究生学历教师的最终认知平均分是 3.95，本科学历的教师得分 3.52，专科学历教师的得分是 3.13，显然，教育程度高的人，所扮演的人物地位也就高。笔者深入分析了其中的成因：第一，从学制来看，专科学校的老师要比本科和研究生学校的老师短，所以他们的专业知识和教学理论的根基比较薄弱。第二，虽然在实际教育教学活动中，本科高校毕业的教师比研究生毕业教师的休闲时间多，也有着更多的一手教育经验，然而，研究生毕业的教师群体更加关心的是教育的焦点问题，他们对于教育的现象具有非常深刻的理解。而且，伴随着对课堂教学的研究不断进行，他们对于教师所应担负的理论作用也越来越深刻，所以，相对于高校毕业生而言，他们能更好地理解教育信息化时代下的教师所扮演的角色。此外，在社会经济体系不断优化的背景下，孩子父母对教师的要求逐渐严格化，教师必须不断学习和完善自我，学校管理者也必须确保招聘到的教师学历在本科之上。

（三）短教龄教师对教育信息化背景下教师的角色水平存在不足

教龄其实是教师的实际工作年份，调查研究可知，15 年以上教龄的教师基于教育信息化发展的角色得分最高，是 3.92，教龄在“0 ~ 5 年”的教师角色得分不太高，是 3.42。结合每个维度来说，教龄短的教师教学信息运用水平也比较低。教师 3：“我也希望可以充分运用互联网的资源，对新的教学内容和教学方法进行设计，我也明白，使用新的互联网技术方法可以让课堂变得更加有趣。但是，我的教学工作真的非常紧迫，因为我只来了短短数年时间，但我需要学习所有的东西。在我对工作已经彻底的熟练之后，我会运用教育技术进行创新。”工作年限超过 15 年的老师，大多具有教学一线的丰富经验，并且随着工作年限的增加，他们会对自己的工作进行反思，然后在实践中对自己的工作进行完善，仍处于“站稳”讲坛这一时期，也就是要第一时间把知识传播出去。因此，很多新手都会感觉到他们的工作过于忙碌，对网络资源的使用程度不高，而且初学者们还处在对资深教师的学习中，他们还没有完善的教育系统和模式，思维创新水平也不够高。

三、教师角色转换问题原因分析

（一）教师自身对教育信息化的接受程度不高

1. 教师对教育信息时代不了解，教学观念落后

教师 1：我从事教育工作已有二十余年，作为一位老教师，我的优势是教育经历相对丰富，并且在组织教学活动方面也要做得好一些，但如今的社会发展很快，科技的进步也是一日千里，让我们这些资深的教师很难适应。再说了，教育理念是一种很难改变的东西。

教师 2：我觉得，对于老师来说，上课最重要的，是提高学生的学习成绩。在一定的教学时期内，教师必须采用新的方式，不然就偏离了最初的目的，变成了走过场。

教师 3：我是去年才开始工作的，大学毕业于师范专业，在大学，我们主要学习的课程就是英语，还有的以教育方面的知识为主，而且学校的设施都很好，时不时还会有专业人士授课。可是我一毕业，就来到了这个学校，教师们还在用我以前上初中的方式，根本就没有任何的变化。教育信息时代对一线教师提出了更高的要求，要求他们具有更高的知识水平，更好地使用各种不同的教学方式，对教育信息化的内容有更深层次的了解，并根据自己的教学实践，对其进行反思和构建，然后把它应用到自己的教学中去。因此，乡村英语教师必须不断地进行教育理念更新，才能更好地适应这个时代。尽管固定的教学观可以让教师们形成自己的个人风格，但在如今这个飞速发展的教育信息时代，如果不能及时地进行变革，这样的人，很容易跟不上时代的步伐。以前的教育方式对如今的“00 后”“10 后”来说，已经不那么有效了。所以，当老师们感慨“现在的孩子一天比一天难教”时，我们也应该反思一下，是不是传统的教育理念与方式束缚住了自己？

2. 部分教师知识与能力不足，个人专业化发展有限

教师 1：我教了这么多年，几乎将所有的教材都记在了脑海里，教学计划也都是一样的，所以，我在课堂上没有任何的问题。至于做研究，我一把岁数了，可不比你们这些小年轻，我只要好好上课就好。

教师 2：大家都知道教师这份工作就是“铁饭碗”，我这个人性格比较懒散，有许多东西都很难坚持下去。最近几年，虽然也会参加一些研究，以获得更高的评价，但大多是虚有其表，没有任何实际意义。

教师 3：我才入学不久，还处于求学阶段。我现在连上课都顾不上了，哪有时间去看论文和做研究，还是等我成长起来再说吧！我认为，不管是在专业发展上，还是在教育上，教师都应该在自己的能力上不断提高、不断进步。多名接受调查的教师均表示，他们的精力是有限的，工作繁忙，无暇顾及自己的专业成长。教师只有在“教学实践—教学反思—再实践—再反思”的过程中循环，持续地对自己的教学方法进行测试，看看它能否行之有效，能否将其应用到实际教学中，才可以将知识内化，从而达到自身的专业发展目的。教师要打破自己的极限，虽然困难，但并非不可能。

3. 教师工作任务多，压力大

教师 1：“每星期要上 30 多节课，我们的课程安排得很紧，无论是在身体上，或是在精神上，我们都很难胜任。”

教师 2：“许多人都以为教师的工作是一份稳定的工作，每天的工作很简单，只需要上几堂课，但是亲自尝试就会发现并非如此。我每天不但要做功课，还要应付上级的审查，所以很难有休息时间。”

教师 3：“作为一名新老师，我每个学期都有 14 节英语课，这就是我的工作。而且，由于我还要给一个班上生物课，有时我在夜里备课到中途就累得够呛。长期以来，我国乡村初中，尤其是乡村英语教师严重短缺，导致每个乡村英语教师不仅要上 2 ~ 3 个班级的英语课，还要兼职其他科目。乡村教师无论是在生活上，还是在工作上，都承受着巨大的压力，再加上没有得到人们的尊重和理解，这就造成他们对工作不满意。还有，农村小学有大批的农村儿童，这些儿童的教育基础薄弱，而且他们的情绪很容易激动，这给管理带来了很大的困难，导致了老师们职业认同度降低。如今，高考、统考的压力越来越大，许多乡村英语教师已经没有太多的时间去思考如何转变自己的身份了。”

（二）学校对教师角色转换的条件支持不够

1. 学校管理制度、激励制度缺失

教师 1：“我们在这里二十多年了。对于一些与教育无关的东西，也就不在意了。”

教师 2：“哎！农村老师的收入太少，和我一个班的朋友，他们的收入都在我之上，有的时候我会失去兴趣，会想要放弃。”

教师 3：“从我中学毕业到现在，有八年多了，可是我觉得大学和以前并没有太大的区别。当前，农村初中的教师都是在地方上领工资，归学校管，教师的编制归人事处，这就造成了教师的发展、教师的生活和教师个人之间的关系相互割裂，因此，经济奖罚的效果不能达到最大，更不要说进行精神引导了。虽然大家都看好老师职业的稳定性，但教师们的收入太少，特

别是对于乡村教师来说。乡村教师的底薪一般都很少，住房公积金和医疗保险相对低。乡村教师最后获取的绩效工资不高，且存在薪资分配不科学的情况，虽然是结合贡献值分配的，但很多时候，教师都会做更多的事情，而得不到相应的报酬；由于实际工资设定很不公正，所以大大扼杀了教师的教学积极性。”

2. 单一的评价考核机制

教师 1：“教育部门经常讲‘素质教育’，但是到了最后时刻，学校只看学生的分数。若最终的成绩不理想，则会受到职责。教师又有什么好的办法？”

教师 2：“之前有的学校关注学生综合素质方面的评估，但是最后都不了了之，因为结果并没有好转，所以也就没有人再提起。”

教师 3：“我高校学习的时候常到一些城市培训和学习，他们不只是注重分数，还注重全面发展。但是，这种方式在我们村子里的小学是行不通的，实际生活中，因为中考的原因，国家的教育部门和高中依然是‘以成绩说话’，以中考成绩为主要评价指标。”

长期以来，我们在英语教学中长期坚持应试教学，这给我们的教学观念和教学方法带来了很大的冲击。无论在对教师的评估中，还是在对学生的评估中，都偏重于对成绩的评估。考试评价制度制约了基础教育的改革，这样一套不科学的评估体系，对教师的角色转换产生了很大的阻碍。在当前的教育信息化环境中，如果不能改变传统的考试评价体系，那么，教师们会一直坚守着过去的教学观念和传统的教学方式，这对教育信息化的发展造成了障碍。

3. 教师教育培训实效性不够强，教师参与度不高

教师 1：“一提起培训，我就有一种怨气。这些年来，我也参加了很多次的培训，但都是一些和教学无关的东西。每一次都是一头雾水，连课程内容都不会讲，简直就是浪费时间。我从事英语行业多年，对如何授课很有心得，那些专家对我们这里的课程不是很熟悉，可供选择的方法也不多。”

教师 2：“部分的培训都是在暑假，短的一个星期，长的一个月。我不仅有两门英语课要上，而且还是一个班级的班主任，平日里工作很忙碌，很少有节假日可以好好放松一下。因此，我一般不会去参加这种培训，就算有必要，我也会尽量避免。”

教师 3：“我个人非常乐意参与一些有意义的培训，希望借此提升自己的综合素质。不过，在学校里，我没有太多的培训机会，而且人数也非常有限，许多培训的针对性并不强，并不能给我的工作带来多大的帮助。”

通过对农村高中不同教学年限农村英语教师角色状况的研究，我们可以得出以下结论，其中一个重要的因素就是对教师的教育。从以上的采访中可以看出，在目前的教学中，有几个教师的态度是比较被动的，也是比较无助的，这也在一定层面上显现出如今教师资格和能力培育等方面的问题。这种僵硬的体制限制了教师的职业发展。而站在教师的立场上来看，在培训过程中，教师们的积极性不高，注意力也不集中，这就很容易让教师们的培训变成一种形式。

（三）社会对教师角色转换的外部支持不足

1. 乡村生活环境封闭落后

农村地区经济落后、交通不便、信息闭塞，虽然近年来政府出台了许多有利于乡村发展的政策，但仍难以扭转这一现状。在教育上，乡村地区无论在硬件设施、教师队伍，还是在学生质量上，都比城镇差得多。乡村地区还没有足够多的专门的文化活动机构，也缺乏大型图书馆。而且，乡村教育环境条件不太好，使得老师很难与外界取得联系，恶劣的生活条件也让老师们很不方便。乡村教师通常不具有很强的主体意识，很难对自己的工作产生积极的影响。

2. 缺乏尊师重道的社会氛围

由于当今的时代发展，人们总是认为读书没有用，从而导致了教师在这个世界上没有得到足够的尊敬，尤其是乡村教师。首先，乡村高中的教师都在落后的乡村地区执教，他们的社会地位并不高，而且他们的职业福利也不好。农村老师常常被人称为“穷教书的”，他们不但得不到应有的待遇，还常常遭到外界的冷眼和嘲笑。与此同时，农村教师尤其是骨干教师的流失也非常严重。目前许多人还没有认识到教师在农村教育中的重要地位，也没有认识到乡村教育在乡村区域的发展中所起到的重要作用。目前，我国高校的师资力量还没有充分发挥，从而制约着高校师资力量的转变。顾明远教授曾经指出，这是一条不变的法则，无论在什么行业。

3. **政府教育经费投放不足**

虽然如今我国政府和教育部门都开始增设教育经费，但是还存在投入力度不够的问题，无法真正提升学校的教学水平和效率，也很难提供足够的教育资金，从而限制了乡村英语教师的角色转换。本研究发现，目前我国农村地区仍有部分学校未配置多媒体课堂，农村小学教师教学硬体环境有待改善。而且，在农村地区，虽然教育部门对农村学校的网络建设和信息化硬件进行了专项资金的使用，但实际执行情况并不理想。因为在教育信息化的大环境下，乡村地区的学校并没有把教师的角色转变看得很重，所以乡村地区的资金并没有用于改善硬件设施，而是被用来做其他事情。

第六节　教育信息化背景下乡村英语教师角色转换对策与建议

本书对农村中学英语教师角色转换的情况进行了分析，发现很多农村英语教师在实践中已经根据教育需求完成了角色转换，然而仍有一部分乡村英语教师不能跟上社会的发展速度，在转变中遇到了许多困难。与此同时，因为教师自身、学校和社会环境等因素的制约，中学乡村英语教师的角色转变工作难以顺利进行，所以，要解决乡村英语教师在角色转变中遇到的问题，必须要有针对性，从而让乡村初中的乡村英语教师可以成功地完成其自身的角色转型。本章将从教师的内部力量和学校、社会的外部支持给出针对性的解决策略，这对教师转变自己的身份有很大的借鉴意义，这样就能为我们的国家和社会提供更多的人才，使我们早日成为一个教育强国。

一、乡村教师增强自身的角色修养

通过对问卷调查的研究，可以看出，部分农村英语老师存在着自己的问题，如传统的教学模式没有得到根本的改变，师生、师师之间缺少交流和合作，缺少现代化的教学手段，教学科研意识薄弱，教学水平低下等，这些都表明了农村英语老师在教学观念和专业素质上的落后，缺乏积极主动的角色转换意识。所以，要实现乡村英语教师的身份转变，一定要从教师本身着手，具体的工作包括：转变教师观念、充实教师专业知识、研究新的教育模式、提高自己的教育技术水平。

（一）转变教师观念，学习教育新模式

基于教育信息化背景，在学校的发展过程中，教师应当对自己的重要作用有一个准确的定位。伴随着网络的不断发展和深入，教育技术得到了越来越多的运用，教育打破了时间、空间的壁垒，使教学资源和学习环境从传统的封闭状态变成了开放的状态，“教师讲、学生听”的授课方式也出现了变化，同时也提升了学生的主体地位。

一是要改变自己的教学观念，使自己与每一个人都处于同等地位。在常规的教育中，教师是一个具有绝对权力的领袖，而学生则一直和老师们保持着距离。在教育信息化的大环境中，老师要加强自己作为引导者和辅助者的作用，给学生营造一个好的学习环境，使师生关系更加和谐。与此同时，还对教师在课堂上主动地指导学生，使得学生逐步地掌握知识、解决问题有很大的帮助。

二是在课堂设计中，要设计出丰富有趣的课堂活动，让自己身临其境，体会到课堂活动的可操作性。在英语教学中，由于受到设备、教具和教学环境的制约，很难开展英语教学活动。借助资讯科技，在教育信息化时代，要让学生们更方便地进行学习。当代英语教学的目的是多元化的，所以，教师应该设计出一种富有创意的教学方式，这样就可以调动学生的热情，提高学生的参与性，提高学生的学习成绩。

（二）充实教师自身专业知识

在教育信息化的大环境中，教师不仅要做好一名完成教学工作的实施者，还要不断地提升自己的自身素质，做一名教育的研究员，这样才可以将自己的教育观念和方法进行内化，而且还能提高授课的效率。针对农村英语教师的职业素质，主要包括：教师的综合素质、教师的口语、书面和翻译能力。在这个进程中，老师要开拓自己的道路，不断提升自己的业务素质和教学水平。

作为一个信息化的专业教师，最根本的条件就是要具备一个完整的知识系统，教师除了要学习自己所学的专业领域外，同时也要学习教育学、心理学及其他有关方面的专业，来丰富自己。老师准备一节课，不但要注意课本中的重点，还要注意难度，考虑到学生的学习特点，考虑怎样才能更好地帮助他们快速掌握这些知识。就初中英语而言，它所涉及的语法知识是十分复杂的，而且具有一定的多样性，还有许多特殊的规律。所以，这就要求教师在讲课时要根据学生的经历，使用自己的方式吸引学生，使他们能够与老师保持一致，例如教师在讲解 isolate（孤独）时，能够将其拆分为 3 个部分，即 i、so、late。i 的谐音是“爱”，so 代表“如此，这样”，late 代表“晚的，迟的”，因此，这个单词表示“爱情来得是如此的晚，以至于我觉得自己被抛弃，感到非常的孤独”。这样，就能使学生在轻松愉快的氛围中记忆所学的词汇。在解释英语课文时，可以将课文中的相关背景知识与同学们一起分享，既可以提高同学们对课文的兴趣，又可以使同学们学到更多东西。可以看出，教师是否具有深厚的职业素养，对于学生是否能够顺利地学习、顺利地成长，有着举足轻重的影响。

（三）提升教师信息素养

当今社会，科技对教师的影响非常大，教育信息化时代，即一个科技与教育相结合的年代，在这个年代，教师的职业发展既有机会、也有挑战。桑新民教师曾提出：“信息素养是一种高级的认知技能，同批判性思维、问题解决能力一起，共同构成人们学会学习、创新知识的基础。”

首先，老师要改变自己的心态，战胜对新事物和新技术的畏惧心理，以主动的心态去接纳新技术，从而让老师在互联网的环境下，更好地了解新的教学模式，并紧跟教育的发展趋势，更好地理解教育信息化的时代特征。教师要深刻地剖析教育科技对英语课堂的影响，并通过自己的思索，根据自身的教学经验，选择适合自己的、有效的、有趣的方法，把它运用到英语课中，努力把英语课和教育技术结合起来，提高教学效率。

其次，在网络环境下，教师必须具有较高的知识素养。在教学过程中，教师要清楚地认识到自己对哪些资料有需求，并制定目标明确的数据和战略。在教育信息化进程中，教学资源表现出开放性特征，网上的教育信息资源呈现出多样化的表现形式。在面对海量的教育资讯时，教师要加强对资讯资源的有效整合，提升资讯资源的使用意识。通过对教育资讯的分析与综合，并与实际的教学实际相结合，运用资讯资源与科技，以创新的方式来处理英语教学中出现的种种疑难问题。

最后，教师应该认识到，在信息时代，学生的人格特征变得更明显，他们的情绪变得更丰富，思维变得更灵活，创造力也变得更强了。因此，要充分认识到学生在学习过程中的情绪经验和认识差异，给予他们充分的自由，从而促使他们的个性发展。与此同时，网上的各类资源种类繁多，再加上学生还没有形成自己完整的价值观念，所以，教师应该给他们营造一个好的学习氛围，让他们能够更好地发展自己。

二、学校助力乡村教师的角色转换

通过对问卷调查的研究，我们可以发现，影响农村英语老师角色转换的外部原因有很多，比如学校管理体制、评价考核制度、师资培养等，所以，本节站在一个比较客观的角度，提出了以下几点建议：采取“以人为本”的核心教学理念和方法，建立和不断完善教学改革评估制度和考试系统，强化教师培训。

（一）实施“以人为本”的教学管理方式

长期以来，在学校中所使用的等级式管理制具有很大的控制力，这将会使教师在进行角色转换时失去动力。从这一点来看，校内必须进行管理体制的变革，实行“以人为本”的教育与经营模式应用，特别是提倡“以师为中心”的人文教育与经营模式，只有这样，才能确保农村英语教师能够顺利完成自己的角色转变。实行“以人为本”的教育管理可以使教师从心理上消除学校对他们的压力，使他们可以更积极地参加到教师的角色转换中，将压力转化为动力。所以，学校在进行管理时，应该采取以人为本的管理方式，从而提高教师的归属感，提高他们对自己的教育工作的认同度，所以，学校在进行管理时，应该采取以人为本的管理方式，让每个教师都可以参加到制订校规中来。在学校的经营过程中，要主动运用多种激励手段，健全奖励和惩罚体系，对达到教育目标的教师进行奖励。在校方与乡村英语教师间构建起一种感情联结，以达到情绪激发的目的。

（二）完善教师评价制度

在教育信息化的大背景下，传统的教学评估将成绩作为唯一的标准，乡村英语教师需要转变原来的评估方法与理念，构建并健全一种全新的评估方法与理念。教师可以从三个方面努力。

第一，评估对象具有多样性特点。在传统的教学评价中，老师是评价的主要对象。在这个教育信息化的年代，老师不仅可以对学生进行评价，还可以添加小组评价、学生之间相互评价等内容，扩大评价的角度。

第二，实现教学评价标准的多元化发展。在学习的过程中，应采取综合、多元的方法，既要关注学习的共同特点，又要关注个体的不同特点。比如，老师对学生的评价，不仅仅是根据考试成绩，也可以根据学生的个性、动手能力、学习态度等多方面来评价。

第三，创新和完善教学评价方式和模式。除了对学生进行考试评价之外，教师还可以采用多种评价方法，比如学生自我评估、学生小组协作评估等。

传统的对学生的考核以对成绩的片面追求为主，这样的评估方法迫使教师们进行考试教学。在信息化的时代，为了指导教师实施质量教学，应倡导过程型、发展型的评估。同时，需要摒弃应试教育下“一考定终身”的考试制度，在对其进行测试时，应当以最好的分数为基准，并与其学习兴趣以及个人优点进行综合考虑，选取个人喜爱的测试学科，促进其更好地发挥优点，从而达到全面发展的目的。学校应当给教师创造一个好的评估氛围，从长期的观点出发，建立一个对教师的多种评估体系，用发展的、开放的眼光来对教师进行科学的、合理的、多方位的评估，促进教师们的学习和进步。

（三）积极开展教师培训活动

以培养农村英语老师为目标，可以使乡村英语教师的专业素养得到进一步的加强，从而使他们的教学能力得到进一步的提高。因此，校方应主动让乡村英语教师参加教育训练，给乡村英语教师更多的训练机会。

一方面，新教师入职前，要先做好岗前培训工作。对新教师而言，岗前训练是十分关键的，可以让他们将自己在学校里所学到的专业知识运用到自己的实际工作中去，也可以让乡村英语教师更好地了解英语的教学过程，更好地发挥自己的作用。与此同时，乡村英语教师自己也应该注重新的知识积累，学习新的教育观念、新的教学方式、新的教学活动组织方式，从而真正实现乡村英语教师的主动转换。另一方面，为提高乡村英语教师的职业素质，必须建立健全师资培养体系。在常规的教师训练中，大部分都采用了校外进修的方法。然而，在学校教育的过程中，一般情况下，仅仅注重对老师的相关理论知识的培训，却不能针对老师在教学中遇到的实际问题给出正确的建议，因此很难将教师们的学习热情激发起来。在很多情况下，这些课程教学的形式价值远远超过了课程的内容。

因此，当前，学校应该建立起一种健全的教师培训制度，推动校本培训工作的高效进行，使用较为广泛的校本培训，包括教学技能、评比大赛、示范课和公开课等，它可以帮助教师更好地解决他们在教学中遇到的问题，促使乡村英语教师联系自己的实际情况，更好地开展他们的教学工作。学校要在教育观念、教学方法、教育技术等教育研究上提高乡村英语教师的学习热情和积极性，使其加强自身英语及教学科研能力。

三、社会帮扶乡村教师的角色转换

（一）社会提高教师职业的认可度

目前，我国乡村中小学教师普遍存在着“低工资”现象，这种现象不可避免地造成了乡村中小学教师的“失落”“心理失衡”等问题。物质生活是教师的生存与发展之根本。因此，对于所有的老师而言，不仅要得到全社会的关注与支持，更要在社会上对教师界所扮演的角色有一个合理的预期。随着社会的不断进步，无论是国家、社会，还是家长，都对教师的期望、要求越来越高。但是，在社会中，总是会有极少数的负面报道和宣传，影响到了整个教师队伍，让人们对教师这一职业失去信心，教师所承受的压力也是与日俱增。

首先，教师自身必须明确自己应该承担的任务，以避免外在期望给自身带来过多的心理压力；其次，要让整个社会都能够理解老师、信任老师、尊重老师，就像媒体，要对老师做更多的正面宣传。在这种社会氛围中，教师们的自我认同程度会提高，在工作中也会更有自信、更有动力。

（二）政府优化乡村学校资源配置

《国家中长期教育改革和发展规划纲要（2010—2020）》中提到，应该积极地推进教育信息化进程，现在我国很多地区教育信息化展开状况比较理想，但是，在某些经济相对滞后的区域和边远的区域，发展相对缓慢，这些区域没有完善的互联网，并且信息化的基础设施也不是很好，从而对学校的信息化发展产生了很大的影响，因此，要加强对乡村教师的教育管理，促进乡村教育得到更好的发展。首先，我们要增加对乡村小学的教育设施的投资，我们要对教育设施进行改进，比如引进投影仪、电脑等；其次，我们要引入更多的互联网教学设备，其中包含了交互电子白板、教学移动终端等内容。在此背景下，在为乡村地区的教育提供硬件支援的同时，还应该加大对当地的技术支持力度，例如从农村挑选出一批具有良好现代教育技术能力的教师，到农村地区的学校进行现场培训，让农村的老师学会使用教育科技的方式。除此之外，还可以选择一些乡村的教师，定期到城里的一些大学进行考察，提高他们的教学意识、理念及方法。

第八章　基于英语核心素养的乡村英语教师课堂提问行为与技能培养

第一节　理论概述

一、课堂提问的定义

课堂提问是师生用来发起对话或对教师所提问题进行探究的教学方法，它在语言学习中起关键作用。在课堂上，提出问题是一种常见的教学方式，而“提问”在英语教学中有着独特的作用。它既是对所教内容的一种学习，又是对所学知识的一种巩固，是提高学生的综合素质的一种方式，同时也是对学生使用所学语言进行交流的一种方式，这是英语教学中教师与学生互动的一种方式，也是一种交流的教学方法。根据数据显示，一节好的英语课程中，大约有 100 个不同形式的问题。在课堂上，问题的设置与处理，将对学生的学习产生很大的影响。课堂提问以教师引导、学生自由思考、自由表达为主要特点，它的目标是提升学生的知识技能，发展学生的能力和人格。课堂提问是教育中的一个关键环节，它包含着许多的原则，只要我们能够对提问的原则、方法、策略等展开深入的探讨，教师就可以利用不同的问题来激发孩子们的思维和学习兴趣。

二、课堂提问的重要性

课堂提问在外语各种课型的课堂教学中均发挥着重要作用，诸如阅读、听力、语法、词汇写作和口语课等。用提问问题的方式，老师可以让学生将注意力集中在学习上，进而引起他们的思索，让他们对自己所学到的东西进行回想，以此来检验他们对课程的掌握程度。此外，适当的提问还可以把学生从那些具体的和事实性的思维拓展到分析性、评价性的思考上，让他们按教师设计好的顺序逐步理解主要内容；在班级中，还可以提升学生的推理能力、解决问题的能力和评价能力，帮助他们对自己的学习方式进行反思。具体表现如下：

（1）提问能启发学生思维。在课堂上，学生的思考尚未被激活的时候，通过问题来引导他们动脑来寻求解答。如果学生的思考是主动的，那么，教师提的问题可以打开他们的新思路。在思想偏离正轨的情况下，教师可以通过发问来为学生指明方向。

（2）提问可以对老师的讲授给予意见。在课堂上，老师们可以从这些问题中看出学生对所学的语言、语法、词汇、背景知识等的理解。有效提问还可以使老师获得有关学生的学习状况的回馈，从而对自己的教学目标、手段和方法进行思考，对自己的教学目标、手段和方法是否得到了学生的认可进行调查，对课堂教学进行适时的调整，从而优化课堂教学的效果。

（3）提问能调节课堂气氛。在课堂上，老师提出的问题能吸引同学的注意力，使同学们的英语学习效果更好。当同学们的注意力被分散的时候，老师们可以提出一些有趣的问题，让同学们产生一种豁然开朗的感觉，让他们愉快地学习。一节课程的内容要有间隔，要让同学在愉快的气氛中学习到新知识，这样才能达到最佳的教学效果。

三、课堂提问的类型

2001 年制定的新《英语课程标准》在教学原则上建议教师通过体验、探究、合作、实践和讨论等方式发展学生的听、说、读、写等综合语言技能，而这一切的都离不开师生间的交互作用。而教师与学生之间的课堂交流，以提问为主。在教学过程中，提问所占的比重非常大，这一点在我国的课堂教学中体现得尤其突出。正如我国学者吴康宁（2000）所言，在我们的教室里，学生之间的交流占了很大的比重。换言之，师生之间的交流和互动也很重要，“提问”是指在课堂上进行的一种教学方式，它既包含了课堂上的知识，又包含了课堂上的技能。提问是老师们常用的一种课堂教学方式，它的品质会极大地影响到学生与学生之间的交流。近年来，国内外围绕课堂提问类型方面的研究也不少，其中 Long 和 Sato（1983）把问题分为展示性问题和参考性问题的做法已经被许多研究者所接受和采纳。

展示性问题是老师们早已知晓的问题，其主要作用在于展示他们所掌握的语言知识；参考性问题指的是老师不会回答的问题，其问题的关键在于对回答者的理解和判断，进而提升学生的知识应用能力，把提问问题分为展示性问题和参考性问题的方法简单明了，便于实验、可操作，能更好地反映出英语教学中的教师教学和学生学习情况。

外国学者认为，在教学中，展示性问题占了很大比例，达到 79%，参考性问题大约只占 14%（IJyrlCh，1991）。我们的研究结果与此相似。很多人都相信，显示性问题只会让他们产生一个结构简单、语句简短的语言，只会让他们进行一些比较低级的思考，比如回忆和再现，因此教师应该多提一些可能促使学生产出结构更复杂、语句更长的语言以及更能引发推理、分析、综合等较高层次思维活动的参考性问题（Nu-nan，1991；赵晓红，1998）。

按照不同的判断标准，我们可以将问题划分成许多种类型。对此，国内外的研究人员做了很多有意义的探讨。大致可以分为如下几类。

（1）事实性问题、推理性问题、开放性问题和社会性问题。Barnes 根据问题的内容把问题分为四类：事实性问题，也称 what 类问题；推理性问题，也称 how 和 why 类问题；开放性问题；社会性问题，即通过控制或者引导来影响学生行为的问题。

（2）集中性问题和发散性问题。集中性问题内容具体，可以在第一时间内得到一个问题的解答，并且通常都只有一个问题，问题的答案仅仅是对问题的一个简单的记忆，与问题之间的互动比较少。发散性问题适宜于被提出，鼓励学生独立思考、创新思考和批判思考。发散性问题形式开放，有利于反思、归纳和推理。

（3）展示性问题和推理性问题。展示性问题，但教师已经知道了答案，而推理性问题则指的是在没有一个确定的回答的时候，教师和同学一起讨论一个问题时所进行的提问。也就是说，展示性问题的答案是确定的和封闭式的，而推理性问题的答案则是不确定和开放的，教师只是根据教学内容给一些反馈，只有当学生出现交流障碍时，教师才会纠正他们。如果说前一种方式能够提升学生的表达能力，后一种方式则能够让学生更好地与教师进行有意义的沟通。在课堂上，如果教师更多地采用展示性问题，将会减少课堂上提问的交际性。

（4）浅层问题和深层问题。浅层问题侧重信息再现，如展示性问题。深层问题则超出记忆和事实性信息范围，如发散性问题。深层问题对于教师的需求比较高，需要教师有足够的耐心和清醒的头脑。教师进行问题提出的时候，可以按照自己的需求来设置各种形式的问题，从而提高孩子们的思考能力。

国外学者 Bloom（1982）也提出了下列不同种类的提问类型。

知识类问题：回忆事实、术语和基本概念。

理解类问题：通过组织、比较、翻译、解释、描述等理解事实和观点，并且能陈述要点。

应用类问题：在不同语境中运用所学知识、事实、技能和规则。

综合性问题：识别各种关系、原因和动机，发现支撑要点的依据。

评估类问题：以一套标准为基础，通过对信息或者观点进行判断的方式展示或捍卫某些观点。

很显然，不同的提问类型会诱发不同层面的思维。这一点在 Bloom 的分类中表现得尤其明显。

四、课堂提问的原则

课堂上的发问不仅是一门技巧，而且是一门艺术，尽管没有一套适用于所有人的指导方针，但还是有几条可以借鉴的原则。概括起来，主要有以下几点。

（一）趣味性原则

普通高中《英语课程标准》（2001）提到，在高中阶段，教师应引导学生“将兴趣转化为稳定的学习动机”。这表明，新一轮的英语教学对学生的英语学习有很大的促进作用。学生的学习兴趣是他们研究的内部动力，所以，如果教师的问题能够引起他们的研究兴趣，那么他们就会产生研究的驱动力，这是启发式教学的重要部分。如果教师可以增加提问的趣味，做到寓教于乐，让他们在这种放松的氛围中进行积极的思考，就可以极大地提升他们的课堂教学品质和效率。心理学实验也显示，巧妙地提出问题，可以使学生集中注意力，振奋精神，提高兴趣，激发他们的好奇心。要做到这一点，教师就一定要以课本和学生的心理特征作为切入点，引人入胜，一步步地深入，同时，还要运用科学的、艺术的、生动的语言，引导学生进行主动思考。

（二）启发性原则

在教室里，老师的一个有效的问题能够激发出学生的思维，让他们能够对问题展开主动的探究，自主解决提出的问题。提问要有启发意义，而不总是问那些靠猜就能得出结果的问题。什么样的问题可以激发学生的思考？

第一，用情境来引导并感染学生。在对已经有的内容进行回顾的过程中，教师可以对已经有的内容进行总结，对材料进行阅读和详细的了解，并用准确、清晰、简明的语言进行提问，这样不仅能够让孩子们更好地把握好学习内容，同时还能让学生的主体地位得到更好的体现，及时调整教育方式，以取得“一石激起千层浪”的效果。

第二，通过提问来刺激他们的延伸思考。在课堂中，老师应该恰当地选择出具有多思维指向、多思维途径、多思维结果的问题，并引导学生将所学的知识展开横向联系，寻求多样化的解决方法，这对学生深入地了解知识有好处，能够对所学的知识进行准确的把握和灵活的运用。

（三）情感性原则

情绪在英语教学中的作用是十分显著的，积极的情绪和活泼的性格可以使学生积极参与到语言教学中去，增加学习的机会，使自己得到最大程度的锻炼。强大的学习动机、浓厚的学习热情，以及勇敢的尝试，将有助于提升学习成效。坚定的信念与自信是英语教学中战胜困境的关键。近年来，二语习得研究结果表明，学生在英语教学中引入了良好的情绪因子，从而促进了英语教学的顺利进行。在乡村英语教学中，要采用轻松、友好的对话方式来进行问题教学。教师提出问题时，若能保持轻松随意的氛围，同时适当地提出问题，教师与学生之间将会形成一个融洽的交流环境。以对话形式提出问题，营造融洽的教室气氛，激发英语的自觉性。在语言教育的过程中，要进行感情沟通，要在教师与学生之间的感情融洽的情况下，对他们的语言进行练习，这样才能取得最佳的英语学习效果。

（四）纠错的适时性和宽容性原则

语言习得过程中的错误是难免的，正确认识、及时改正是非常重要的。在提出问题之后，要有足够的耐心聆听，如果学生的回答不够全面或者不够及时，教师要尽量为他们搭桥梁，引导他们“独立”说出相对准确的答案，这样有助于提高他们的自信心。同时，在面对问题的时候，教师要保护好自己的孩子，要对他们的答案保持容忍，特别是在纠正错误的时候，要注意控制自己的行为，不能让孩子出洋相，让孩子觉得难堪，或者是对孩子造成伤害。

（五）课堂提问应遵循课程标准提倡的任务型教学原则

教师经常在教学课堂上进行提问，这一提问应该始终贯彻落实《英语课程标准》的教学精神和理念。例如，江苏省中小学教学研究室与牛津大学出版社联合编写了牛津英语教材，每个课程围绕一个话题展开，让学生通过参与、思考、讨论、交流、合作来学习和使用英语，达到目的。在课堂上，提出的问题要与社会生活相结合，与学生的实际相结合，具有时代感，容易调动学生的学习热情。在语言环境中，要尽量使语言环境逼真，要使语言的表现形式更加规范，更加适合学生的学习需求。总之，新课程改革的主战场在课堂，新课程改革所提倡的“自主、探究和合作”教学模式就是一种行之有效的教学方法。在新的英语教育中，提出新颖、有效、富有创造性的提问是必不可少的一环，它能让新课程下的课堂重新焕发出勃勃生机，展现出空前的生命力。

五、教师课堂提问行为

（一）提问

《中国大百科全书·教育》认为，在课堂上，教师与学生之间的互动是一个关键环节。在整个教育过程中，教师都会使用到这种方法，发挥出引领学生探索知识、积极思考、获得智慧的重要功能。皮连生主编的《教学设计》一书中提出，在教学中，提问是一种经常出现在教师和学生之间的一种可以进行互动的教学技巧，它可以让教师和学生进行互动，从而达到检查学习、促进思维发展、巩固知识、运用知识、实现教学目标的目的。在此基础上，本研究将提问定义为：在教学过程中所采用的一种教学手段，是为了提高师生之间的交流互动效率，了解学生的知识掌握情况，以实现教学目的。

（二）行为

《现代汉语词典》将“行为”解释为：“举止行动，受到思想支配而表现出的活动。”据此，笔者对“行为”进行了定义，即在课堂上，在观念的引导下，教师所展现出来的各种活动。

（三）教师课堂提问行为

沈龙明认为，老师们在上课的时候，会按照他们的教育目标和需要，针对特定的教育内容，向学生们提出某些问题，并让他们稍微考虑一下，然后加以答复。这是一种在教学过程中教师们经常使用的一种教育方式。糜文君认为，在课堂上，教师们进行了课堂询问，这种询问行为是在进行课堂教育的时候呈现的，根据自己的教学目的和教学内容，老师们可以在许多方面来对学生们的知识、情感，以及他们的技能进行检验，用提问的方式来激发学生的认识，从而引起他们的思考和回答，这是一种持续不断的教师与学生之间的交互行为。具体包括教师课堂内容提问、学生课堂问题应答、教师问题信息反馈等。在这种情况下，本书对教师的课堂提问行为进行了定义：为了检验学生对自己学到的东西的理解，或者是为了帮助他们锻炼思维，以问题的方式来对他们进行提问，帮助他们解决问题。

六、基于英语核心素养的高中教师课堂提问行为研究的理论分析

（一）基于英语核心素养的高中教师课堂提问行为研究的理论基础

1. 语言习得与学得假说理论

美国南加州大学教师克拉申很早就提出了“习得理论”，与这一理念相对应的是“学得理论”，是一种自觉的过程，即在课堂上，通过老师的讲解，配合有意识地练习、记忆等，达到对所学语言的理解，并有效地掌握其语言形式和语法概念的目的。克拉申觉得，只有通过“习得”，才可以真正实现第二语言技能提升和发展。而那种学得的成果，即语言结构和内容的掌握，通常旨在语言知识运用过程中发挥作用，不属于语言能力体系的内容。从这里能够看出，在实际的语言理论知识学习中，“习得”方式比“学得”方式更为有效和理想。从这一点可以看出，在英语教学中，教师要充分发挥提问的作用，通过提问、互动和反馈，让学生学会自己思考，培养他们的学习能力，提高学生的思考质量、文化素养和学习能力，满足学生的“习得”条件，从而保证学生能够更好地理解和运用英语。总之，重视并积极探讨以英语核心素质为基础的中学农村英语老师在课堂上的发问行为，是有其科学的理论基础和实践价值的。

2. 建构主义理论

建构主义教育观研究者认为，要创造一个可以使学生自主建构自己知识

的学习环境，使学生自主地学习。建构主义的教育观主张，要鼓励学生主动建构自己的知识结构，因为只有在这种情况下，建构出来的新的知识结构才不会改变，还可以让他们有更多的时间去进行主动学习，从而提高他们的创新思维能力。此外，建构主义教学观提倡学生通过学习新的知识，并与自己以前的经验相结合来深化自己对事物的认识。同时，也强调在“学”中促进新旧知识的有机融合，是教师的责任，也就是说，知识不是由老师进行的机械灌输，而是在老师的帮助下，对学生展开引导和启发，让他们在原来的认识和经历的前提下，对新的知识进行吸收、消化，并构建出新的含义体系的一个过程。

总之，从构建主义可以看出，在英语课堂上，教师的提问是一种有效的教学方法。教师应该对课堂提问进行充分的了解，在提问的过程中，他们要充分起到引导、启发性的作用。

3. 后现代主义教学理论

后现代主义师生观提倡构建合作、对话、民主、平等的新型师生关系，提倡废除“学权”，废除“教权”。在课堂教学中，老师要做“均势中的主导者”，指导和激励学生。在现代的教育背景下，老师们应当改变自己的身份和角色，要从“独演者”的角色向“伴演者”的角色转型。今后，在课堂上，教师要把注意力集中到所有的学生身上，让他们有机会参加到课堂上的学习，使学生在与老师、同龄人的交流中展示自己的才华。也就是说，在课堂上提倡开放、变化；重视对学生的差异性、多元化人格的培育；倡导师生之间的交流，倡导师生之间的思维发展。根据后现代教育理论，农村英语老师们在课堂上应当摒弃应试教育，提高表达能力、思维逻辑能力，提高学习兴趣和动力，提高学习的文化修养和欣赏能力，提高学习效率。

总之，教师应当积极开展对课堂的询问，抛弃权威式、填鸭式的教育理念，遵循师生平等的基本原则，建立起自己良性健康的、互动式的课堂询问行为，从而让自己可以在与教师的互动和交流过程中，培养学生所需要的知识能力、品格素养，促进核心素养的发展。

（二）英语核心素养与高中乡村英语教师课堂提问行为的关系

1. 英语核心素养的培养依靠教师课堂提问

自 2018 教育部正式公布英语核心素质理念以来，每一个年级的英语教学都以提高学生英语核心素质为主要目的。首先，在学校、教师、所有同学的共同努力下，才能使同学们在英语方面取得更好的成绩。因此，作为师生共存、知识衍生与传承的关键所在——课堂，同时，也是提高英语核心素质的关键所在。英语核心素养涉及四大要素，第一是语言能力，第二是思维品质，第三是文化品格，第四是学习能力，它是在英语思维逻辑、英语文化意识、英语语言的综合性与创造性总结、英语自学能力等特定层次上对新式英语人才的特殊需求，而这一需求的实质，则是新式英语教学理论抛弃了“考试英语”这一传统教学观念。也就是说，教师与学生之间的积极互动，才是打破“哑巴英语”的根本，才能使英语的核心素质扎根生长的根本营养。总之，要想提高学生的英语核心素质，要依靠上课时老师的提问。

综上所述，把老师的课堂提问和英语的核心素质有机地结合起来，以英语的核心素质为基础来构建课堂提问的行为，确保课堂提问紧紧围绕着“培养英语的思维逻辑、文化意识、综合运用、自主学习”这一目标，为提高英语核心能力提供有力的保证。

2. 教师课堂提问需要英语核心素养作导航

英语核心能力是衡量英语能力的重要指标，并不只是因为其具有明确的指向性，还有它可以成为英语教学中不可或缺的导航器。

首先，课堂提问是学生和教师之间沟通的根本方式，它对课堂教学的品质起到了至关重要的作用；也就是说，提高教师的提问能力是保证课堂教学品质的重要因素，英语核心素质对提高乡村英语教师的提问能力有一定的指导意义。

其次，英语核心素养不属于一种抽象的定义和理论，其设计“学习能力、语言能力、文化品格、思维品质”相关内容，也针对教师的专业发展指出了多元化的培养要求。这就给教师的课堂问题提出做出了内在指示，即指示教师强调学生素质方面的考评，指示教师及时补充教学理论知识以外的内容，比如文化意识和能力培养方面的内容。

综上所述，英语课堂教学的成功与否，取决于教师在课堂上的提问，英语核心能力的建立为农村英语教师在教学中有效地进行提问提供了依据，并提出了明确的方向。

第二节　基于英语核心素养的乡村英语教师课堂提问行为的基本要求

一、提问类型：逐层递进，技能与思维同等兼顾

要达到英语核心素质教学目的，除了注重英语的听、说、读、写等技巧外，还要求老师在英语的深度理解、逻辑分析、综合运用，对英语表达方式和概念进行评估和评判，所以，在课堂提问过程中，教师不仅要关注学生的技巧运用，更要关注他们的思维发展。

其一，英语能力包含了对英语听力、阅读和写作等方面的一些基本内容的记忆和应用，这不但对英语学习有很大帮助，也是教师在英语教学中不能忽略的一个重要因素。在这种情况下，在课堂提问的时候，老师们应该用几个相关的问题，来对学生的基本知识和技能进行一定的检验和监督，保证了他们能够对所学的东西有一个比较完整的了解，并能灵活运用。

其二，英语思维是指与英语学习密切联系在一起的逻辑分析、批判辨析和创造性运用等方面的技能，它是学生从对知识的理解、吸收到对知识的运用所必需的一种抽象化的学习技能，是必不可少的。在教学中，教师应该设置多个层次的问题，通过引导学生横向辨析和纵向串联概念，对句法逻辑进行深入解析，采用各种形式的发问，如引入与产出，促进学生由死记硬背到加深了解，从而提升英语的思考能力。

二、提问内容：全面覆盖，知识、能力品格同提升

教育部对英语核心素质的定义，主要是为了深化学生对英语的认识和自身能力和性格的全面发展。因此，保证课堂上的问题内容完整性，是使英语核心素质发展达到教学目的的重要环节。深刻分析句法逻辑，运用多种提问方式，比如导入和输出，使学生从死记硬背变成深刻理解，进而提高英语思维的水平，本研究指出的乡村英语教师课堂提问系统涉及的内容很多，不仅包括英语基础知识、英语句法篇章，还包括英语文化意识。其中，英语基础知识涉及词汇词组识记、语法句式辨析等；英语句法篇章内容涉及高级语法分解研究、文章中心思想概括、上下句段衔接和问题提出等。

三、提问过程：追问互动，诱发并引导逻辑思考

由建构主义得知，知识的产生不是靠教师的机械式灌输就能获得的，它是以原来的知识和经验为依据，学生对新知识展开吸收、消化、建构的动态的过程。基于此，本研究将基于英语核心素养的高中乡村英语教师课堂提问过程划分为思路回顾型和思维发散型两种具体追问方向。

其一，思路回顾型追问是一种教师在学生回答完成后，对其思维解答的询问，这是一种由老师积极引导学生对自己的思想进行回顾和推理，并对答案来由进行梳理的一种提问方式。这不但可以让同学们真正地参加到对新的文化学习中去，还可以让教师们降低对“填鸭式”教学的依赖性，从而提高他们的创造能力，而且还可以在这个反省的教学中训练他们的思维能力。

其二，思维发散型追问内容不仅包括答案创新性内容，还包括多样性追问内容，通常在学生回答之后，教师要主动指导他们展开充分的思维思考，进而找到同一个问题的多个解决方案，或是独一无二的解决方案。在这个过程中，老师应横向对比各种问题，并加以剖析，从而培养学生从多个方面看待问题的发散性、创新性思维能力。

四、提问反馈：积极准确，有效激发动机和兴趣

美国心理学家、行为科学家斯金纳研究得出了一种强化理论，表示随后的一次操作，会使该操作重复，增加操作的机会。换言之，在一个操纵的动作出现之后，如果对该动作进行一次强化，那么该动作出现的概率就会增加，其核心就是操纵和强化依随。但是，在英语核心素质和学习能力训练中，需要学生对英语学习有正面的兴趣，并保持良好的学习动力，在学习的过程中制定出一套行之有效的学习策略，对所学到的知识进行监测与评价，并对其进行修正。因此，在英语课堂上，教师应当采取激励、赞扬、指导、纠正错误、加强反馈等措施，培养和保持学生的答疑习惯，增强他们的倾听能力和交流热情，在英语教学中培养他们的学习动机和兴趣。还有，老师可以采用一种开放式反馈方式，鼓励学生积极地进行自主学习，并在此过程中采用合适的方式与策略，并对自己的学习过程进行监控与评价，对其进行测验与修改，以此来提升他们的学习水平。在这个研究基础上，笔者将基于英语核心素养培养的高中乡村英语教师课堂提问反馈分成三种方法：第一是赞扬式提问，第二是开放式提问，第三是纠错式提问。

第三节　基于英语核心素养乡村英语教师课堂提问行为的存在问题和成因

一、问题

（一）忽视思维提升型提问

调查研究得出，高中乡村英语教师课堂提问行为涉及的问题较多，其中却缺少思维提升型问题。在实际的提问当中，思维提升型比技能提升型少，所占比例仅为 38%。即教师针对学生理论知识分析、内容综合研究、逻辑归

纳和评判的强度不够。英语知识的综合性应用，需要学生有组织地运用所学的知识，有创造性地输出所学知识。而从以上的访谈中可以看出，老师对于学生的综合应用问题较少，重视程度也较低。具体表现为：其一，教师们向学生们提出问题，忽略了他们在特定环境下如何运用这一知识；其二，教师们更多地把注意力放在了考试上，他们把问题集中在单一知识考点上，却忽略了把它与其他知识点展开横向的结合而进行提问。

教师会针对英语知识点进行内在逻辑的分析，还会进行横向辨析和区分内容讲解。但从课堂对话中可以看出，这种教学方式主要是以“讲解”为主，而非以“提问”为主。在教学中，“填鸭式”的讲授，使学生在课堂上更被动。教师不能赋予学生思考和作答的主动权，不能利用课堂提问引导学生重新审视自己所学的知识，并对其内在的逻辑展开独立的分析和思考。在教学过程中，教师没有充分地利用提问的引导能力来提高教学质量。

（二）忽视文化意识的提问

通过对农村英语老师的研究，我们可以看出农村学校在进行农村英语教育时，很容易忽视对农村学生的文化观念的教育，从而导致了问题的出现。就问题的内容而言，只有 4% 的教师提出了有关学生文化意识的问题。也就是说，老师们没有利用文化知识进行提问的习惯，也没有将重点放在文化理念上，而是对学生的跨文化交往意识进行培养，构建多元文化价值观。首先，只有课本上有相关内容的时候，中学乡村英语教师才会提出问题，并与之交流。其次，教师通常只问文中出现的、片面性的内容——时间、经过、结果，而诸如“你对奴隶运动怎么看？”“与我们国家发生过类似的起义斗争事件有何不同？”等很少提及，很难能够引起学生横向对比、纵向思考，也很难帮助学生形成一个完善的文化系统，并培养出一种良性的中西文化差别的价值观念。

（三）忽视思维发散型追问

经过研究，我们发现中学英语教师在提出问题时，往往会忽略思考发散式的追问，教师主要是询问学生的回答思路，而发散式提问的比例只有 5%。这就是说，老师忽视了对学生思考能力的训练，当他们提出问题时，会对学生回答的多样性和创新性展开质疑，而没有给予足够的关注，也没有给予学生发散性的训练和培养。老师缺乏对学生思维发散性提问的重视，主要体现在两个方面：第一，老师们是根据自己的情况来教学的，他们只会对自己觉得有问题的地方进行解答，而很少会对思维类型的开放性问题进行设计；第二，对同一位同学答题中的多样化和创新缺乏探究。

（四）忽视开放式反馈

通过研究发现，乡村中学乡村英语教师在课堂提问过程中，忽略了对学生提供开放性的反馈。在教师的提问反馈中，开放式反馈仅占 3%，教师没有关注学生方法和技巧的运用，没有强化对学生学习情况的监管，也没有及时调整学生的学习计划，没有激励学生针对个人回答做出真实性求证，更没有做出开放式反馈。可以从两个方面做出分析：第一是针对学生给出的答案做出主导式纠错；第二，教师对有价值的思考性问题的设定太少，无法激发学生之间的互动讨论，也无法进行自我验证。

二、基于英语核心素养的乡村英语教师课堂提问行为存在问题的原因分析

（一）思维提升的重要性认识不足

乡村中学乡村英语教师在教学过程中很难注意到“促进思考”类问题。通过研究发现，人们对提高思想意识的重要性的缺乏是由于以下两个因素造成的：一是“以分为王”的教育理念没有转变；第二，在教育第一线，思想素质培养的普遍化程度不够。

1. 分数至上的教育观念尚未改变

在高中，如今依然是以成绩为尊的教育理念，学校、教师，甚至是学生

自己，都把更多的精力放在了成绩和名次上。教师课堂提问行为以“提高分数”为目的，学生与老师的合作程度亦由“能否提升成绩”来决定。而思维性的问题是抽象的。比起机械地死记硬背就能在试卷上拿到高分的陈述性和记忆性知识，虽然从长期来看，它对英语思维的培养有着重要的作用，但是它的见效时间要长得多，而且它的效果并不能直接反映在试卷上。所以，受“唯高分”的教育观影响，目前中学农村英语老师在课堂提问时，忽略了对“思考性”和“引导性”问题的发问。

2. 思维品质及其提升在教学一线的普及不足

在教育第一线，思维品质在普及力度、深度和广度上还存在着欠缺。其一，学校和有关部门也仅仅在教师会议等场合提到过它，却没有用其他的方式来推广，也就是说，它的普及力度不够；其二，关于“思维品质具体指什么、思维品质提升的重要性、如何提升”等问题也并未展开深入探讨和研究，即普及深度不足；其三，思维提升的主体虽然是学生，但是学校、相关部门和教师都没有把它放在心上，因此，他们对它的认识非常有限，也就是说，它的传播程度不够。

（二）思维型问题的设置和提问经验不够

高中乡村英语教师在课堂提问中对思维发散型追问关注较少是有原因的，主要是因为他们自身在这方面的经验不充足。调查分析可知，这一原因主要体现在两大方面：其一，课堂预习不够，提问形式不完整；其二，对学生进行思考式问题的训练，缺乏有效的学习方法。

1. 教师课前备课不全面，问题设置类型不全

教师课前备课不全面，问题设置类型不全，对能引发思维发散型追问的思维型问题设置少。因为在教师的主观意识上，他们并没有充分关注到思考性问题，再加上他们对这一类问题的设置缺乏经验和能力。所以在课前准备工作中，他们对这一类问题的预设很少，这就造成了课堂提问忽略了一种思维发散性的追问。

2. **教师思维型问题培训少，学习途径不足**

农村中学英语老师缺少对学生进行思考式问题的训练，也缺少对学生进行思考式问题提出的指导方式。通过提问来促进学生的思考品质，是一项漫长而复杂的工作，老师们必须熟悉和掌握一套关于思考促进型问题的设计、引导、互动和反馈的操作流程，在此过程中，还需各高校的共同努力、广泛沟通、持续研究。要想取得进展，更需要科学训练、反复参考、充分反思。由此可以看出，对教师进行思维型问题的训练很少，缺少一条行之有效的学习途径，这也是造成教师们在思维型问题缺少的一个重要因素。

（三）相关英语文化知识的学习和掌握不足

乡村中学乡村英语教师在教学中很少提出涉及文化意识的问题，这与他们对英语文化的理解程度不够有关。通过研究，我们发现，在英语文化方面，学生缺乏足够的知识，主要有以下两个方面的原因：其一，学生英语文化知识面狭窄；其二，学生学习英语文化知识的机会不多。

1. **学生英语文化知识面狭窄**

因为学习任务繁重、时间紧迫，所以他们对于英语中涉及的文化方面的东西并不十分清楚。课堂提问指的就是师生之间的互动，而互动指的就是有问有答，也就是说，在教师提出问题的时候，学生们必须掌握最基本的有关知识，这样才能让教师在这个基础上对他们进行更深层次的指导，从而让他们之间产生互动。而且，因为学生英语的相关知识和常识掌握较少，在教师提出问题的时候，往往会没有人回答，而沉默的次数太多，会进一步造成老师在文化上的问题变得更少，从而形成恶性循环。

2. **学生学习英语文化知识的机会不多**

在英语教学中，学生没有太多的机会和时间去学习。这既是因为学生的文化知识水平较低，也是因为教师很少提出有关文化知识的问题。他们自己的时间和精力都是有限的，所以很少主动地去学习英语文化，再加上高中的学习压力很大，他们很难找到一个容易、有效的方法去学习英语文化，像手机、多媒体等电子产品在校园内是被老师和家长禁止接触的。受各种因素的综合作用，学生对英语文化的掌握程度大大降低，造成了学生很难掌握英语文化，教师就英语文化问题也不会提问的现象。

（四）自主学习的意识和能力不强

农村中学英语老师在教学中忽略了对学生的反馈，造成这种情况的最大因素就是学生拥有的自我学习意识和能力不高，而导致学生自主学习能力不足的原因有：教师协助学生自学的经历较少，缺乏改善方法。

1. 学生自主学习意识不足，课堂配合度较低

调查可知，学生存在参与课堂自主学习活动积极性不强，开放式反馈活动参与度不高的情况。因为已经有了根深蒂固的应考思想，所以他们不愿意把自己的时间用于像学生的交互求证及自己的独立求证这样的开放性反馈中，对于他们来说，“由教师亲自讲解，然后给出答案”更节省时间和精力的反馈，课堂上的互动，或者是课后的自我验证，都只是一种形式，没有效率，也没有时间。因为学生的配合程度不高，老师对开放反馈也不够关注，教学就被困在了“老师为主、学生为辅”的怪圈中。

2. 教师辅助学生自主学习经验少，弥补途径不足

由于缺少帮助学生进行自我调节的经历及相应的学习进修途径，导致在教学过程中忽视了对学生进行开放性信息的反馈。教师要培养好自己的学生，就必须有自己的发展，也就是说，要在课堂上抓住机会，培养学生的自主学习能力，不仅要让学生改变思想和态度，还要让老师拥有协助学生自主学习的能力和经历，懂得如何教会学生，使其养成一种科学的自主学习方式和策略，引导学生对自主学习的监控和评估，纠正不适当的学习进度等。但是，中小学及教育机构并未对其进行相关的专业训练，也没有给教师提供充分的学习渠道，帮助教师提高自己的自主学习能力。

第四节　解决基于英语核心素养的乡村英语教师课堂提问行为存在问题的建议

一、改变应试教育观念，注重教学中学生思维品质的提升

（一）注重改变分数至上的应试教育观念

通过研究，我们可以看出，学生在学习过程中存在着以成绩为中心的“考试”思想，且普遍存在。为了转变教师和学生对以考试和成绩为中心的应试教育的看法，在中学英语教学中，提出了一种能够促进学生思考能力的问题，并将其与课堂上的提问有机地融合在一起。因此，我们首先要重视对应试教育固有的、必然的消极影响；其次，正确认识到提高英语思维能力在英语学习中的重要作用；最后，要杜绝“哑巴英语”和其他一些不正规的教育方法，努力从根本上解决目前中学英语课堂提问中出现的问题。

（二）注重思维品质及其提升思想在教学一线的普及

通过调查，我们发现在中学英语第一线，很少有人去宣扬他们的思想品质和进步。推动农村中学英语老师在一线课堂提问活动中充分关注提高思考能力的问题，我们既要从根源上消除应试教育的不良观念，又要重视对思维品质和提升思想在教学一线的推广。首先，在提高教师、学生对应试英语教学方法的危机意识的同时，也要从心底认识到培养学生思维品质的重要性。只有在意识层面上对理论有了充分的认识，并认同它的价值，教师和学生才能在教学和学习中克服困难，并积极配合。而且，校方及有关单位要尽量协助老师掌握有关思维品质的具体要义，以及在实践中如何运用等。

总结来说，学校以及相关的教育机构应该时刻关注教育的动向，并对教师们的学习做出明确的规定，用讨论、教研等特定的方式，让教师们和同

学们一起探讨当前教学中出现的问题，让他们充分认识到提高思维品质的重要性。

二、全面预设提问问题，充分设置抽象思维型问题

（一）注意提问问题类型的均衡兼顾，提高思维型问题比重

在备课过程中，注重对不同问题类型的平衡考虑，不失为一种行之有效的方法。教师必须意识到英语思维能力的重要性，并在课前主动开展一系列先决条件，即根据教学内容设定思维型问题，研究这类问题的诱导互动过程，思考其反馈与追问的方法。基于此，我们在审阅老师的备课教案时，应更多地注意预先设置促进思维的问题；教师自身也应该重视诸如“你觉得文中作者的观点怎么样？你认同吗？你自己的看法是什么？”“同学们，请你们用将来时态语法表述一下你将来的梦想”等思维型问题的设置，同时，还要主动地展开发散式的提问，在更深层次的交流中指导学生开发并培养他们的思维能力。

（二）注意多渠道提升教师思维型问题提问水平

通过研究发现，在一流的教育中，教师对思维型问题重视不够，老师自身的思考式问题的提问水平不高。在教学中，教师是提出问题的主体，让思维型问题走进课堂，其中一个必不可少的条件就是教师自身对思维型问题的设置和追问方式等有足够的认识、实践经验和水平。学校及相关部门应尽早严格规范教师的理论与实践的结合，并定期进行考核，以促使教师进行全方位的学习与反思。其次，要给学生提供科学性的学习方式，并且要安排好与之有关的培训环节，比如在小组内部，新老教师之间的交流与沟通，在鼓励年轻教师们多向有资历的教师们请教、学习的时候，还要求他们要照顾、引导新教师；组织名校优秀公开课观摩活动，同时也要在教师们之间形成相互学习的气氛，在英语小组与有关主管部门之间开展校本教学研讨活动。

三、营造英语文化氛围，提供英语文化知识学习机会

（一）引导学生重视英语文化知识的积累

通过调查发现，在教师课堂提问行为中，学生对文化问题的关注不够，无法就不同的文化主题展开互动。因此，在英语教学中，要重视对文化知识的学习，并逐渐增强文化认知，这样才能让教师们在课堂上提出与文化有关的问题，从而更好地理解文化。比如，教师要在课堂上给同学们讲一些英语国家的故事，让同学们对这个世界充满了好奇。又比如，将电影、情景剧等作为背景材料，让同学们体验到英语是如何在真实的语言情境下使用的，让同学们意识到语言与文化是密不可分的，从而在同学们的心里产生一种对自己所学到的文化的认同。

（二）多途径扩大学生英语文化知识接触面

扩大英语文化知识的接触范围，给学生足够的机会接触异域文化，创造一个有异域文化的学习环境，是目前一线教师提高文化兴趣、文化素养，从而在教学中使他们在课堂上能更好地提出自己的文化问题。学校及教师应增加各种渠道，让学生有机会接触到文化知识。其一，充分运用各种媒体及电子器件，带领学生通过看国外影片、听英文歌、了解新闻、生活资讯、感受外国的语言和情感，了解英语民族的风俗习惯，使同学们在英语方面有一个比较真实的背景；其二，让学生在课余时间阅读有关的外文书报，这样可以让他们对国外的文化有更深的了解；其三，增设文化知识资料收集和课堂分享任务，在学习过程中，要鼓励同学们相互分享他们所学到的与文化有关的知识，同时也要就自己对中国文化理念的看法进行交流，把这种共享活动作为一个机会，使学生对各种文化有更深的认识，从而建立起一种正确的文化观。

四、鼓励师生充分合作，注重师生自主学习能力提升

（一）帮助学生树立自主学习的意识

通过研究发现，中学乡村英语教师忽略了课堂提问中的开放反馈，其主要原因是学生的自我学习意识不够。所以我们要培养学生的自主学习意识，使其抛开偏见，积极配合教师进行指导和协助。首先，老师应该在课后，根据开放性题目，为培养学生的自主性安排一些作业，例如收集英语教材、整合相关资源，并给予适当的协助。也就是说，要培养学生的独立学习意识，积极地配合教师进行引导和帮助。其次，老师要根据学生收集到的与这门课有关的资料，在课上设置问题，然后根据资料和内容，指导学生进行互动验证。最后，尽量使用自己搜集的材料，能够让学生切实地感受到自主学习的有效性和重要意义，循序渐进地提高自学能力和学习效率。

（二）为教师积累自主学习经验，提供学习途径

通过研究发现，在课堂上，教师们对开放反馈的重视程度很低，造成这种情况的原因就在于，老师在指导学生、开展自我教育的过程中缺乏经验，同时也缺乏改进的办法。“以人为本”的教育观认为学生是学习的主体，鼓励教师把他们的教学权力分散开来。但是这并不表示教师们会被过分地边缘化或者从教学中抽离出来，而是以“伴奏者”的身份，为学生提供指导与帮助。在课堂提问中增加开放性反馈的比例，并培养学生的自主能力，这是关键。

综上，要为中学英语教学中的自主学习经验的累积和辅助能力提高奠定基础，为中学英语教学中的自主学习创造条件。内容包括：收集并采纳了对学生自主学习的意见和建议、新老教师互助与学习、名校名师自主学习的辅助经验的调研与访谈、利用网络自媒体培训等开放式途径、对实践经验的总结与交流座谈会等，增强了教师与学生对自主学习的重视，为教师充实相关的知识与经验，开辟了一条切实可行的道路。

第五节　乡村英语教师提问技能的培养

一、课堂提问的策略——运用技能培养

老师可以高效地与学生进行知识、技能和情感等信息的交流，从而破解在教学过程中遇到的困难，使他们得到一个好的体验，这个过程与教师在课堂上的语言有着非常紧密的联系。教师话语使用是否得当既影响语言的输出，又关系到英语课堂教学能否顺利进行。所以，必须关注乡村英语教师的话语，并探讨改善乡村英语教师的话语质量的对策。

（一）课堂提问策略的内容

1. 计划策略

要想提出好的问题，就要事先做好准备。尽管有些老师能熟练地提出问题，但是由于发问的顺序不够合理，或是发问时的语言结构不够合理，使得学生难以回答。因此，在提出问题之前，老师们应当对将要提出的问题做好充分的准备，在准备过程中，教师应该至少要做好如下几个方面的工作。

（1）确定提问的目的

不同的教学内容、教学目标，都要有与之相适应的提问目标。教师在备课时要明确提出问题的目的。提问的类型、层次和方式因目标的不同而不同。明确问题的目的是进行问题解决的先决条件。

（2）选择提问的内容

在初中生的学习中，教师的问题侧重点会影响到学生。所以，教师应该挑选一些比较关键的问题进行回答，如果对一些不重要的细节进行研究的话，就会对学生产生错误的引导作用。

（3）问题组织

在组织问题时，要允许不同的回答，要尽可能地避免回答“是”和“不”

两个字。要结合本课的实际，对问题的难度及问题的顺序进行科学的安排。问题应该是非常明确的，并且能够使他们更好地思考、探讨。

（4）设定时间

老师应该按照问题的难度，给学生留出预设的时间，而不仅仅是给他们讨论和表达的时间，还要给他们留出适当的思考时间。师生在问答、对答时，才能达到师生间的真实沟通，才能创新地运用语言，但是，如果把太多的时间花在一些非常简单的题目上，就会让学生觉得学习速度过慢，从而丧失了学习的兴趣，如果没有足够的时间去考虑问题，就会产生让学生无法理解的后果。

2. 问题设计策略

应该按照下列原则来设计有效的问题。

（1）明确的问题必须能让学生马上明白他们的答案是什么。

（2）有学习意义的问题可以引发思考。这些问题一定要与教材相关，对学生的学习有所帮助，而不是仅仅用来填满课时。

（3）能激起学生的兴趣的问题一定是有意思的、富有挑战的、能让学生感到激动的。

（4）能够激发参与兴趣的问题，一定要让大多数学生都能够参与到活动中来，获取一定的成就和知识。

（5）具有扩展作用的问题，一定要能够激发学生进行深度思考的拓展性回答，让他们能够充分发挥想象力。老师提问的方式、问题的类别也会对问题的效果产生影响，所以在设计问题的时候，还应该对问题的类别和提问方式进行适当的选择。

3. 调控策略

调控策略就是教师在提出问题时，对提问的方法进行自觉地调整。这里有一些特定的方法。

（1）排序提出问题，是严格按照由易到难，由封闭性到开放性的原则，并体现出从聚合性到发散性，从浅层到深层的规律，具备较强的层次感。

（2）问后提名。提问的方法应该是：首先要有一个问题，让他们有足够的时间去考虑，最后才能提名。

（3）提问不积极的同学。有些同学很害羞，有些同学很容易心不在焉，有些同学还会玩一些小把戏。向不积极的同学发问，是提高同学们参与学习的方法之一。

（4）转移。在被询问的一位同学无法解答问题时，老师可以把问题转给另外一位同学。

（5）诱导。老师应该以学生的实际状况为依据，对自己提出的问题进行适当的调节，并向学生提出适当的建议，让被提问的同学能够解答。

（6）适当增加教师的问题等待时间。Holley 和 King 指出，教师可以给出学生 5 秒钟以上的思考时间，而外国学者 White 和 Light bown 则认为必须给出 15 秒。一般来说，等待的时间不能超过二十秒，因为太长的话，学生们会变得懒散。当然，在具体的时间上，老师要根据自己的实际情况来灵活地把握。

（7）给所有学生答题机会。成功的班级沟通要尽量到位，让每位同学都有机会参加班级活动。在教学过程中，教师应根据教学方法、教学水平的不同，运用特定类型的问题，激发那些不喜欢参与其中的“旁观者”们的热情，为所有的学生提供解答问题的机会。

4. 评估策略

（1）赞扬

赞扬是对一个学生的肯定，特别是差生，更应该得到赞扬。与此同时，因为在学习的过程中，学生对称赞有着不同的需求，因此，要有针对性地赞美。

（2）鼓励

对于不恰当的答案，或者不正确的答案，教师要适时地给予鼓励，给出提示，并帮其分析原因。

（3）引用

引用是一种不着痕迹的夸奖。在给出一个答案或做一个总结的时候，如果老师可以用学生的语言来表达自己的观点，那么就比口头上的赞美更有用，这样可以让学生体会到被认可的感觉，激发他们的信心，让他们能够为更高的目标而努力。

（4）使用身势语

除了言语上的称赞和引证，老师也可以通过手势、表情等方式表达对学生的评估。

（二）课堂提问的策略

1. 把握教师话语的度与量，营造以学生为中心的课堂模式

结合 Krashen 提出的第二语言习得理论，我们能够得出，可理解性语言输入（comprehensive input）在语言习得过程中的重要性很明显。所以，要想学习一门语言，就必须从输入中获取能听懂的信息。在英语教学过程中，因为学生缺少充足的语料，所以教师的言语可以说是最大的、最可靠的“输入”。这在很多老、少、边、穷地区表现得尤为突出。为了取得高效的教学效果，乡村英语教师除了要关注语言的准确性、规范性和示范性外，也要关注课堂上教师的语言表达的程度和数量。根据 Krashen 的“i+1”可理解性语言输入理论，在第二语言或外语学习的过程中，学生现有的语言水平为“i”，而“1”则是指学生即将学习的新知识，即新的语言输入。通过理解包含“i+1”的语言输入，才能过渡到“i+1”的水平。因此，在英语教学中能不能做到有效地向学生提供大量的能够理解的语言输入，往往决定着英语教育的成功与否。但问题是，“1”究竟为多少才合适？能否进行量化？这一点连 Krashen 本人都不能确定。但是，有一点是可以确定的，那就是在课堂上，教师对学生进行了一些语言的输入，这一点是毫无疑问的。在我国，英语教学主要是在教室里进行的，因此教室就成了给学生进行有声的、有意义的语言输入的主要途径。乡村英语教师在课堂上提问题，应注意以下问题。

（1）外语教师要把握好教师话语的度

教师话语不能过于简单，停留在“i+0”上，语言输入太多，对学生的英语水平影响很大。但是，教师的语言也不能太复杂，超过“i+1”或达到“i+2”，因为太多繁杂的信息会阻碍他们对英语的理解，从而影响他们对英语的学习。因此，老师们应当按照他们的学习背景、学习阶段，以及他们的

学习需求来进行教学，尽量将教师的语言适应到他们目前或稍高的程度，并让其具有多样性，规范、生动、流畅、多样化的教师语言对于吸引学生来说是有益的，可以让他们对自己的语言产生浓厚的兴趣。

（2）外语教师要把握话语的量

在我们的传统教育体系中，教师是教育的主体，即所谓的“教师主导、教师主体”。最近几年，全国教育大纲呼吁要扭转这个状况，提倡“教师主导、学生主体”，甚至“学生主导与主体”的课堂教学模式。但是，因为各种因素，我们现在有很大一部分的英语课堂仍然是以教师为主，老师的演讲多于同学，占据全班65%到90%的时间。同学们更倾向于全神贯注地聆听，更多的是通过点头、眼神的凝望等方式来表达自己的观点，很难用言语表达自己的观点。因此，在教学过程中，教师和同学之间的交流也比较缺乏。尤其是，当教师发觉学生在一个问题不太理解，他就会一直对他们进行说明，并且迫不及待地说出自己的看法，这无形中减少了学生的参与。因此，在英语教学中，教师应合理安排，精炼语言，并积极开展各种教学活动，使学生能够充分利用课堂上的互动，提高自己的语言交际能力，同时也要减少教师单方面的反复讲解，改变教师讲授的单一的交际方式，使师生之间、同学之间都能够进行双向的沟通，形成一个以学生为主体的课堂，提高他们的语言交际能力。

2. 把握教师提问策略，促进师生交流，实现教学互动

在教师的教学语言研究中，提问占很大比重。在课堂上，提问的作用至少有两个方面：一是组织作用，二是探究作用。问题的组织作用主要体现在：吸引学生的注意，调动他们参与活动的热情，给他们提供他们所需的知识、活动线索和练习的机会等，从而提升他们的语言学习水平。探究作用在于：教师可以根据学生的实际情况，适时地提出问题，并对其进行调整。在英语教学中，提问的重要性也日益突出。提问不仅能让教师与学生更好地沟通，也能让学生学会组织自己的语言，提高表达能力。Bown认为，在英语课堂上，因为学生还没有获得足够的语言知识来进行交流，此时教师适时恰当的提问可以激发并提高他们的交流能力，这对于开启和保持课堂交流起着至关重要的作用。所以，乡村英语教师要掌握好提问的方法，加强学生与学生之间的沟通，达到“课堂互动”的目的。

（1）课堂提问以参考性问题为主

教师课堂提问所涉及的问题主要有两种，第一是展示性问题，第二是参考性问题。展示性问题是指提问者得知答案、限定答案，根本目标是了解和评估学生的实际学习情况，如“What’s the synonym of ‘couch’ in English？”教师提展示性问题的目标并不在于寻找自己不知道的资讯，而在于练习口语。而参考性问题是一种提问人不会回答的问题，是用来获得情报的，可以有不同的回答。如“What would you do if you got a large sum of money？”“What do you think of birth and death？”由此可见，展示性问题重视事情而忽视思维，重视知识而忽视创新，这对激发学习中的创新能力不利。参考性问题能够提高学生在教室中的语言输出水平，进而提高学习语言的效率。著名的二语习得研究者 Nunan 的研究结果表明，在教学中，以参考提问的方式进行教学，能让学生以较高的难度来表达自己的真实感受。因此，如果要在教室里加强交流，为同学们提供一个运用目标语言的好时机，那么老师就应当降低提问中展示性问题所占据的比例，对参考性问题的设计和运用进行优化，让同学们可以积极地进行思维活动，并与他人进行合作交流。

（2）课堂提问设计问题要具有挑战性和鼓励性

老师提问的问题应当起到激励学生的作用，可以反映出他们的知识、态度、观点、想法，教师可以在得到答案之后，给学生留下一些思考的空间，并对他们的推理进行论证。

（3）教师所提问题要有针对性

教师要以教学的真实需求为基础，在面对不同的问题时，要运用相应的问法，掌握好问题的难度，让问题变得更有针对性，让各个级别的同学都能有机会参与到学习中来，这样才能最大限度地帮助他们提高英语的输入量和输出量，推动教师和同学之间的沟通，实现教学互动。

（4）抓住课堂提问的内容，将课堂教学内容与日常生活有机结合

在课堂上，老师要以教学目标为中心，对问题进行精选、严选、细心设

计，使学生们可以问出准确又富有创造性的问题，使学生们的积极性、主动性和创造性得到最大程度的发挥，最终达到预期的教学目的。与此同时，在课堂上，教师要将课程的内容与他们的实际生活联系在一起，让他们能够更深入地了解自己所学习的东西，这将有助于学生利用所学到的语言创造性地表达自己，从而提高他们用目标语（英语）进行交流的能力。

（5）把握课堂提问的时机

老师要把握好提问的时机，在学生“心求通而未达，口欲言而不得”的时候提出来，肯定会吸引到他们的注意力，从而引起他们的学习兴趣。

3. **采用礼貌策略，进行积极反馈，激发学习热情**

在英语教学中，教师的言语是一种文化语言，它反映了教师对学生课堂表现的期望与态度，也决定了学生在课堂上的行为。在教师的语言中加入正面的礼貌元素，有助于学生与教师顺利沟通。所以，教师应该采取积极的礼貌策略，避免消极的行为，并给予积极的信息回馈。

（1）教师应遵循积极礼貌原则

在每一节课开始时，老师和学生会就环境、天气、节日、重大新闻、学生活动等话题用英语交流。教师通过问好、寒暄等方式，拉近与学生的距离，增进师生感情，为进行班级交流奠定了坚实的基础。上课时，在课堂提问、开展活动和布置课后作业等方面，教师要用客气的语气，不要以命令的口吻对学生讲话，从而让他们能够主动地去接纳、参加。

（2）教师要进行积极反馈

在教学中，教师应该给予学生正面的回馈，以营造一个更好的教学氛围。许多调查显示，教师对学生的正面评价和反馈，如“Good！”“Very good！”“Excellent！”“You got it！”等时，这样既可以让学生了解到他们已经把事情做对了，又可以提高他们的学习动力，进而创造出一个充满活力和良好氛围的教室。而给予消极的反馈，如“You’re wrong！”“No”“Non-sense！”“Can’t you understand？”等，或者无视学生的答案，急于纠正错误，插话干扰他们的答案等，这些做法会让学生感到很难堪，进而增加他们的紧张情绪，还会使他们在上课时表现得非常被动，不敢积极地去回答问题，降低他们的学习兴趣，从而丧失学习的自信和勇气。所以，在学生回答了一个问题之后，教师应该给出正面的反馈。

（3）教师应采用引导策略

如果在交流中，由于无法找到恰当的词语或短语，导致了交流上的困难，老师要及时地对其进行指导，使其克服障碍，并维护他们的自尊心，从而让他们树立起使用目的语进行交流的自信心。在学生回答错误或不能让人满意时，可变换语言结构和表达形式，婉转批评加鼓励，如“I’m afraid you’re not quite right.”“You almost got it..”“If I were you，I would say it this way.”“That’s not quite right，but you are on the right track.”等。在适当时候，教师对学生进行称赞和激励，可以让他们体会到成功感、认同感，唤醒他们的信心，让他们更多地参与到语言练习中，提高学习积极性。

二、英语课堂提问存在的问题及建议

（一）英语课堂提问中存在的主要问题

首先，过分依靠学生自发提出的问题。在一些较好的教学实践中，由学生意见形成的问题，对于提升学生的认识、培养他们的思考能力具有积极的意义。但有的中学教师觉得，在课堂上提问是很容易的，而且可以随心所欲地改变问题，没有必要写进教案里。事实上，在课堂上，教师们不可能对自发的问题做出精确的预测，因此，要确保问题能够正确、合理地提出，就必须在备课的时候，提前准备。但是，许多教师都没有这样的觉悟，他们在备课的时候，只准备了教学的流程，而没有准备问题。以至于在上课的时候，只能临时想到一些问题。教师过于依靠学生自发提出的问题，这样就很可能会达不到教育目的。

其次，没有充分预见可能发生的问题。虽然部分乡村中学英语教师能够运用较好的“即兴发问”技巧，但是他们的发问顺序往往是不合理的，而且有的发问方式还不够规范。所以，在上课前，教师要做好提问前的充分准备。

在设计问题的时候，应该尽量根据学生的答案做出推测。在进行预测的时候，应该要考虑到，哪些知识点会成为学生的难点、问题是封闭性的还是开放性的、学生应该给出怎样的答案、不合适的答案应该怎样处理、如果学生不愿意回答怎么做……但是在实践中，一些教师没有做到这一点。

最后，没有对学生的答案进行正面指导，对学生的答案要有正面的评价，否则会打击他们的学习热情。对一些极其简单的问题进行表扬，会使学生产生一种错觉，觉得教师对自己的评价不够，不相信自己；过分地指责别人犯了错，会打击别人的热情，让人自卑。根据课堂观察，有的教师常用“Very Good/Good/OK/Yes/No”等几个评价用语，这种考核过于主观，缺少互动性的指导。

其他常见问题如下：

（1）问题关联不够。这些问题相互间没有足够的逻辑关联。教师自己觉得问题和教学内容与教学目的有关，学生却抱有不同的看法。有的时候，教师在备课的时候，只是对问题的内容有一个大概的了解，但具体如何表达、推进或反问，没有什么特别的想法，往往只是在课上临场发挥。

（2）问题只有一种。在课堂上，老师通常会采用设问的方式，让学生对所提出的问题做出回应，可以把课本某部分内容照读出来，但并未就其内容的意义、启示等进行深入讨论。这种问题与新课程理念相违背，对培养学生探究知识、获取信息和独立学习的能力没有任何好处。

（3）不给学生思考的时间。老师提出问题后，学生正在思考问题，或是正在组织语言，教师就会换下一位同学来回答，有时会直接自问自答，不给学生思考的时间。对于学生思考问题的时间长的问题，教师可以合理使用“Come on”等语言，催促学生，创建良好的课堂提问环境。

（4）评价方式简单。对于学生回答的评估是一个很关键的环节，而一个好的评估既可以反映出教师的教育水平，又可以传授学生知识，开拓学生思维。但是，老师的评估技巧太过简单，常常仅仅是认可了一个答案，并没有形成一个融洽的师生交流氛围。有些教师甚至会采取暴力手段来更正错误回答，这对提升英语文化水平没有帮助。

上述是提问策略中的计划、设计、控制和评估等问题。如果一名教师能够自觉学习一些关于提问的技巧，那么他就能够很好地防止相似的问题，并且能够在这个过程中持续改进，从而实现与“新课程的发展相一致，持续提升教师的专业水准”这一目标。

（二）提问策略建议

1. 计划策略建议

在教学过程中，“计划”的运用很关键，如果运用不当，往往会导致教学目标模糊、重难点模糊、进度难以控制等一系列问题。如果忽略了计划策略，而直接进行教学设计，将会造成“见树不见林”的局面，从而影响到整体教学效果。教师对教材和章节的总体选择对教学的安排有极大的影响，教师应该对每一个阶段所需要的时间有一个清晰的概念，并相应地调节教学过程及步骤，避免影响教学效果。

2. 问题设计策略建议

（1）利用教辅材料进行设计

老师的教辅资料，如老师的教材将单元的重点、难点都列了出来，并给老师们提供了一些问题，通过阅读课件，能使教师对课件有一个整体的了解，并能对课件进行合理的设计。除此之外，教师们还需要学习新课程标准，接受和践行新的教育观念，使自己与现代教育相匹配。

（2）采用 Bloom 的认知分类法进行问题设计

Bloom 依据思维活动由低到高的顺序把问题分为六个层次：1）认知（recall）：要求学生说出记忆型的知识概念、原理；2）理解（comprehension）：要求学生对知识进行理解、对比；3）应用（application）：要求学生运用掌握的知识进行判断或交际；4）分析（analysis）：要求同学们经过对事情的剖析，找出事情的因果，最终得到自己想要的结果；5）综合（synthesis）：要求学生把他们所学习到的东西以一种新颖的或者有创意的方法结合在一起，构成一个新的知识系统；6）评价（evaluation）：这种类型的问题有助于同学们在某种程度上做出自己的评判。在进行问题的设计时，教师可以将教学目的和学生的需求作为依据，采取某种层级的方式进行分层设计，适当地提出问题，从容易到困难、从浅到深，从而让学生能够对问题进行深度的理解。各个级别的题目也能满足各个级别学生的需求，让更多的学生主动参与进来。Boom 认为，问题层次分类也在一定程度上提示教师，认知其实单纯属于学习的基础理论层次，在知识理解、运用、研究上发挥的作用比较大，而且有关的问题应该在课程中占据相当的比重。

（3）不同类型问题交叉使用

过多的事实性问题易造成问题罗列，这样会让学生失去学习的热情。但是，将开放性问题与现实性问题分开，却容易导致他们在学习过程中出现错误。因此，老师在向学生提出了一定数量的实际问题后，应当使用推理性或开放性问题来对这些问题进行精炼，之后，教师再过渡到下一环节。所要提炼的东西，最好是刚学习或学习过的东西，这样可以方便地让同学们对所学的东西加以梳理或运用。

（4）以多种方式替代事实性问题

在教学过程中，事实问题具有无可取代的作用，但是，大部分的事实问题局限于一种提问方式，这类问题不论是在困难程度上，还是在表现方式上，都难以吸引到学生。在教学过程中，教师要具有创新精神，对于展示问题要讲究发问的方法。某些教师采用 PPT 进行问答，鼠标一点就能看到答案，清楚明了，并且还能避免教师的反复操作。如果教师在同一时间问了几个事实性问题，或是回答了一个很长的问题，那么这个方法就很好用了。还有很多老师使用幻灯片讲课，把很多问题放在上面，以便能为老师提供线索，同时也能使同学们对所要讨论的话题有一个比较清晰的认识。通过幻灯片，可以让教师提前考虑问题的难度、表达方式及其隐含策略，避免了因为临时组织语言而造成表达不清楚、不明确等负面效果。事先将问题列举出来，可以让老师更容易地对问题进行检验。但是，幻灯片使得讲课步骤一成不变，降低了授课的灵活性，这就需要我们辩证地看待问题。

3. 控制策略建议

当老师运用各种教学方法时，对某一问题，要花多长的时间是很难掌握的。比如，在提出一个事实问题的时候，常常没有足够的时间来等学生回答。在这种情形下，我们可以将等待与问后提名、转移和诱导等策略相结合，也就是以提问学生、转移提问对象和添加更多素材等方式来延迟给出答案，让学生进行综合的思维。在对推理性、开放性或社交问题进行设问后，应该对其等待时间进行灵活处理，在回答这些问题之前，教师应先对其进行深入的探讨。在学生的答案错误或者无法作答的时候，教师可以转问别人，如果操作得当，老师就能有效地解决问题，让更多的学生得到回答机会。

4. 评估策略建议

在英语教学中，评估策略单一化是较为普遍的问题，在教学过程中，教师在对学生的答案提出批评和纠正时，不应该盲目地采用“激励”的方法，而是应该适时地加以纠正。在纠正错误的时候，应该采用一些间接的方式，比如询问、以正确的方式重复、提示等，用这样的方式来纠正错误，可以使学生在答题过程中得到心理上的满足，从而获得正确的答案。教师还可以使用恰当的体态语言，有些时候，一个表情、一个姿势等所传达出的评价，可以取代一般的称赞、否定或暗示。

总之在教学实践中，提出问题是一项重要的教学技巧。这不但可以保证课堂上的提问效果，还可以促进学生思考，提升其学习能力，更可以提升教师的教育水平，使课堂、学生和教师三方相互促进。

三、提问策略启示和技能培养方法

（一）改变教师在英语课堂中的角色

在英语教学中，教师应具有现代化的教育观念，了解语言学习的特征，掌握其教学方法，并在教学中进行积极的尝试。最关键的是，教师们要改变自己的角色，把“以教师为核心”的课堂教学方式改为“以学生为核心”，这样才能使学生在学习过程中更好地掌握和运用语言。把学习者放在核心位置，指的是教师和学生一起参加的教育活动中，以学生为本，使他们成为积极主动的学习者，而非被动的学习者。老师应该将教室视为一个语言群体，而不是一个唱“独角戏的阵地”，在此过程中，老师既要充当一个控制者，又要充当一个组织者、指导者、解惑者，还要充当合作者。在教师的指导和组织下，充分地调动了同学们的积极性，让同学们能够在不同的教学过程、教学环节中获取更多的信息，提高他们的交际水平。而对于学生而言，他们也应该化消极为积极，积极地参与各种教学，只有如此，学生们才可以顺利地学会一门外语。

（二）提高教师的英语语言能力和综合素质

随着英语教育改革的深入，乡村英语教师的素质也在不断提高。教师们要有跟上时代潮流的发展意识，要学会采取各种方式，如职业训练、自我教育，加强自身的理论知识、英语口语能力，提升自身的整体素质，尽可能地为学生提供更多准确、流畅的语言信息，从而提高学生的语言水平。在英语教学中，教师的语言能力是决定教学效果的关键因素。听、说、读、写、译是农村英语老师的首要任务。英语教学不能安于现状，要不断地提升自身的语言应用能力。

总之，在这一过程中，教师要敢于进行多种形式的教学改革，并在实践中不断地摸索出新方法。当今社会，对语言人才有着多样化、综合化的需求，要想培养出高质量、复合型的人才，就一定要拥有一批多样化、结构合理的教师，因此，乡村英语师资的素质也就越来越高，无论是学科知识结构或跨学科知识都需要调整、充实和提高，只有这样，才能更好地提升教师的语言水平，更好地应对新的挑战。在平常的教学过程中，教师应该进行一些实践的研究，写一些教学日记，通过自己的思考，对自己能力进行持续的探索和完善，这样，就能为学习者创造和提供更多的机会，使他们能更好地运用英语。

（三）提高课堂中的各种提问技巧

Wilen（1986）在探讨有效的课堂技巧时，认为教师的提问语言应当简单、清楚、详细、准确，应当设计出能够指导全课结构和方向的关键问题，并重视随机性问题的重要意义，而对学生的讨论应当纳入关键问题的指引下。在课堂教学中，教师要制定出具体的问题方案，使课堂教学具有针对性。在教学中，教师要根据学生的实际情况，对学生进行提问，提问要有层次，要符合学生的实际情况。展示式问题可能会让课堂上的内容连贯、流利，但是它对学生的英语表达能力影响不大。Steve Walsh 建议：教师应该意识到自己的语言在英语教学中的作用，同时，也要避免采用展示式的提问方式，为学生提供更多的学习机会。通过这种方式，教师可以照顾到各种程度的学生，让学生既得到了自我表现力的培养，又发展了他们的英语技能。

总的来说，不管是展示式问题还是参考式问题，都有其各自的优势，在不同的教育方式中都有各自的侧重点。在教学中，要结合教学的实际情况来把握，不可兼得。在提问之后，要给予学生充分的准备时间，这段时间的长短将直接关系到学生的回答效果，也关系到学生对提问的态度。此外，针对不同程度的学生，在回答问题时，也应当采取相应的措施。老师要给每一位同学同等回答问题的机会，避免“区域性”问题出现。针对学生的学习状况，把握“中间”，处理“两极”，并能对每一个班级提出问题，使学生之间、小组之间进行交流。通过这种方式，可以有效地照顾到各种程度的同学，避免那些学习能力较弱的同学变成看客。另外，在课堂上，教师要注意引导学生解决疑问，让孩子们掌握主动学习的能力，让他们多主动提问，教师和学生之间的提问和回答应当是互动性的、双向的。

（四）及时反馈，正确对待学生的错误

及时恰当的反馈能提高学生学习英语的积极性，促进学生积极参加英语教学活动。在学生解答了问题之后，教师应对学生进行正面的反馈，并多对学生进行称赞和激励，以此来提升学生的自信心，培养学生的学习兴趣。所

以，在进行评估的时候，教师不能舍不得夸奖他们，特别是那些基础比较薄弱的同学，更要采用一种行之有效的激励方法，来激发他们的思维能力，并用语言进行交流。笼统、机械的采用“yes”“good”等语言予以肯定，不仅没有任何动力，反而会使人觉得是在敷衍，对学生的学习有害无益。所以，我们应该针对不同层次、不同学习风格的同学，采取不同的回馈方法。例如，对学习成绩差、性格内向的学生，在反馈时，我们要给他们充分的鼓励，让他们更加积极地表达自己的观点。

在反馈过程中，处理学生的错误和失误也是一种技能，老师不但要给予学习者正确的认知和反馈，同时也要为他们提供情绪上的帮助。不让学生气馁，不消磨他们学习的积极性。还要给学生纠正自己失误的机会，逐渐提高学生弥补失误的意识。教师应把握好英语教学中学生出错的机会，同时，应采用恰当的纠错方式，以提高学生的自我纠错能力。纠正错误的方法有自我纠正、同学间纠正、老师纠正等，根据学生的实际情况，采取相应的纠正方法。教师对学生的过错要有宽大的胸怀，但并不意味着教师可以不计较。是否纠错、何时纠错，或者如何纠错，具体要看一节课的教学内容和教学目标。如果教学目标是要激励参与者进行交流，那么就进行有控制、有选择性地改正，这样才能发挥出更大的作用。过度的纠错会对课堂交流造成干扰，让学生只追求形式上的正确，而忽视对其含义的建构。但若教师让学生做一些语法练习，以检验他们对所讲解语法的理解，则需要改正一些重要的错误。所以，教师对于学生错误的态度，与教育内容有很大关系，要因时、因地、因人而异，这也是老师们在不断地教育实践中不断摸索的一个过程。

四、核心素养理念下的乡村英语教师课堂提问

（一）英语课堂教学语境

语境其实指的是人们使用语言的实际环境，是多个语言交际要素组合而成的，这些要素是语言表达和交流下产生的。语境主要包括三种：第一是话

语语境，第二是情景语境，第三是文化语境。在以“核心素质”为指导的英语课堂上，英语是不能脱离情境而进行的，例如，在学习写字时，单独的一个字，我们想明白并记住，可能会有些困难，但把这个字放在对应的话语语境、情境语境或文化语境的句子里，也就是给字创造一个语境。那么，学生就可以很轻松地明白这个字的意思，对目标物的认识与思考能力也有了较大的提升。在英语学习中，教师可以创建一个情境来指导学生，从而使他们的英语语言应用和认识思考的水平得到极大的提升。

（二）有效英语课堂提问设计思路

在课堂上，常常会发生这样的现象：老师讲解的时候，学生会产生一瞬间的记忆，而在接收新的知识后，他们就会忘记原来所记住的东西。通过提问，往往可以验证学生的学习效果，不仅能让学生清楚地知道自己的学习程度，也能让老师更好地了解自己的学生，从而更好地进行教学设计。从核心素质的角度看农村英语老师的课堂提问，不仅强调对已有知识的掌握，还强调对学生的应变能力、学习能力和对英语知识的应用能力的培养。在教学过程中，教师应该运用各种不同的任务，来让他们进行思维探究，从而让他们学习的自觉和热情得到充分发挥。此外，教师还可以采用小组协作的方法来进行教学，从而增强他们的团队合作意识。当每个课程的某一部分结束后，教师都应该有目的地提出问题，并要对学生的答案进行评估，并给予适当的激励。

（三）有效的英语课堂提问实施策略

1. 通过问题创设情境

英语教学除了要使学生掌握英语的基本理论外，更重要的是要使他们在学习过程中能够用英语的思维去思考、解决问题。在课堂上，教师要创设情景，引导学生，例如在学习了“Is There Life on Earth？”这篇课文后，教师进行提问：“Who do you suppose are studying the life on earth？ Why do you think they want to make this study？”指导学生欣赏作家的写作风格，通过想象中的外星生物形式来窥视地球上的生物，从而激发出对地球生态的保护意识。除此之外，老师也要根据不同的同学来设置有针对性的提问，通过提问来发掘同学们的潜力，提高同学们的思维水平，进而使他们能够更好地应用英语来思考问题、解决问题。

2. 通过游戏等活动形式激发学生的参与意识

通过运用游戏的方式，让同学们进入到不同的环境中，从而提高同学们的语言表达能力，创造一个生动活泼的课堂气氛。轻松的教学气氛可以拉近师生关系，提高学生在教学中的积极性，培养学生语感和英语思维能力。举个例子，老师让同学们做“传板擦”，比如，在一节课结束之后，让学生用一段时间来温习所学的词汇和句型，然后玩“传板擦”的游戏，教师在讲台上背过身子，喊“开始”的时候学生依次传板擦，教师喊停的时候转身，板擦在谁的手里就对其进行提问：“What is the main idea of the text？ What is the author’s attitude？”若同学对答无误，比赛将继续进行，若回答错误，同学就用英语表演歌曲。这种游戏可以让学生对所学的知识进行巩固，还能给同学们带来快乐。

总之，要创造一种活跃的课堂氛围，可以在不知不觉中激发同学们的团队精神，激发同学们的活动参与热情。

第九章　核心素养理念下乡村英语教师专业化发展

第一节　核心素养理念下乡村英语教师专业化发展的挑战与新要求

2014 年，教育部颁布《关于全面深化课程改革 落实立德树人根本任务的意见》，要求立足“立德树人”根本任务，将“核心素养”作为新一轮课程改革的出发点和归宿。一些学者认为，在基础教育阶段，可以对各个科目进行教育和教学，从而达到对孩子们的核心素质进行培育的目的，所有科目都要为孩子们的核心素质提供服务，从而让孩子们能够掌握关键技能和必备品质。因此，在研究核心素养的背景下，多个学科的核心素养定义形成。《普通高中英语课程标准》（2017）针对英语学科核心素养做出了分类，分为四种，第一是语言能力，第二是文化品格，第三是思维品质，第四是学习能力。基于核心素养发展观念的基础教育课程改革内容也很丰富，不仅包括教育和人类培养目标的更新，还包括课程内容的补充，另外还保留课程实施方式创新和评估模式创新等。有的学者提出，在基础教育中，可以通过对各学科进行教育与教学，来培养儿童的核心素养，使儿童更好地把握重要的技巧和必要的品质。

如今，虽然我国基于核心素养理念的义务教育英语课程标准还在不断完善，但教研比较先进的小学乡村英语教师已经依据《普通高中英语课程标准》（2017）要求，实现核心素养理念和教研系统的有效结合。面对新一轮的基础教育课程改革，围绕核心素养培养这一过程，小学和乡村英语教师必须意识到：第一，英语课程实施在教师专业核心素养、人才培养目标上的作用比较明显；第二，一线乡村英语教师必须严格遵循英语学习活动原则和理念，开展促进学生知识理解、实践、迁移创新等活动，培养自身核心素养；第三，强调在学生自主学习能力、协作技能、探究式科研能力方面的培养和训练，给学生提供良好的学习环境；第四，乡村小学乡村英语教师要跟上新课改的步伐，不断提升自己的专业素质。

第二节　核心素养理念下乡村英语教师专业化发展的现状

一、专业角色定位较好，但非专任乡村英语教师任教的现象依然存在

在问卷调查中，我们发现，由于近几年各级教育机构不断加大对乡村小学班级规模的管控，以及加大师资队伍建设，乡村小学乡村英语教师的学历普遍较高，农村英语教师中的大部分教师对自己的专业身份认识很深。但是，目前我国乡村小学乡村英语教师在教育质量、职业素质等方面还存在着不足。根据问卷调查的结果可知，有 87.5% 的乡村小学英语教师具备本科学历，但是全日制大学毕业的乡村小学英语教师所占比率只有 62.5%，师范类英语专业毕业的教师所占比率更低，仅仅为 40.63%。目前，我国乡村小学英语教师队伍中出现了一批“非专职”的乡村英语教师，即由非全日制英语教育专业毕业生、从其他科目调入乡村英语师资的“非专职”师资，其中一些人不仅从事英语教育，而且还从事其他科目的教育工作。这种“非专职”的乡村英语教师的出现，使一些乡村学校的乡村英语教师对自身职业角色认识不足。部分教师在教学的时候，不注重角色转变，只是一厢情愿地进行知识传授，他们的教室里缺少了应该有的创造力；或者只注重教学的乐趣，而忽略了对

学生学习能力、思维品质和文化品质的培养。在我国中小学英语教学中，教师对学生的素质教育提出了更高的要求。

二、新课程教学理念渗透较好，但核心素养理念需加快普及

自从2011年义务教育阶段国家英语课程标准修订实施之后，在各级教育局的领导下，全国各地的乡村小学乡村英语教师们都在努力改变英语的教学观念，努力提高乡村儿童的语言综合应用水平，近年来取得了一定的成绩。新一轮基础英语新课改提出对英语教学的整体素质进行全方位的培养。这就要求英语专业的人才培养要有针对性，这给乡村小学乡村英语教师的专业成长带来了前所未有的挑战。乡村英语教师应在此基础上，以培养学生的核心素质为目的，在课堂上进行创新，并进行实践。但是，问卷调查的结果表明：在乡村小学乡村英语教师中，没有一个人说自己很清楚核心素养的，28%的教师认为相对了解，41%的教师一般了解，28.%的教师不太了解，3%的教师很不了解。在谈到在平时的教育中是否将核心素质的概念渗透到了英语的核心素质的训练中，22%的教师表示经常如此，大部分教师说偶尔有这种感觉，3%的教师说自己从不这样。从上述资料可以看出，当前乡村英语教师的教育观念需要进行更多的修正和改变，必须继续把核心素质的观念融入教育中去，才能真正实现国家教育“立德树人”的核心目标。

三、专业知识水平有大幅度提高，但需继续学习更新

在农村小学英语教师需要掌握的知识中，除了英语语言知识外，还要掌握教育学、心理学、语言教学理论、新课标的有关概念和知识，更要向资深教师请教，以及教师自己英语教学中的实践。近年来，随着英语课程改革的深入，针对农村英语教师开展了各种形式的培训和辅导，使农村教师的整体质量有了较大提高。大多数乡村小学的乡村英语教师都有较强的职业素养，并能适应教育的需求，提高自身的素质。近两年来，大多数参加了新一轮课

改的乡村英语青年教师，都有着扎实的理论基础，但是缺乏实践。同时，一些无专职的乡村英语教师，由于其自身缺乏英语语言知识与英语教学理论，对新课程标准认识不足，难以适应当前以“新课程标准”为指导的学校英语教学需求，所以，在新一轮以“核心素质培养”为起点的英语新课改时，乡村英语教师应提高自己的专业素养与教育水平，充分发挥英语课的教育作用。

四、专业技能水平有很大提升，但要保持可持续发展

小学农村英语老师的职业素养除英语语言能力外，还应具备以下几个方面的能力：英语课堂用语的标准、有效组织课堂教学活动的能力、身体语言的自然表达能力、简体素描的运用能力、英文歌谣的教唱能力、英语游戏的组织能力、现代教育技术的应用能力、课程资源的开发能力，等等。近几年，随着各级教育局针对乡村小学乡村英语教师开展的各类培训和教研竞赛，特别是利用互联网进行的远程教学，乡村小学乡村英语教师有了多种途径获取专家讲座、优质课例展示等优质教研资源，其综合业务能力有了较大提高。但是，在我们对乡村小学乡村英语教师，特别是非专职的乡村英语教师进行了大量的实践后，发现实际操作中存在着一定的盲目性，难以达到良好的教学目的。在新一轮的新课改中，农村小学英语老师应通过对自己的教学进行反思，在自己的教学中进行创新，从而使自己的教学成果得到最大程度的提高。

五、职业信念不断增强，但需进一步培育稳固

近年来，教育部致力于推进教育公平，在工资和职称等方面对农村地区的老师进行了倾斜，改进了乡村教师的生活补助、师资培养方案，拓展了乡村教师的专业发展通道。与此同时，我们也加大了对乡村英语高师毕业生和乡村英语教师的招募，以及对乡村英语公费教师的培训。总的来说，与前几年相比，乡村小学乡村英语教师的职业信心得到了明显的提升，其职业认同

和职业幸福度也得到了明显的提升。但是，城乡之间的差异仍然很大，乡村地区仍有相当数量的乡村非专职乡村英语教师，这就造成了乡村地区乡村英语教师的职业信心不足。通过对目前乡村小学乡村英语教师的满意程度的调查，表示非常满意、比较满意和满意的教师比例分别为3%、25%和41%；而表示不太满意和很不满意的教师比例分别是28%和3%。在一篇关于农村英语教师生涯发展的调查报告中，结果显示，乡村学校的乡村英语教师普遍表示“重要”或者“很重要”，但是他们中有87.5%的教师自我感觉在职业发展方面只能算是中等，还需经过努力才能有所进步。通过上述的研究可以看出，大多数乡村学校的乡村英语教师仍然有着很强的职业道德观念，并且对自身的发展有着很高的要求，但是一些乡村学校的乡村英语教师的职业道德观念需要进一步强化。

第三节　核心素养理念下乡村英语教师专业化发展的实现模式和有效途径

在新一轮基础教育新课改中，以核心素养培育为中心，乡村英语教师的专业成长应在教学的过程中注意到其教学的科学性和多维性，并保证教学的方式和手段具有可操作性和时效性。乡村英语教学应从多个方面进行专业发展，包括教师专业角色、教育教学理念、教师专业知识、教师专业技能、教师职业信念等。同时，针对乡村学校乡村英语教师的现状，制定了分层级的培养计划和个体化培养计划，使各层级的乡村学校乡村英语教师能够在自己的岗位上实现各自的专业发展，满足英语新课程改革的要求和需要。

一、强化乡村小学乡村英语教师专业角色定位

当前，在新一轮课改的基础上，对英语专业的核心素质进行全面的培养与发展，已是我国英语教学的重要内容。核心素养理念给小学乡村英语教师

提供了更多的角色，他们不仅是一个传授者、一个培训技能的人，还是一个培养感情的人、一个引导策略的人、一个传道的人。所以，农村地区的小学英语老师应该坚持以“核心素养”为指导思想，以“全人”为指导，以“全面发展”为导向，以“英语”为本，以全面发展为目标。在教学过程中，要以特定的教育环境为依据，积极转换教师的身份，既要做一名传统的知识传授者和课堂组织者，又要做好指导者、设计者、组织者、参与者、评价者、顾问等多元化的角色。在不同的课堂环境中，乡村英语教师必须清楚地认识自己的不同身份，才能发挥出最佳的课堂作用。在此基础上，有关教育机构应加强乡村地区乡村英语师资的培养，增加乡村地区英语高师院校的乡村地区英语师资的招募，使乡村地区英语师资的构成得到进一步的改善，从而使乡村地区英语师资能够更好地发挥其职业作用。

广大现任的乡村小学乡村英语教师要想解决上述问题，最好的办法就是加强自己在乡村英语教师中的专业地位，并推动乡村英语教师的专业化发展。乡村小学乡村英语教师要提高自身的专业意识、专业知识素养、专业能力。作为英语课堂的操作者，应将核心素质的观念融入教学中，利用自身的专业知识与教学技巧，进行创新教学设计，同时，在多个不同的教师角色中，达到有效提升学生的语言能力、文化素养、思维品质和学习能力的目的，从而使他们的核心素质得到全方位的提高。

二、更新乡村小学乡村英语教师专业知识

各级教育行政部门可以采取集中讲授、发放培训资料、订阅报纸杂志或利用互联网进行线上远程培训等形式，对新课程的核心素养理论知识进行宣传，在此基础上，笔者提出了一种新的、有针对性的英语教学方法，以提高学生的素质。从短期来看，这是一个行之有效的途径，特别是互联网的在线学习平台，提供了大量的新课程、新教研资源，可以让乡村学校的乡村英语教师在最短的时间里接受新课程的系统训练，而且，它具有更多的时间和灵活性，深受乡村学校的乡村英语教师们的青睐。在此基础上，能更好地理解

与把握新的教学理念、方法与策略，并拓宽自身的业务领域。

教师专业成长是一件逐步进行的工作，因此，我们必须树立“终生”的教育观念。乡村学校的乡村英语教师是自己的职业发展的主导者，要继续强化自学能力，根据自己的实际情况，掌握新课程的核心素养，并持续更新乡村英语教师的职业知识。教师的专业化程度对新课程的顺利进行至关重要，而乡村地区的乡村英语教师由于自身的资源和其他因素的限制，必须提高自己的自学能力，并针对个人特点，为自己量身定做一份个人事业发展规划，并透过各种渠道，在英语教育方面持续提升自身的专业素养。农村英语老师还应重视自身教学，多向有经验的老师、名师学习。

三、提升乡村小学乡村英语教师专业技能

乡村小学乡村英语教师应着力提高自身素质，夯实语言基础，利用互联网上的优质课观摩，聆听专家讲座，进行评课议课和反思性教学，开展自主的教学活动，不断提高自身的业务能力。实施反思式的教育是促进高校乡村英语教师专业发展的一条重要路径。一位教师唯有在持续循环的教育实践与教学反思中，以这些为依据开展教育活动，才能发现问题、分析问题、解决问题，提高自己的业务水平。所以，农村英语老师应该在课前、课中、课后，都要对自己的工作情况进行反省，并根据实际情况，撰写一份自己的反省日志，运用文字、录音或录像等多种方式对自己的学习进行详细的记载，这些都可以成为课后学习总结的基础，帮助我们找到自己在学习中存在的问题和缺陷，从而在今后的学习中对自己的学习方式和学习设计进行更好的完善。同时，在乡村学校中，乡村英语教师也应通过经常性的专题活动，将教学反思由实践向实践的升华，由“教书匠”向“研究型”的教师转型。乡村英语教师们在进行了一次又一次的反思式教学活动后，对自己的教学观念、教学方法进行了修正，并逐渐提高了自己的教学能力和职业素养。

四、成立教师学研共同体，促进共同发展

在农村地区，由不同层次的学校举办的各类教学研究、教学质量竞赛等，为农村地区农村英语教师提供了一个很好的成长空间。通过校本教研，学校可以在教学、科研和学生培养方面开展师生合作，如果有可能，还能够建立一个教研组，从而提高乡村英语教师的专业水平。通过校际教研和区域协作教研活动，乡村英语教师可以通过分享、交流、研讨等方式，从新课程的教学理念、教材的解析、教学活动的设计、教学技巧的提高等多个角度，获得更多的教学经验，从而达到提高课堂教学质量的目的。通过这种“集体教研”“优质课评比”等方式，既能提高乡村英语教师的专业水平，又能提高乡村英语教师的专业素质，同时也能提高乡村学校的整体素质。

在此基础上，笔者提出了一种新的教育理念，即“新课程”。为了更好地推进乡村英语教师的专业化发展，各级教育管理机构应针对其专业发展的各个阶段，对其进行恰当的引导。所以，我们可以建立名师领航工作室，并经常开展名师领航活动，请全省或全国优质课获奖教师、骨干教师、名师、教研员和有关高校教授，通过培训、讲座和送课下乡等多种方式，帮助农村英语教师制订个体化的专业发展计划，并针对他们在职业发展的不同阶段，对他们进行针对性的引导。也可以组建一个教研组，并在此基础上构建一个标准的乡村英语教师的专业成长评估体系，让乡村学校的乡村英语教师们在优秀教师的带领下开展协作式的研究，从而促进乡村学校乡村英语教师们的个人和集体的专业成长。

五、加强乡村小学乡村英语教师职业信念

教师职业信念其实属于一大体系，不仅包含教师的教学情感和思想，还包括教师的教学认知和意识，是教师教学活动开展的一大鼓励性因素，也是一种评价方法。作为一名优秀的乡村英语教师，其专业信念的强弱直接关系到乡村英语教师的教学活动能否顺利进行，同时，也影响着课堂的教学效

果。加强农村英语教师专业伦理建设，有利于推进乡村地区乡村英语教师的专业成长，有利于提升乡村地区乡村英语教师的综合素质，有利于将新课标的“核心素养”思想融入乡村地区的英语教育中。因此，对乡村英语教师的专业发展提出了更高的要求，并提出了相应的对策。

首先，在乡村英语教师中，英语教育工作者具有很高的专业素质，这是他们形成职业信念的先决条件。在各级教务部门的指导下，农村小学英语教师要不断提升自己的职业素养，树立良好的职业信心。其次，通过提高乡村英语教师的实际工作能力，提高乡村学校的专业水平。各级教育行政部门要鼓励、引导、督促乡村英语教师进行反思式的教学实践，通过举办各类教研、优质课评比等方式，提高乡村英语教师的教学实践水平，加强他们的职业信念。最后，要提高农村英语教师的职业素质。各级教育管理机构应重视乡村小学乡村英语教师的专业成长需要，并尽力解决其在工作、生活中普遍存在的现实问题，同时，还应采取相关的激励措施，以减轻员工的工作倦怠。通过专业指导和师德培养，提高农村英语教师的职业情感和职业自觉性，进而提高农村英语教师整体的职业道德素质，强化他们的职业信念，对于乡村英语教师的培训与稳固具有重要的现实价值。

总之，在以核心素养理念为本的基础教育课程改革背景下，必须加强乡村地区英语师资队伍建设，提高乡村地区的素质。乡村英语教师的专业成长应该是多维度和多层次的，其发展轨迹应当是明确的、可操作的、可评价的。当前农村英语师资素质良莠不齐，因此，应制定分级培养的培养计划，通过加强培训、自主发展、合作发展、名师领航等途径，进一步提高乡村地区乡村英语教师的专业素质，以适应新一轮英语新课改的需要。乡村英语教师的专业成长，将会有力地推动乡村英语教师与孩子们的核心素质观念的形成，有利于落实我国“立德树人”的基本使命，也将在一定程度上促进农村的人才培养和农村的文化建设，为国家“乡村振兴”做出自己的努力。

第四节 乡村英语教师专业能力的发展要求和途径

一、乡村英语教师专业素质要求

乡村英语教师的角色决定了乡村英语教师必须具备的素质。“教师素养”指的是一种使教师成功完成教学任务，培养出合格人才，心理上比较稳固的品质。在教学中，教师的教学质量，也就是教师的专业水平是重点，其中包含教师的道德素质、文化素质、思想素质、能力素质、科研素质等。在“文化自信”的视角下，乡村英语教师已从单纯的“知识传授”转变为“技能传授”。我们应从文化自信的角度来看乡村英语教师的职业素养。

（一）乡村英语教师基本素质

根据林崇德先生提出的“三层次五成分”的教师素质观，笔者从目前乡村英语教师的现状出发，对英语教学质量的内涵进行了分析，并提出了相应的对策。

1. 职业理想

“教师”的“职业”是指对事业有浓厚的热情和强烈的追求，具有根本动因。在英语教育中，积极性、事业心和责任感是教师的职业道德理念，而乡村英语教师所具有的高尚的职业道德理念是其进行英语教育的一个良好的维度。

2. 知识水平

教师的知识水平是进行教育的先决条件。林崇德（2005）从功能角度出发，将教师的知识结构划分为四大部分：本体性知识、文化知识、实践知识、条件性知识。1）本体性知识是教师特有的知识。但具备本体性知识只是教师最根本的保障，而不是唯一的保障。2）在教师的教育效果中，文化知识和教师的主体性一样，都起到了很大的作用。3）实践知识是指教师在具体的课堂中，面临有目的的行为所具有的课堂情境知识或相关知识。这种认识是教师经验的累积，它会被一个人的经验所影响和限制。4）条件性知识是一个教师能否取得教学成功的关键。

3. 教育观念

教师的教育观念，指的是他们在教学过程中，对教育现象的主观认识，它是根据自己的心理背景而展开的。一般来说，教育观念包含知识观、教育观、学习观、学生观等。

4. 监督能力

教师的监督能力是指他们在教育中对其进行主动计划、检查与反馈等，以确保教育可以成功地完成预期目标。主要内容有：课堂教学设计、课堂教学管理与指导、课堂教学信息的反馈等。其实，教学监督能力指的是教师对自己的认识进行调控和掌控，是教师进行思考的一种表现。

5. 教学策略与行为

教学策略与行为是教师为了实现教学目标，根据学生的特点，运用多种教学手段，进行因材施教，在英语课堂上，教师的教学方法就是要针对不同的同学，设计出适合他们的课件，利用互联网和多媒体，把自己的教育理念和同学们易于理解的方法完美地结合起来。

（二）文化自信视野下乡村英语教师应具备的素质

1. 解读多元文化的能力

从“文化自信”的角度来看，英语教学中的“多元”是英语教学中的一项重要内容。

首先，多元文化是一种历史事实。从人类文明诞生之日起，就表现出了文化的差异性。从历史的角度来看，人类社会中存在的差异是不可否认的。世界史中，最早出现的是希腊文明，中国史中，文化最早出现在春秋战国时期，还有隋唐时期，以及明清时期等也产生了灿烂的文化。可见，多元文化是一个历史的事实，它是指在一个地域、一个社会时期等特定环境中存在的、相互联系的，又有着各自不同特点的几种文化。

其次，多元文化是一种政治诉求。多元文化不仅是一种事实存在，还是一种价值存在，是人民对自己民族理念的一种体现。多元文化源于不同族群在经济和文化权益斗争中产生的产物，它是一种对经济和文化平等的追求，并不局限于文化的层次，它还包括了不同民族、不同族群的经济、社会等多种观念。

最后，多元文化是一种思维方式。从哲学的观点来看，多元文化反映的是一种思维模式。对其的了解就是对其差异性和多样性的承认，并意识到各种文化都应当是平等的，它们相互间有直接和间接的作用。与之相反的认知就是对客观世界的认知，人们不能从一个单独的角度去看待，而是要从多个视角来看待。多元文化这一思维方式打破了传统一元的思维方式。

多元文化是一种历史事实、政治诉求，也是一种思维方式。教师们应当对多种文化展开一种合理的解释，从多种角度去尊重、学习和理解各种文化，而不能完全地对各种文化进行接纳，也不能对其他文化进行完全否定，而是要用一种批判性的态度去对待各种文化。应当指出，在解释多元文化时，教师应当持有平等、公平、多元的观念。

2. 师德素质

师德是乡村英语教师必备的素养，同时也为广大乡村英语教师提供了一个良好的教学环境。教师的道德主要表现为：爱学生，忠于事业，执着于教学，崇高的人格。同时，教师的道德水平也对学生的心理健康产生了很大的影响。所以，乡村英语教师应该树立自己的理想和信念，树立自己的世界观、人生观和价值观，对自己的教育忠诚，对自己的岗位要有一颗敬业的心，对自己的学生要有一颗关爱的心。可以说，一个乡村英语教师，必须首先懂得奉献、体现公平、有责任感，这样才能做到言传身教。

3. 以学生为中心的教学意识

在现代英语教育中，每个人都处在一个多元的环境之中，他们处于不同的地域、不同的生活环境，导致他们的接受能力和思维方式都不尽相同。如果一名教师对每个学生都是一视同仁，那么这必将会降低他们的学习热情与主观能动性，也必将会造成他们的教育结果不理想。对此，教师应该“以学生为中心”，教师的作用也要从原来的“主导”变成“帮助”，要以平等、公正的态度来对待每个学生。一位老师要认识到，不同的学生往往有一定的文化差异，要根据他们的特点采用相应的方法，让他们在多元化的学习氛围中更好地学习英语。

4. 心理素质

心理素质是对人的性格、情感和意志的总体反映。时代在发展，科技在进步，乡村英语教师在面临沉重学习负担的同时，也要重视学生的身心健康，因此，教师要增强自己的抗压能力，养成良好的心态。具体来讲，乡村英语教师应该从性格、情感、意志三个方面培养自己良好的心理素质。

（1）性格

在课堂教学中，教师的个性会对课堂气氛、学生的学习热情等产生重要的作用。一般来说，由外向和充满激情的教师举办的班级会比较有欢快感，在这样的氛围中，同学们的积极性会比较高，而且会比较有效。但是，对于性格内向、保守的教师来说，他们的教育方式一般都比较陈旧、固定，课堂上的内容也会比较枯燥乏味，这很可能会对学生的学习热情造成负面的作用。对于一个乡村英语教师来说，性格外向、活泼、稳重是最佳的选择，只有如此，课堂上的气氛和秩序才会变得更加活跃。

（2）情感

教师工作是为了学生，因此，教师应该对自己的教学工作充满热情，愿意为学生奉献自己的一切。乡村英语教师作为一名有责任心的教师，担负着引领学生健康发展的重任，因此，他们应该有很强的社会责任感。教师应以诚恳的心态对待每个同学，对他们的进步给予赞赏与鼓励，对他们的问题给予引导与分析。教师要热爱自己的学生，一视同仁，不能以学生成绩的高低来衡量学生的好坏。在课堂之外，教师们也应该花费时间和精力，观察学生们的个性特征，给予他们关怀，并尽力与他们建立一种良好的师生关系。

（3）意志

在实际的教育实践中，教师将会面临许多难题。因此，教师必须有胆量，有自信去面对难题。由于英语教育是一个长期的、不可随意中断的工作，因此，教师们必须具有坚韧不拔的毅力。同时，在教育中，乡村英语教师必须要有一种能够发现问题并有效处理问题的技能，这是一种需要教师的意愿。

5. **驾驭教材的素质**

教学活动的开展离不开教科书，教科书既是开展教学活动的基础，也是教学内容的主要载体。因此，一位出色的乡村英语教师应当对自己所用的课本了如指掌。具体而言，乡村英语教师应具备对教材的使用和评价能力。

（1）对教材的使用能力

1）补充或删减教材内容

农村英语老师在选择教材的时候，应该根据自己的实际情况来选择，适时地对课本进行增删，这样才能使课本更加符合他们的实际生活和需求。所谓增删，并非随意，而是在不损害教科书整体体系的情况下进行。乡村英语教师在需要的情况下，应与学生商量，确定是增补还是删减。

2）扩展教学内容或者活动步骤

在教科书中，并非每一种教学活动的难易程度都符合学生的实际情况，如果不符合学生的实际情况，将会造成较差的教学效果。这就要求在英语课堂上，针对不同的情境、不同的要求，对不同的课堂活动进行不同的设置。如果教师觉得教科书中的教学活动过于简单，可以对其进行适当的扩展，如在阅读理解的基础上，增加词汇训练、展开讨论或辩论，甚至可以进行写作训练等；如果教师觉得英语课本上的教学内容过于困难，还可以在课堂上加入提示的内容，从而减小教学内容的难度。

3）调整教学方法

由于受到各种因素的制约，每个人的英语程度都不尽相同，而且由于实际的教育环境也各不相同，所以英语教科书上介绍的一些适合每个人的教育方式也不一定适合每个人。这时，教师就能依据自己的特征，结合实际，改变英语课的教学方式，从而取得更好的教学结果。

4）调整教学顺序

英语教科书上的讲授并不都是合乎逻辑的，因此，教师们可以根据自己的教学实践来进行相应的调整。要使英语的学习动力得到充分的发挥，就必须把课堂上所讲的知识和实际的生活相结合。另外，在进行课程安排时，也要考虑到课程内容间的相互关系，遵循循序渐进的原则，不能任意地进行。

5）对教材使用情况进行总结

在课程实施一定时期后，教师应该对课程实施过程中所产生的影响做一个总结。乡村英语教师在评价教科书的应用时，应该注意以下问题。

其一，师生对这套教学材料的满意度；其二，这套教科书的教学效果有没有达到预期的目的；其三，运用这套教材，能不能改善英语教学；其四，在使用这套教科书的过程中，你发现它的优缺点是什么；其五，该教科书的哪个部分需要调整。

（2）对教材的评价能力

在英语学习中，不仅要用到英语课本，还要用到其他的辅助性教材，因此，教师只有具有对课本进行评估的能力，才能为学生选用正确的课本。乡村英语教师对教科书的评估能力主要表现在以下几点。

1）教学的指导思想

在对教科书进行评估时，首先要对教科书中所反映的教育指导理念进行评估，并对其理念与本领域的最新研究结果进行评估。其主要内容包括对语言和对语言学习的理解。

2）教材内容的选择与安排

课程的选取与编排，直接关系到教师要教授的是什么、学生要学习的是什么。教材内容的选择与安排应该以英语教学的目标——培养学生综合运用语言的能力为基准。但是，英语学习的基础是语言基础知识、语言基本技能、语言学习策略、情感态度、跨文化意识和语言表达能力、英语运用能力。这就要求我们的英语教科书也要包含这些东西。乡村英语教师对教科书内容的评估应从它与语言学习的基础上进行，以它与语言学习的关系为标准。

3）所采用的教学方法

英语教学方式是指教师怎样教、学生怎样学，是选择、安排教科书内容，设计教学活动的重要基础。所以，教师们在评估一本书时，必须考虑到它所反映的先进教育理念。当然，教科书的编制应以某一种教学方式为主，并吸取其他方式的优点。

4）教材的组成部分

一套完整的英语教材应该是由教师用书、学生用书、练习册、多媒体光盘、录像带、录音带、卡片以及挂图等组成的立体化教材，各有侧重、各有特点。

5）教材语言素材的真实性、地道性

英语教科书所选用的语料应与实际生活中所用的语料大体相符，并具有真实性和地道性。

6. 信息素养

在科学技术不断发展的今天，我们越来越认识到一个国家和民族的最大竞争优势是高质量的人才。其中，信息素养是最不可忽略的一个环节。所以，世界上许多国家的教育界都非常重视学生的信息素养，许多国家在小学和中学阶段就开始重视儿童的信息素养教育。但是，中国的信息素养教育却是刚刚开始，许多数据显示，我们的大学教师的信息素养已经远不能满足现代教育信息化对大学发展的需要，和世界上的先进国家比起来，还有很大的差距。通过对我国部分高校乡村英语教师的信息素养进行研究，我们发现乡村英语教师信息素养存在以下四个问题。

1）较低的信息占有率。在信息化时代，各类的超文字知识信息正在以多种媒介传播到社会的各个地方，但是有些教师却依然在纸质的文献中寻找材料，对使用互联网的文献和数据库等一无所知。

2）较差的信息鉴别能力。许多教师对网络上的各种各样的信息感到十分迷惑。这倒不是说他们的技术有多差，主要是他们对知识的分类和搜索方式一无所知，更不知道该怎么去寻找自己想要的信息。

3）较弱的信息选择能力。有些教师由于对文献分类查找不熟悉，因此他们在面对同类文献的时候就没有了可供挑选的机会，有些教师甚至对自己写好的文章都不会分类。

4）薄弱的信息利用能力。一方面，教师的信息观念不强，对于信息的渴求只限于自己所学的学科；另一方面，一些教师并没有做好充分的思想准备，也没有及时采取应对策略，因此他们不能将网络环境下的信息资源掌握得很好，更不能适应网络信息检索工具的多样化和复杂性。

为了提升信息素养，教师应做到以下几点：第一，教师应该对信息、信息社会、教育信息化有基本正确的理解；关注教育信息化发展；第二，教师应当意识到，在教育工作中，获得信息资源是多么的重要，不仅能够帮助他们解决学习、教育、教学等方面的问题，还能够在不同的途径中快速地获得有用的信息；第三，教师可以利用信息网络高效地吸收、存储，快速地提取、传送数据，还可以对自己所查找到的或产生的数据进行更好地处理；第四，教师能够准确而有效地解读、评估数据，能够将这些数据运用到批判思维发展中；第五，教师可以高效地结合有关的知识，创新地运用这些知识来解答问题，可以用更多的表达方法来表述自己所产生的新的知识；第六，教师应具有强烈的道德伦理及安全观念。

二、乡村英语教师专业能力发展的途径

（一）教师专业化发展的意义

教师所从事的教学工作，对从业人员的要求相对较高，他们要拥有专业的知识、技能和修养。教学活动属于一种较为复杂的、能够促进人发展的职业，这就要求从业人员要拥有比一般人更加丰富、全面、多样的学科知识。此外，他们还必须掌握普通大众不需要或者不用系统了解的教学知识、技能和教学规律。

在这一方面，教师必须具备对学习规律、社会发展规律的认知能力，并对多种主体和客体的教育情况都有充分的了解，并运用这些认识和规律来编制教育的内容，以及对教育的过程进行有效的管理。没有这样的专业技术，要想成为一名合格的教师是非常困难的。

教师的专业化是今后的发展方向，而对其进行的在职教育，毫无疑问是提高其专业水平的重要途径。所以，我们一定要对今后的教师所应具有的素

质进行研究，进而对其进行合理的教育，以达到提高其专业水平的目的。教师的专业化发展已经成为政府、学校、科研工作者和教师共同关心的问题。

1. 有利于人们重新审视教师的职业性质

提高师资队伍建设水平，有助于转变对师资队伍本质的理解。可以让人认识到，一个教学的过程并不是一个单纯的教导过程，而是对学生进行塑造的一个互动的过程。

2. 有利于优化教师素质

教师是千千万万儿童的未来与希望，他们的责任是启迪民智、传承文明。任何一个行业在社会中都有存在的资格，而教师这个行业由于其自身的特殊性，对其专业能力也有着更高的要求。作为一名教师，不仅要有“现代”的基础素养，更要有“独特”的、“专业化”的素养。教师所要承担的任务就是要让自己具备良好的思想政治素质、科学文化素质、教育理论素质、教育能力素质、身体和心理素质等。

3. 有利于推动社会进步

“师德”的形成和发展与时代的发展密不可分。按照社会学的观点，个人或团体的社会化是一种社会发展的必然趋势。不管是个人，或是团体的人，都受到了社会的冲击，他们都在积极地参加社会活动。因此，团体的文化、个性的发展，以及社会形态的构建很重要。可以看出，在受社会影响的过程中，教师也在对其产生着作用，与其构成了一种相依附的关系，这一群体本身就具有了高等社会的特性，而且还将随着其不断发展。教师的专业发展促使了教师的个人和团体的社会化发展，也促使了社会的发展。

（二）乡村英语教师专业能力发展的途径

1. 专业引领

目前，我们的英语教育正处于一个改革的过程，而这些改革和创新的思想都需要有一批骨干和研究者来引领。总体而言，教学专家、资深教师等能够在学生成长中发挥专业引导作用。乡村英语教师应从这些人身上汲取先进理念和经验，以促进自己的专业成长。

（1）专业引领的要求

1）要发挥专家与普通乡村英语教师之间的能动性与积极性。研究人员十分重视教学理论，因而在指导时也更加重视理论联系实际。而骨干教师侧重于教学的实践性，因而在指导上更侧重于具体的实践。但不管采用何种方式，对引领者的要求都很高，不仅要有理论上的指导，还要有实际行动上的建言。作为一个普通的乡村英语教师，要与专家和骨干教师合作，倾听专家和骨干教师的意见，在此基础上，分析和总结自己的教学问题，反省自己的教学行为，提高自己的职业素养。

2）乡村英语教师要保证内容、目标等正确，采用的方法要恰当。乡村英语教师的职业成长的总目标是掌握新的知识和信息，并以此来提高自己的职业素养。每一位乡村英语教师都有自己的个性，所以他们的专业发展也会有很大的差别，所以，在对每一位教师进行专业指导时，都要结合教师的实际情况，针对不同的特征，制定适合的教学策略，这样才能保证专业指导的合理和有效。

（2）专业引领与乡村英语教师专业能力发展

1）阐述教学理念。在大多数情况下，乡村英语教师的教学活动都会被教育思想所左右，所以，在进行专业指导时，专家和骨干教师要尽量帮助乡村英语教师了解和理解教育思想，可以通过讲座和汇报的方式来进行。

2）共同拟定教学方案。在一般的乡村英语教师已经了解了这些新概念之后，就应该由专家、骨干教师和乡村英语教师一起讨论新概念。在此基础上，专家和骨干教师不仅要起到领导作用，还要对乡村英语教师进行指导和建议，使他们的课堂设计更加完美。在专家和骨干教师的引导下，乡村英语教师可以根据自己的教育思想，制定出符合实际的教育计划，并把该计划应用到实际中去。

3）指导教学实践尝试。在制定了一套课程计划后，接下来要做的，就是将这套课程计划实施下去。在确认过程中，要有专家和骨干教师的参与，将教师的教育计划和实际操作过程相结合，发现不足之处。在教师下课以后，由专家、骨干教师和乡村英语教师共同对课程方案进行研究和讨论，以改进课程方案，提高课程的质量和实用性。

2. 校本督导

校本督导是一种有学校成员参加的、具有自治和合作性质的指导过程，目的是提高教师的发展水平，改善学校的教育实践。

（1）校本督导的内容

校本督导的内容主要包括以下几个方面。一是乡村英语教师专业发展。这是最基本的一部分，要把重点放在不断提高教师的教学技能上。二是乡村英语教师个人发展。这就需要重视教师满意度和稳定性，同时也要重视教师自身的身体素质、家庭素质和情感素质的提升。三是学校组织发展。学校的发展侧重于提高教师的生命质量，达到学校的发展目标，改善学校的发展环境。四是乡村英语教师的专业发展，乡村英语教师的个体发展，以及学校的组织发展，都是相互交叉、相互影响的。以教师个体发展和学校组织发展为支撑，可以促进教师专业发展。

（2）校本督导的方式

1）常规督导

常规督导是一种有效的督导方式。这种方法通常是指一所学校负责教学的管理人员或各学院的院长，会在一定时间内，定期地组织学生去听课，观察教师的教学活动和课堂表现，进而提出建议，并给予帮助。

2）自我督导

自我督导是教师们制定了自己的职业发展计划，并独立地执行和完善这个计划，最后达到自身的发展目的。自我督导的方式有很多，比如，参与有关的座谈会和研讨会、组织学生对自己的教学活动进行评价、阅读专业杂志和调查报道并对其进行分析、利用录音或视频对自己的教学活动进行分析。

3）同伴督导

同伴督导就是对乡村英语教师们的一种监督方式。教师之间，可以采取一些具体的方法，如进行专题讨论与研究、分享经验、互相听课等，以此来提升彼此的教育水平。

4）教学督导

教学督导主要是督导者对被督导的教师进行有针对性的帮扶活动，目的在于提高教师的授课水平。这种方法是以面授的形式进行的，常见的方法有诊断性督导、对新教师的咨询活动、微格教育技术的应用等。其中，最常用的是诊断性督导。

3. 教学反思

一位教师写了一生的教案，未必就是一位好教师，而一位教师写了三年的反省，也许就是一位好教师。许多理论与实践已经证实：反省是提高乡村英语教师专业化水平的一种有效方法。

（1）教师反思的定义

反思也是一种思考，唯一的区别就是他的思维方式。通常的思维指的是面向工作目标的思维。比如，教师要对自己的班级状况有一个全面的了解，要对学生成绩波动的原因进行剖析；反思则是对思考主体的思考，它的指向对象是，主体本身及其行为的后果，它是一种二阶思考。

教学反思指的是将自己的教学活动过程作为思维的目标，并对自己的某种教学理念、教学行为、决策和教学成果展开检讨和剖析。它是一种可以提高学生的自我意识和教师的教育质量的一种方法。

要对教育反思进行深入的认识，应注意以下两个方面。其一，教师对教育与学习行为进行了全面的、系统的、全方位的思考。一名教师在教室里的行为是他在教室之外进行了长时间训练的成果。其二，进行了一次的教育反思，不应该只是就事论事，如果仅仅对自己的教育活动进行了思考，那么，教育活动背后的理论、理念也是对教育活动进行了思考的内容。

（2）教师反思的特点

其一，有效率的思考是自觉的思考。首先，有效的反思是自觉的，而非被动的。一个处在被动教育环境中的教师，他的教育观念是没有被认真思考的，这种教师即使拥有了很高的才华，也仅仅是一位合格的教师，而绝不可能是一位出色的教师。

其二，有效的反思是积极的反思。高效的课堂反省不能是消极的，要是积极的。当一个人的思绪处于消极状态的时候，他的思绪就会受到刺激和压制。强迫的指令和工作只能让大部分人陷入走过场的模式，得到的只是千篇一律的“思想垃圾”，没有任何实际的思考价值。

其三，基于问题的反思才是有效的反思。反思可能是无效的，也可能是有效的。进行有效的反思，其目标是用自己的思考来找出自己在教学行为中出现的问题，并进行解决，而不是照本宣科地回顾上一节课的内容。

其四，有效的反思是深度的反思。实际上，反思其实就是一个人对以往的教育经验的重新理解。由于思考的价值是建立在它的深度上，因此思考缺乏深度，就会丧失它的价值。

（3）教学反思与乡村英语教师专业能力发展

要想培养出有反思性思维的学生，教师必须会反思性思考，做一个反思性教师。所以，在教师教育中，应该首先重视反思性思维的培养。①

1）促进教师反思性思维的培养。杜威是教育史上第一位论说反思性思维培养的教育家。他认为，培养反思性思维应成为教育的中心目的，“学习就要学会思维”；具备了反思性思维的能力，就能够“将经验到的模糊、疑难、矛盾和某种纷乱的情境转化为清晰、连贯、确定和和谐的情境”，实现有效学习。为此，杜威提出“从做中学”和“从经验中学”的新教育理念。杜威提倡在培养开放性、专心和责任心这些个人品质和特质的基础上，辅以逻辑方法来培养反思。

杜威在反思性思维培养方面所做的具有开创性的贡献使他成为教育界公认的“反思鼻祖”，他把后来学者们的研究引入两个更具体的领域：反思性教学侧重的是培养反思性思维的教学论和教学模型研究；而反思性教育的范围就广了，它的目标是探索以发展反思思维为目标的整体教育方案，将反思式教学作为它的一个组成部分。

2）推进教师职业化、专业化的需要。唐纳德·舍恩最早将反思性思维和教师教育融合在了一起。但是，他并没有对教师的教学进行浅析，而是认

① 赵鑫，熊川武：教学论基本问题的历史演变和当代走向，大学教育科学，2009年版，第92页。

为，在教育中，要培养出高素质的教学者，必须确保理论研究和实践相结合，其中最关键的一点，就是要使他们能够从实践中去挖掘，从实践中去获得知识，而其方法，就是要让他们在实践中去思考。怎么理解行动中的知识和行动中的反思呢？行动中的知识大致与我们经常提到的"实践性知识""经验""突发的念头"等相同。

在实践活动中，应以发展学生的反思性思考为出发点，使学生在实践活动中认识与反思，从而得到持续的成长。反思性思维的培养，不在于其理论层次，而在于其实际运用的技巧。换言之，我们应该培养反思思维，而非教育反思思维。

4. 文化培训

要造就高素质的师资，要提高他们的跨文化意识，就必须在他们的文化方面进行训练。

（1）培训的内容

乡村英语教师要做一个称职的教师，就必须要有很高的专业素养和很好的工作心态，而要做到这一点，就必须有对学生进行文化课的训练。训练的种类和内容因划分的标准而异，如可以分为教学方法培训与教材运用方法培训，还可以分为长期培训与短期培训等。对教师的培训要有系统、规律。因此，要将文化教学作为考量因素，它可以应用在多种类型的师资训练体系中，对师资训练有很好的借鉴作用。总的来说，对教师进行的文化教育方面的训练可以分为以下两类。

1）文化能力培训

个人文化能力包含如下三个层面：文化知识、文化意识、文化行为。据此，在进行一项关于文化技能训练时，可以概括为以下一些方面。

首先，协助教师充实他们的文化知识。在乡村英语教师中，要切实提高他们的文化课水平，对语言、文化、交际三者的关系有所理解和把握，清晰地了解本国文化和目标语言文化之间的差别，清晰地了解并掌握跨文化意识等有关的观念，清晰地了解英语在世界范围内的位置和功能。

其次，培养学生的文化素养，培养学生的跨文化敏感度。在对乡村英语教师的文化教育中，要使他们具备以下几项技能：①意识到文化在个人和社会中扮演着非常关键的角色，特别是要意识到文化在跨文化交流中的角色。②乐于理解各种文化，与来自各种文化背景的人进行交流。③具备对文化差异的捕捉、欣赏、理解能力。④能反省自己的所作所为。⑤能对自身的跨文化敏感度进行分析和总结。⑥自觉、系统地进行跨文化语言教学，充分发挥文化教育的作用。

最后，目的是使乡村英语教师更好地进行跨文化交流。在乡村英语教师中，应加强对其文化知识素质的培养，使其具备以下几个方面的技能：①以不同的文化为依据，来调整自己的交际方式，并运用多种策略、多种手段来进行交流。②使教师们可以和各种文化的人们保持良好的、平等的关系。③让教师参与文化研究与学习中，对新的文化团体进行深入的分析和理解。

2）文化教学培训

为教师提供以下文化教育方面的培训：①对文化教学的目标予以确定。②对文化教学大纲进行设计。③如何正确地选用和运用不同的文化教学法。④对教科书的分析和使用，并与教科书相结合，增加几个辅助性的内容。⑤对文化学习任务进行布置。⑥对文化学习的评价方法进行确定。

（2）培训的方法

1）文化意识的培训方法

文化差异和外语教学中的文化教学潜力是客观存在的。因此，要使教师认识到这一问题，就必须加强教师的文化敏感度，培养学生的文化素养。教师的文化参考框架经过长期、不断的建构和修改，它成了一种标志，代表着他们的人格。在工作、生活中，当他们与别人沟通的时候，会不自觉、无意识地运用他们的语言参照。要让教师认识到文化参照框架的重要性，而且，在文化背景下，不同的人往往会用到不一样的文化参照框架，最有效的方式就是采用文化碰撞、关键事件和反省训练等跨文化训练的方式。

2）文化知识的培训方法

文化人类学全面而系统地阐述了文化概念和知识的学习，从文化理论到具体的文化表述，再到文化研究的方法论，都比较完备，这也为英语教学提供了一个可靠的途径。所以，在英语教学中，英语口语教学是一种必要的教学方法。在进行文化人类学的教学过程中，外语教师只要将文化人类学的某些研究结果运用起来，就可以获得更清晰的认识，更全面、更深入地了解有关的文化群体，并可以借鉴这些文化研究和探讨的方法。

应该由来自不同领域的专家，如外语教学研究者、文化学家、跨文化交际研究者、教师培训专家等，联合进行对文化人类学的研究结果的甄别和挑选工作，这些教师所必须具备的知识将成为训练的主要内容。此外，在外语教学中，也应重视社会学、跨文化交际学等方面的研究成果。这两门学科清晰地描述了语言、文化、社会和交际之间复杂的关系。

3）文化能力的培训方法

在英语教学中，除了教师的认识心理学外，还包括教师的行为和情感等方面的培养。对教师进行的文化技能的训练比较麻烦，其训练方式包括以下两类。

其一，跨文化交际能力培训。跨文化交际能力的训练从文化碰撞开始，其目标是通过情感、心理层面的碰撞，使教师对文化碰撞有一个深入的理解。先让教师们了解到在跨文化交流中存在的问题，接着帮助教师们克服它们。具体来说，主要有四种方法：①为教师们创造一些进行跨文化交流的实习条件，比如到外国家庭做客、到外企实习等。②从跨文化交流的成功和失败中吸取教训，从而避免陷入沟通的误区。③用讲座的方式，让教师们对跨文化的实质有更多的认识，弄清楚为什么会发生文化碰撞，从而对自己的心理状态进行调整。④能够使教师们共享跨文化经验。

在训练的全流程中，训练员应当不断强调反思的重要作用，学生只有不断地学习、体会、反思，才能够切实提高他们的跨文化认知，提高他们的跨文化交流水平。

其二，文化学习和探索能力培养。就是要让学生掌握一系列文化学习的方法，让他们可以去探究所碰到的新的文化现象与文化群体。文化的学习与探究需要建立在诸如勇气、敏感等情绪的基础上，而缺乏对文化的敏感，忽略了不同文化之间的差异，就会造成学习困难。在面对一个不熟悉的文化环境时，许多人都会选择逃避。但是，那些擅长学习和探索的人，他们会大胆地尝试、体验，并主动参与到各种有利于自己了解这个文化群体的活动中去。

第十章　乡村教育振兴背景下乡村英语教师核心素养的研究

第一节　乡村教育振兴对乡村英语教育发展的内在要求

“乡村振兴”对农村英语教学具有重要的引导意义，十九大突出“以教育为本”，并提出“以乡村为本”，要大力发展中小学英语，推动乡村小学学生的全面发展，培养乡村高质量人才。在新课程改革的背景下，提升英语专业的核心素养已成为当前教育改革的重点，而要提升学生的核心素养，必须从提升教师的素质入手，为此，必须持续提升乡村小学乡村英语教师的自身素质。另外，在推进乡村小学乡村英语教师专业发展的同时，还应根据乡村的具体情况，与乡村的需要相适应，与乡村的教育振兴相结合，构建新时代乡村英语教师的综合素质。

第二节　乡村教育振兴背景下乡村英语教师现状

农村正面临着从城市化向农村振兴的重要转型，我们可以看到，在乡村地区，乡村英语教师自身的职业素养并不高，大部分乡村地区的乡村英语教师都缺少相应的教学经历，也没有对专业的理论进行过系统性的研究，更不知道如何进行教学设计、练习方法，以及如何进行教学的创新。因此，在乡村，要满足农村英语师资培养的需求，就必须加强农村英语师范生的基础素养教育，使其成为一名合格的农村教师。农村英语教师是农村英语教育的重要组成部分，所以，我们应该把乡村英语教师的培养放在第一位，充分运用有关政策，优待乡村教师，增加对乡村教师的薪酬待遇，引进更多优秀的人才到乡村教书，改善乡村学生的总体素质，使乡村与城镇共同发展，从而促进乡村教育事业的可持续、快速发展。

一、缺乏专业知识

很多农村英语老师对英语的教育学、心理学和国家文化缺乏了解，因为大多数教师的工作繁重，很少有时间和精力来钻研教育理论，因此，他们对世界上最先进的教育理论的认识和学习也就不是很了解。而且，最近几年，教科书的内容越来越多地涉及了西方的生活，这对教师们的要求也越来越高，他们不但要有扎实的语言基础，而且要有广大的知识面，要多欣赏欧美的电影和书，才能更好地理解英语文化。然而，大部分的教师都缺少这一觉悟，此外，农村英语老师在学校也没有接受过任何系统的教育，在工作中，仅仅是利用教科书来进行简单的知识灌输，还没有认识到自己的认知能力缺陷，自然无法将更多的东西传授给同学。还有，农村英语老师的专业课基础较差，大多数教师并非英语主修，没有经过系统化的培训，在语音、语调、发音方法上也有欠缺。虽然现在聘请了一些乡村地区的特岗教师，但是他们中的大多数人都不是学英语的，都没有掌握英语的理论，所以，他们的授课并没有取得好效果。

二、语言素养较弱

目前，很多农村小学的老师都不重视英语学科的教学，也不了解其教学内容。有些农村英语老师英语讲得不好，英语的发音也很不规范，还有一些乡村的乡村英语教师用的是中文，无法营造很好的学习环境与氛围。这对学生英语的学习没有起到很好的指导作用，对他们以后的英语发展没有任何帮助。

三、专业能力不足

首先，从新课程改革的要求来看，当前一些教师的教育水平还远远达不到要求。大部分教师都是按照某种方式来完成课程教学，并没有对教学内容进行适当的拓展。在授课的时候，老师们对学生进行的仅仅是单纯的灌输式教育，不管他们的授课内容是对话，或者是阅读，他们都不会与别人进行交流，即使他们开展了某些教学活动，也只是一些比较简单的活动，比如朗读课文、背诵单词等。这种简单的互动方式，并不能真正地指导学生们主动学习，也无法将他们的积极性完全调动起来，这让他们丧失了对学习的兴趣，当然也就无法获得好的教学反馈。还有，教师们缺乏科学研究的观念，乡村英语教师们的科学研究水平一般都很低，在高等职业学校里，他们几乎没有进行过科学研究的培训，他们的科学研究观念也很淡薄，并没有把教育科研技能视为自己应得的才能。

第三节　乡村教育振兴背景下乡村英语教师核心素养的培养策略

一、结合英美影视，培养语言素养

小学英语教材和课堂教学涉及听、说、读、写，无论在哪个环节，都对教师的语言文化素养提出了一定的要求和标准，尤其是在“说”这个环节。小学生的模仿能力强，而老师又是其主要的知识传播者，因此，老师可以通过英美影视学习来提高英语发音，提高自身的语言素养。例如，在进行五年级下册 Unit3 Asking the way 这部分教学时，内容主要是如何指引方向、询问道路。这在我们的日常生活中很常见，并且欧美很多影片中也有。教师在进行单元授课前，可以先观看《百货战警》和《巴黎圣母院》等欧美电影，电影中有很多有关如何指引方向的对话，和教科书上所教的句子结构基本一致，很适合教师上课时用。教师可以学影片里的角色讲话的声调，学习句子中的升调和降调。如“How can I get to the...”等特殊疑问句和“You can take a...to get there”等陈述句使用降调，而“Can you show me the way to the...？ Is the school near...”等一般疑问句使用升调。通过对特殊问句、陈述句、一般疑问句等语调的模仿与学习，可以加深学生对语调的理解，从而提高学生的语言能力。从这些例子中我们可以清楚地看到，在欧美电影里，模仿语调对教师的语言素质培养有很大的帮助，教师们在长期的实践中，纠正自己的声音语调，找到正确的发音方式，提高自己的语言表达水平，为学生学习英语口语起到了很好的示范和榜样作用。

二、了解中西方文化异同，培养文化意识

在英语教学中，我们必须要充分认识和理解这些民族的文化，他们的文化和他们的语言是密不可分、互为补充的。农村学校英语老师要想更好地指导学生，就必须多学习异域文化，增强自己的文化素养，同时还可以比较中西文化之间的不同，从而加深他们对西方文化的理解。例如，学习五年级上册 Unit 8 At Christmas 这部分时，就可以用比较中、西方节日之间的不同帮助学生们展开学习。

三、融入主题探究，培养教学技能

教师一般都是在教室里展开教学，把所学的知识传授给学生。在课堂上，教师要不断地进行“主体性探索”，不断地提升自己的教学水平。教师只有在将自己的教学活动融合入教学体系当中，才可以将自己的不足之处找出来，

更好地将自己的教学活动与实际情况进行融合，进而对自己的教学设计进行改进，不断地对自己的授课技能进行优化，以实现自己的授课目标。

四、利用多媒体，培养应用能力

随着科技的发展，信息技术也在持续发展，多媒体设备被广泛地运用到了各个教育领域之中，它自然而然地取代了传统的教学工具，并且具有更强的交互性，可以更加直观地展示教学内容。在教学实践中，教师要主动地进行信息化教育，熟练掌握各种媒体的使用方法，在实践中提高自身的水平。利用信息技术进行教学，能够提高课堂效率，增强学生的学习动机。教师们也要把更多的注意力放在对信息技术的学习和运用上，对教学工具进行学习和熟悉，对现代教学手段进行科学的运用，从而提升自己的教学效果，并对自己的核心素质进行培养。

五、多方发力，增强小学乡村英语教师的职业认同感

（一）提高教师社会地位，尊师重教

尊师重教，顾名思义，就是尊重教师、重视教育。传道、授业和解惑是教师的天职。因此，乡村英语学校的教师更要回到自己的初衷和职责中去，去继承和发扬“师道”。要尊重教师，应注意下列事项。

第一，发挥社会作用，营造良好氛围，给教师人文关怀。学校要经常组织英语相关的校内文化活动，让学生和教师都能参加，以充实英语教学的内容，更好地推动乡村英语教师与学生的交流，让乡村英语教师带着孩子们参加课余活动，以身作则，既能强化乡村英语教师教学的责任和使命，又能使同学们对乡村英语教师的工作有更深的了解，进而提升乡村教师在同学们心目中的形象。

第二，要发挥社会的监督作用，利用网络信息技术来监督教师的言行。

提倡“尊师重教”是一种优势，要关注教师的真实利益，保护他们的合法权益，提高他们的经济地位，使他们的生活得到改善，给他们的身心创造一个良好的发展条件。

第三，政府引导小学乡村英语教师增强工作认同感。申继亮教授认为，职业认同影响教师工作的满意度、职业倦怠感水平和工作压力。根据调查得出的结果，相同的工作环境下，不同的教师表现不同，这与其工作认可度和工作激情有关，更与教师的专业素养、应对能力有很大关系。一些乡村英语教师由于对自己的专业有着强烈的热情和高度的认同感，虽然工作非常艰苦，但是他们很乐意去做。在当今的教学过程中，教师的爱心、上进心和责任心的重要性远远超过了其自身的教学水平，因此，教师的心态将会影响到他们的工作，唯有教师对自己的工作保持乐观的心态，并将自己的身心投入自己所喜欢的教育领域，这样，他们才会在自己的教学工作中取得成功。

（二）提高教师福利待遇，给予保障

2022 年 1 月，国务院教育督导办发文再次提醒要落实各地义务教育阶段教师平均工资收入水平不低于当地公务员平均工资收入水平。政策主要还在于具体落实。

第一，各地政府部门落实职称级别自然升级政策。教师晋级困难、岗位有限，这是众所周知的事情。不同学历的教师，他们的工资实际上并没有什么显著的差别，这就造成了教师对提高学历并不怎么关注，他们只是将注意力集中在了职称的评定上，但其实，教师职称中级和高级之间的差距就差一千元左右，二级教师和一级教师工资相差几百块，因为不同地区之间的经济发展程度不同，所以在给教师们提供物质报酬方面，他们之间的差距很大，甚至有些教师直到退休仍是中级职称十级工资，能享受中级职称八九级岗位待遇的教师几乎没有，除非评上高级职称，岗位工资才会由十级变成七级，但高级职称能够享受六级和五级薪资的教师更少，因为资金短缺，政府通常不会主动给教师们涨工资，这就再一次导致了教师们的工资差异越来越大，他们的劳动付出得不到及时的回报，从而影响了教师们的工作热情。因

此，笔者提出，可以在职称中达到职务等级的自动晋升，从而保障教师及时领取工资的合法权利，并充分激发其工作积极性。当然，如果能做到根据工作时间来晋升的话，那就更好了。

第二，落实教师医疗享受和公务员一样的待遇。公务员看病就医，以及住院报销制度和教师不一样，目前，有些省份已经开始关注这个问题，并制定了一项让教师们享受与公务员同等的医疗福利的政策，笔者希望这个政策能够在全国范围内得到推广，并且能够全面执行，让教师们得到真正的医疗保障，让他们不再担心生活补贴。

第三，落实获得教育部在乡村从事教育二十年、三十年荣誉证书的教师评职称优先通过的政策。能够在乡村地区一干就是二三十年，已经很不容易了。笔者认为，应该让这一荣誉起到一种激励的效果，让这一荣誉有更多的意义，让这一荣誉为乡村教师提供更多的实惠，让这一荣誉对提升教师的待遇和地位有更大的帮助。

六、加强支持，创造提高教师核心素养的资源条件

（一）培养教师思想素养，提升师德

在新的时期，我国的经济和社会都在不断地快速发展，同时，也在不断地提高着教育的质量。2020 年 7 月教育部印发了《中小学教师培训课程指导标准（师德修养）》，该标准的主要目的是突出师德建设重要地位，以此来培养专业化高素质的“四有”好教师，提高教师的综合素质，为提高教师的道德水平提供了一个准确的航标，也是广大乡村英语教师前进的目标。首先，要在乡村地区的小学乡村英语教师中，加大对其思想政治素质的培训力度，不断提高其政治素质。在学校的管理中，要想把师资队伍建设好，就必须积极地指导教师们，让他们树立科学的育人理念和价值观念，让他们对现代教育观、人才观的教育更加重视，让他们对教育的法律法规更加重视，从而提升他们的思想政治认知水平，增强责任感和使命感，更严谨地完成工作，

促进教师的职业道德水平的发展。其次，要建立完善的教师道德考评与管理制度。当前，我国中小学乡村英语教师质量的评估制度比较简单，对其教学成功度的评估往往只依据学生的英语学习成绩来进行。学校应该改变以成绩为导向的、不科学的评估标准，结合诊断性评价、过程性评价模式，建立健全规范化、制度化的职业道德考核评价指标，通过对目标的界定，可以让教师有参考、有借鉴，对自身职责有清晰的认识，对自身的行动有一定的约束。评价的主题应该将与教育相关的所有人都包括在内，比如领导、同事、学生测评、个人自评等，在进行评价的时候，要做到科学、理性，同时还需要对考核的流程和考核的结果进行公开、透明。

（二）提高教师培训质量，以培促学

要想提升师资培养质量，就必须为乡村英语教师提供机会，让他们在各个方面都得到提升，不仅有师德师风培训、专家培训、英语学科教学培训，英语教学理论培训，还应该有英语演讲口才培训，计算机技能培训，语言基本能力培训。访谈中当问及“您对提升小学乡村英语教师核心素养有哪些建议？”时，F 教师说：“我认为，为了提高小学乡村英语教师的核心能力，必须进行相应的课程训练，毕竟，乡村教师及大小城市教师，在对待课本的态度上都是不同的，还有，微课、翻转课堂这些在乡村就比较少见，因此，我认为训练才是最好的学习方法。在此背景下，除了需要教师们自己去注意，也需要学校为教师们提供一些可以帮助他们发展的资源。建议教师们在闲暇时多读一些书籍与文章之类的。”Z 教师说：“我最希望的是能够有机会出国访学几个月，真正融入国外的生活，去感受各个地区、各个国家的风土人情，以及它们之间的文化差别。小学生有着非常强烈的求知欲和好奇心。每当学生们询问起这些问题的时候，我都感觉自己是在照本宣科，如果没有亲身经历过，我就无法向学生们很好地解释。”所以，只有把学校发展需求和教师发展需求相结合，才能调动教师的内驱力，实现以育促学的目标。经过一系列的研究，我们已经找到了一些关于“英语核心素养”的问题，这些问题引起了我们的广泛关注，尤其是在一些乡镇，为了改善自己的校风，乡镇乡村

英语教师在英语上过分执着，缺乏自我发展的机会，缺乏对核心素养的积极主动的认知。为此，需要开展以培促学的教育培训活动。

对此，笔者建议：第一，学校需要加强与师范院校的合作。在师范学院，教师具有较高的专业化发展程度，他们有着足够的知识储量，对学科和专业的学习能力要高于小学教师，他们具有先进的教育观念和丰富的培养经历。因此，要根据不同的学科，从高等院校中聘请一些专业的教师来补充空缺，从而提高训练的实效性。让乡村英语教师在接受新的东西时，激发他们的求知欲。第二，加强学校之间的合作。一线教师知识匮乏，对培训的需求很迫切，能够从自身教育中的典型事例出发，总结出对教师的协助要点，让教师们把自己所学到的最新理论知识运用到实际的课堂教学中去，从而指导他们培养自己的创新思维和探索能力，并通过持续反思来推进教师自身新知识的构建，从而提高自身素质，达到有效训练的目的。

（三）建立健全培育机制，搭建平台

乡村小学校乡村英语教师的核心素质培养受多种因素的制约，包括内部和外部。在社会层次上，要给教师一些外在的帮助。

首先，为乡村地区的乡村英语教师提供一个培养其基本素质的平台。在此基础上，针对我国乡村地区乡村英语教师的教学现状，提出加强乡村地区学生的教学对策。各大教育体系的教育部门应当主动创建出一支具有良好素质的教师核心素养队伍，通过这些教师，将他们的核心成果向其他的当地学校进行传承，从而形成一支当地的教师核心素养发展队伍。以一批杰出的乡村英语教师为骨干，促进乡村英语教师的发展，并激励乡村英语教师参与有关的训练，以提高自身素质。

其次，教育行政部门要构建教师核心素养的激励体系。精神与物质的激励可以有效地推进教师的核心素养发展，进而提高其自身的教学主动性与积极性。在平时的教学活动中，除了要给教师们足够的教学自主权和自我发展的空间之外，还要给教师足够的支持，要对教师们进行民主、弹性的管理。在此基础上，应尽可能减轻乡村地区乡村英语教师的课业压力，积极倡导教

师参与岗位训练，开展广泛的学习和讨论，提高乡村小学乡村英语教师的职业素质。

最后，教育系统应该加强教师核心素养培育督促。对小学乡村英语教师进行有效的监管，是实现其核心素质培养目标的关键，为了保证培养体系的顺利运转，必须在运作过程中发现问题并加以改进，以保证乡村英语教师的核心素质培养目标的正确性。对于具体监督发展方式可以从以下几方面来考虑：一是建立教师核心素养发展制度。为了对教师的专业发展情况、教学困境以及自身发展的愿望进行全面的认识，要制定出相关的制度，以便更好地促进教师的成长。二是完善教师核心素养发展的评估体系。注重对教师的发展性评估，从多个角度、多个方面入手，对教师的教学质量进行全面的评估。

七、时时可学，培养小学乡村英语教师自主发展的意识

（一）不断学习，提升专业能力

在世界发展迅速的当代，乡村小学乡村英语教师应该学会“学”，擅长“学”，这有利于提高乡村英语教师的职业素质。与此同时，也要跟上时代的步伐，充分运用网络上的各种资源，扩大知识和眼界，提高专业水平。访谈中当问及“您对提升小学乡村英语教师核心素养有哪些建议？”时，X 教师说：“多参与一些教学研究，让教师相互学习。因为当我第一次走上讲台的时候，发现自己面对学生的时候，会感到非常紧张。再加上有很多学校的领导，也有很多有经验的教师，在上完一堂公开课之后，无论我做得多么充分，我都会感觉自己没有讲好。比如，对语速的掌握、教学重难点的讲解，以及对学生情况的掌握，这些都是需要花一段时间来进行刻意练习和强化的。”

P 教师说：“我觉得还是多练习口语，我在乡村的时候，经常听乡村英语教师上公共课程，如果乡村英语教师教学素质不高，可能会对孩子的生活产生很大的影响、不过，我认为，乡村的教师更看重学生的成绩，认为学生的英语成绩越好，乡村的教师就越优秀，在学校里也会受到更多的尊重。因

此，我希望未来的教育部门应让乡村的教师们都参与到英语课程培训中去，或许会对乡村的教育发展情况有所帮助。”

笔者建议，第一，小学乡村英语教师应博览群书、博采众长。苏联教育家苏霍姆林斯基认为阅读是提升教师教育素养最主要的方式。如果教师的知识储备量不足，就没有了对课堂的掌控，更没有了对课本的掌控，教师就没有办法对课本的内容做出更多的调整，只能够采取一种机械式的授课方式，而没有办法对课本进行二次开发。根据研究发现，银川市乡村学校乡村英语教师在课堂上的读书时间较短，因此，教师们应当增加每日读书的次数，从而丰富自己的知识面。第二，在乡村地区，乡村英语教师应加强英语教学。乡村英语教师在表述时要注重语言的精练、严谨、逻辑；教师还要积极地指导学生，调动他们的学习热情。因此，教师的语言还应具备一定的激励和启发效果。除此之外，教师们的语言要始终富有感染力，这样才能引起学生的注意和学习兴趣。第三，乡村英语教学的主要任务是让学习者成为教学的中心。在教育实践中，教师要从单一知识的教授转向注重学生的发展，注重对学生的跨文化思考能力的培育，注重促进学生的综合素养和个体的发展。同时要对学生的生理和心理特征进行深入分析，真正实现因材施教的目标。在进行 Team work、Role play、Show yourself 时，多给内向的学生口头交流的时间，在教的过程中对他们进行激励和指导，以每个学生的差异为依据，给他们提供多样化的自我展现方式。第四，教师要注重由重教师“教”向重学生“学”转变。新一轮的教学改革，要求教师重视英语教学，使其在教学中不断进步、不断发展。因此，小学乡村英语教师要转变传统的“灌输”学习方式，注重“过程”，要培养学生的思考能力，使学生们在中西两种文化的探究中不断地提升自己的英语水平。在教学中，要做到师生之间共同讨论、共同研究、共同交流。

（二）勤于反思，提升教学能力

要想提高乡村小学乡村英语教师的自我发展意识，就必须在教学中注重教学方法和教学理念的结合，并进行有效的反思。做好教学反思对提高教师业务素质至关重要。笔者通过调研教学反思现状，发现当前银川市小学乡村英语教师教学反思的主要问题是：小学乡村英语教师缺乏反思的意识；对于反思内容，没有具体的概念和内容；反思流于形式，没有深度和广度；认真总结教学反思的频次较低，内容过于简单；未能及时将教学反思运用于实践去验证其合理性。因此，小学教师必须加强反思意识，对其进行综合的反思，进而提高其自身的职业素养。笔者认为，乡村小学乡村英语教师应从反思的内容和形式上进行改革，从而提高自己的教学水平。①

第一，在英语教学过程中，教师要注意把课堂教学作为重点，对教学进行反思。教师的教学反思应当在每一个教学环节中进行，其中最重要的是要对整个英语课堂进行检讨和归纳，对于语音、词汇、句式、课文的教学设计、教学方式、教学时间、教学策略、手段的运用。同时也要重视课堂讲授之前的教育思考，教师在对待课本的态度上，要对单元主题进行整体的把握，明确大单元主题之下 Lt's talk、Let's learn、Let's spell、Read and Write、Let's check 这些部分的衔接与联系。通过这种方式写出自己的思考笔记，帮助乡村英语教师全面地剖析自己在课堂上所学到的东西，并在此基础上总结出自己的教学经验，进而建立自己的新教学系统。

第二，英语教学反思，以学生为中心进行评估。在方式上，乡村英语教师也要反省自己的课堂效果，反省学生在课后对所学知识的理解程度，比如单词拼写、发音识别、词汇造句、阅读文本、口头表达等。在教学中，教师要对英语教学进行全面的了解，并对教学中可能出现的问题进行预设，达到提高教学效率的目的，从而提高教学质量。然后将以学生为主体的反思内容展现出来，实现以学生发展为中心的终极目标。

（三）乐于研究，提升综合能力

乡村小学乡村英语教师的工作比较繁重，一名教师要负责一整年的课程，

① 王雪：中英文化差异对学英语的影响及其对策探究，安徽文学（下半月），2016 年版，第 146 页。

经常要反复讲解同样的课程。因此，有必要展开学习，提高学生的整体素质。这就要求教师主动提高自己的能力。访谈中当问及“您对提升小学乡村英语教师核心素养有哪些建议？”时，Z 教师说：“我认为，教师应该对自己的教育观念进行持续更新，许多教师之所以会出现职业倦怠，就是由于他们没有好好学习。他们用传统的思想和教学模式来授课，进行教学，却不能对学生、对教材进行及时的调查。他们对学生的综合素质没有给予足够的重视，他们只将注意力集中在自己的成绩和分数上，还在使用传统的评估方法来评估学生。因此，我建议，教师们要多了解最新的教育理念及教育政策，不管是什么学科的教师，首先要做的就是让他们学会如何做人，而对知识内容的学习则是排在道德规范之后的，总之，我始终都是这么认为的，也是这么做的，我觉得学生的品德应该的第一位的，其次再谈学习。”

笔者建议：第一，乡村小学乡村英语教师首先要对儿童的认识发展存在着一定的差别进行调查。针对不同的儿童，采取不同的教育方式。在教育过程中，将对应的思政观念融入其中，从而推动学生整体发展和个性发展的和谐统一。备课内容的设置要以不同学生的年龄特征和认知特征为主体，小学生的核心素养得到了有效的发展。以学生的个性差异为基础，设计出对应的活动和游戏，从单词、词组、句型开始，逐步提高练习的难度。第二，小学乡村英语教师要研究小学英语课程标准和教材。在课堂上，老师对所讲的东西有一个深刻的认识，这通常是提高课堂效率的先决条件。所以，教师要建立一种完善的知识体系，对课本的内容展开深入的研究与升华，指导同学们在不断探究与思考的过程中把新、老的东西结合在一起，从而更好地了解并掌握学习方法。要建立起一套科学的教育观和教学原则，并对其进行合理的选择。在实习过程中，笔者发现小学英语教学中的公开课全是全英文教学，而在实际的教学课堂上，教师们更多的是用汉语，而很少用英文。学生英语口头表达是基于教师的口头表达。因此，教师们不能忽略语言表现的示范作用，如果教师对于英文中的清辅音、浊辅音、爆破音等发音不标准，那么孩子也会照样模仿，所以，乡村小学乡村英语教师在英文教学中应重视语音的正确性，实施高效正确的课堂教育。第三，乡村英语教师应对其进行教法练习。根据英语课程特征，积极探讨弹性课堂的教学方法，贯穿情景教学法、活动教学法等教学方法，使课堂生动活泼。重视每一天的积累并提炼出教育成果，在教学实践和经验的基础上展开教育研究，逐渐形成一套完整、有序的系列化教育成果。第四，乡村的小学校乡村英语教师应该学习运用信息科技。当今社会，科技进步，学校教育质量提高，使信息素养逐步变成了一种必须具备的素质。这就要求小学乡村英语教师坚持学习现代的教育方法，提升自己的教育水平，对已有的资源进行合理、高效的使用，开展线上和线下混合式教学模式，营造信息化的教学环境，展示动漫效果的英语交流，让学生在故事中模仿对话，利用各种动态小游戏辨析词汇等，扩充生动有趣的英语教学内容，满足小学生强烈的求知欲，更好地提高英语教学质量。

第十一章　乡村英语教师信息素养现状及提升策略研究

第一节　教师信息素养的理论分析

一、信息素养

信息素养（Information Literacy）是一种能够适应现代信息社会快速变化的综合技能，它自身是从素养一词演变而来的。在中文语境中，《辞海》对“素养”的解释有两种：一是经常修习的涵养；二是指平素所供养。从上述的界定中，我们可以看到，素质教育是一个不断发展的过程，是一个经过长时间实践的过程。所以，培养学生的信息素养，也是一个不断实践、循序渐进、从低到高的螺旋上升的过程。美国信息产业协会主席保罗·泽考斯基（Paul Zurkowski）针对信息素养下了定义：依据多元化资讯工具和主流信息来源处理问题的模式和方式方法。1989 年，美国图书馆协会（ALA）将其定义为“能够在必要的时候识别出所需的资料，能够有效地发现、评价和利用这些资料。”1999 年，英国国家和大学图书馆协会（SCONUL）将其界定为一种对知识的认识，能够运用正当的方法和高效的技巧来收集、评价、使用、管理、集成和创作的资料和信息。这个阶段的信息素养的含义比较狭隘，它的界定多停留在技术手段的层次上，并以信息的发现、搜集和管理为主。中国的信息素养调查从经济学角度出发，熊扬华（1989）从企业管理者的视角来看，信息品质和素养就是信息本身所具有的一种能被人们加工、传递及吸收利用的潜能。谢德荣（1993）第一次提出了一个新的观点，那就是一个专业的教师应该具有较高的信息素养，并且能在不同的领域发挥不同的作用。金国庆（1995）首次提出了“信息素养教育”模型，从高校与社会两个方面入手，探讨了信息素养的理论内涵与实际操作。王吉庆（1999）认为，信息素养主要包括三大内容，第一是信息意识，第二是信息能力，第三是信息道德。祝智庭（2001）指出，信息素养其实是人们在参与信息化活动中表现出的个人技能和水平，主要包括基础信息素养、学科信息素养、特殊信息素养、科研信息素养四大内容。张义兵（2003）指出，信息化教师不仅要有较强的信息处理和交流能力，还必须有数据评估和检测能力，另外还要有适应性学习能力和持续学习能力等。迄今为止，随着信息时代的发展，人们对信息素养的含义也在不断地进行着“争鸣”与发展，但没有一个明确的定义。

结合以上专家、学者的学术意见，笔者总结出信息素养的基本含义，即自主增强自我信息应用意识和能力，科学规范运用信息资源，发展自己的思维信息创新技能，在严格遵循道德规律和要求的基础上形成有序的信息伦理。它是一种在信息时代形成的一种全面的技能，它的实质是一种对真实世界积极的适应性和追求创新的技能，这样才能最大程度地发挥出个体的潜力。

二、教师信息素养

目前，关于教师信息素养的认知，有关的研究还处在分析和归纳的状态，并没有形成一个完整的结论，这也符合信息化社会中的建构生成规律和要求。美国学者道尔（Doyle）在《信息素养全美论坛的终结报告》中提到，一个具备信息素养的人，可以对信息进行理性运用，可以对新的信息和已有的知识信息进行整合和更新。在对信息素养的认知和研究的基础上，国内学者也都发表了自己的学术观点和看法。谢安邦（2004）对教师对信息素养的认识和敏感度、信息的重视程度、信息的批判思维和信息的高效融合等方面做了详尽的解释。荣曼声（2006）认为教师的信息素养指的是教师利用资讯，在设计、开发、运用、管理及评估的过程中所应该具有的素质。智春山（2007）

指出，教师个人信息化素养实际是指其在实际的教学过程中有效检索、查询、研究、处理和运用信息的过程，这样，就能更好地为大学生提供有效的问题解决方案。何克抗（2009）从教师实际教学工作中的信息掌握、研究、应用等技能做出了深入探索。①

通过对上述几位专家的讨论，我们得知，在我国教育网络化和信息化水平不断提高的背景下，我国教师针对信息素养培养方法的探究也逐渐深入，需求方面的内容和知识点也越来越丰富，从最初教师的信息知识和技能掌握、理解层次，到之后的信息技术研究、开发和实践应用层次。教师注重运用信息技术解决实际问题的能力，对信息素养这一概念的认识不断加深。然而，这在某种意义上却忽略了在教师的个人发展过程中，对个人的需求具有独特性和多样化。在当今时代，随着教育信息化的推进，一个特殊的行业——教师，除了要拥有基础的信息素养外，更要拥有一种属于自己的特殊的信息素养。它既与个体的职业发展密切相关，也与全社会的信息技术与教育的现代化进程密切相关。

三、关于教师信息素养的研究

（一）国外研究现状

韩国从 1996 年开始，以五年为一个阶段，制定了一套关于教育信息化的战略计划。在各国实施的方针中，都与其自身的发展状况相联系，为提高教师的信息素养提供了一个清晰、具体的指导方针。联合国教育、科学及文化组织（UNESCO）从自身角度出发，对教师信息素养进行了深入研究。2008 年，UNESCO 颁布了《教师信息和通信技术能力标准》（以下简称《能力标准》），旨在帮助教师确定在使用技术时所需的信息技能。《能力标准》按照获取技术素养、知识深化和知识创造三条教育变革路径展开，从“教学

① 杜玉霞：美国信息素养教育与研究的启示，电化教育研究，2005 年版，第 43 页。

法”“信息通信技术”“教师专业发展”等方面构建教师信息素养框架和能力模块。2011 年，UNESCO 在《能力标准》基础上，颁布了《教师信息与通信技术能力框架》（以下简称《能力框架》），在延续原有的三种教学改革道路的基础上，有了新的发展，在考虑到灵活性的前提下，对教师的信息技术水平提出了更高的需求。2013 年，UNESCO 发布《联合国教科文组织教师信息与通信技术能力框架本土化修订指南》，旨在引导各国（地区）结合内部实际教育制度实施情况，科学调整和优化教学架构。

总的来说，UNESCO 针对教师信息素养与能力发展的框架体现出两大特点：一是将“教师的信息素养”与“素质”有机地联系起来；二是建立一套可变通的《国际教育与国际教育》研究体系，为各国的教育改革、创新提出了一套适用的理论与方法。美国十分注重对学生进行信息素养教育，主要通过美国国际教育技术协会（ISTE）和美国图书馆协会（ACRL）开展相关研究。美国国际教育技术协会从 20 世纪 90 年代起，推出了《美国国家教育技术标准》（NETS）系列，其中包括《美国教师教育技术标准》（NETS–T）政策。2017 年，ISTE 将教师技术标准更名为《教育者标准》，在此基础上，进一步加强了对教师的重新思考和重新定位，并指出了“学习者”“领导者”和“促进者”三方的作用。美国的高校和科研图书馆联合会，其目标是在职师资的培训。

总体而言，美国关于教师信息素养的研究具有以下两个特征：一是强调了“以生为本”，从“以学为本”到“以生为本”转变，更加重视在教学信息化进程中学生的主体性；二是注重学生的创造性发展，对学生的培养由以“技能为中心”转向以“创新能力”为中心。在此基础上，笔者提出了一种新的教育理念，即在数字环境下，要重视公民资讯意识对教师信息素养的影响。

（二）国内研究现状

如今，在中国知网（CNKI），我们将“教师信息素养”当成主题词做出检索，数据显示，最近两年，硕士和博士的文章数量有了一个小幅度的增加，但是这个数字依然很低，这表明在学术文章中，对教师信息素养培养的路径分析力度还必须加大。期刊论文在前几年呈现出逐渐回落的情况，但是之后出现了剧增，这表示我国信息化战略得到运用和实施，人们和相关部门对于教师信息素养培养工作也重新重视起来，出现了一股新的研究浪潮。要健全我们的教师信息素养教育制度，为我国教师的信息素养建设提供新的思路，同时也为我国教师的信息素养建设提供新的思路。从目前的文献来看，关于教师信息素养的研究在我国还处于起步阶段，多数学者是在国外引进“信息素养”这一概念，然后根据自身的研究方向，在此基础上对教师的信息素养进行了界定。

下面是一些具有代表性的意见：王吉庆认为，信息素养是一个在信息社会中人们需要具备的普遍的、全面的评判标准，从信息知识、信息能力、信息意识、信息情感和信息道德等方面深入分析了信息素养。桑新民针对学生自身的信息素养教育提出了六条准则，第一，能否及时获取学习信息；第二，能否正确思辨和判断信息；第三，能否筛选并保存有用的信息；第四，能否及时向外部输出信息；第五，是否能够自主参与信息和资讯交流；第六，是否具备较强的责任感。我国学者刘美桃不仅进行了信息敏感度研究，还了解了学生自身发展的所需信息，以及自身的数据处理和评估技能，制定出了规范化的信息素养培养和发展标准，并强调了终生教育在培养学生信息化素质方面的价值和意义。2002 年，教育部发布了《关于推进教师教育信息化建设的意见》，提出要始终保持解放思想，因地制宜，不断地进行拓展，跟上时代步伐，重视运用，以培育一支具备了创新意识和实际技能的新型中小学师资队伍，对中小学教师的信息素养进行全方位的培养。2004 年，教育部制定并推行了《中小学教师教育技术能力标准（试行）》，从意识与态度、知识与技能、应用与创新、社会责任四个方面提出了详细要求和标准，将其用作对中小学教师进行教育素质和技能训练、考核的一大标准，旨在提高中小学教师的教育技术技能，推动教师的信息化教学技能和职业发展。随着信息技术的发展，教育部在 2014 年先后印发了《中小学教师信息技术应用能力标准（试行）》《中小学教师信息技术应用能力培训课程标准（试行）》，以规范和引领中小学教师的信息应用能力的实施和培训工作。2018 年 1 月，中共中央、国务院印发了《关于全面深化新时代教师队伍建设改革的意见》，对新时代的教师队伍建设进行了顶层设计，要求教师“主动适应信息化、人工智能等新技术变迁”“推动信息技术与教师培训的有机结合”。

总的来说，在国外，对教师信息素养的研究已经开始，并且已经获得了一些成果，其中包括了教师信息素养的含义和评价标准。但是，我国在教师信息素养培养这一方面的分析还不足，缺乏针对性和实效性的研究。尽管我国在教师情报质量方面的研究起步较晚，但通过对国外有关情报质量方面的研究，研究成果逐渐增多。随着我国教育政策和制度的不断完善，我国很多学者都展开了深入的科研活动，创建和完善了能够促进我国教师信息素养和能力培养的科研体系，制定出了针对性的分类标准和评估制度，为我国信息素养和水平的整体提升奠定了坚实的理论研究基础。

（三）研究的理论基础

1. 建构主义理论

建构主义理论不但和我们常说的认知论相关，还和学生方面的学习论息息相关。在认识论方面，构建论是一种认识“知识”性质的学说，它的中心思想涉及认识的方式、方法和成果。换言之，建构主义属于一种有关学习或意义构造的认识，其理解凸显出一定的暂时性、发展性和情景性特点；而在学习论方面，建构主义属于探索学习方式的理论，人们在对自己所处在的社会情境的认识中，经历并持续构建新的意义。

从构建论角度出发，对“信息素养”这个“知识”概念进行理解，把它当作一个当代的教师所必须具备的一项职业技能，并以原来的知识和能力为依据。建构主义还提出，学习属于信息象征性意义建构的过程，可以将社会认知与社会现象融合在一起从而实现构建。在发展智慧教育的大环境下，要达到自我发展的目的，教师必须提高自己的信息素养，并在自己与社会之间展开一个正面的价值体系构建，只有这样，才能真正培养出能够满足时代发展要求的专业化、高素质师资队伍，实现学校教学理念和模式创新的有效变革。最后，构建论研究者认为，在英语课堂上，教师要根据学生所处的环境采取相应的方法，使学生得到充分的发展，获得更好的认知。当利用信息技术来完成对个人的引导式教育时，尤其要关注小组成员之间的沟通和协作，为学生小组学习创建一个开放性、高效性的空间和环境，最终形成良好的学习社区。

总之，在构建主义的教学中，构建主义的教学理念为提高教师的信息素养的研究开辟了一条新的途径，让教师们可以在智能教育的环境中，与最初的理论知识和技能标准相结合，不断发展个人信息素养和技能，从智能发展方面入手实现语义体系完善和构建目标。

2. 泛在学习理论

泛在学习指的是人可以在各个时间和地点，采取不同的计算装置，获得任何他们需要的教育资源并享有无所不能的教育服务。通过合理运用泛在技术与信息技术，完成情境创设，学生可以在了解个人学习知识点和认知发展目标的基础上，自主获取有效的学习信息和资源，有序开展相关教学活动。泛在式的教育是以资讯科技为核心、以个体为中心的教育，通过利用信息技术让学生经历一个可以被感觉到的世界，从而更好地构建自己的知识体系。泛在学习也强调“回归自然”这一理念下的学习模式，始终强调以人为本，让学生可以自主地学习和研究。它倡导的“学习的发生”“学习的需要”“学习的资源”等理念，将有助于教师信息化素养的提升。在智慧教育中，本课题将重点放在了在实际教学情境中对教师的信息素养进行提高和发展。这一理念反映到课堂教学中，就是将信息技术与教育教学深度结合，使教师和学生能够相互沟通。不是外部的技术工具，也不是外部的环境，如果过于注重外部的原因，很有可能会造成只注重技术工具，而忽略师生内部需要的情形。

智慧教育不仅属于一种面向将来的教学思想，也属于一种先进的教学方法。笔者所提倡的智能教学，并非一种死硬的、在教室里展示的方法和工具，它更像自然地融入其中，自发地、主动地表现出来，即使没有被学生们察觉到，也会在学生们学习、思考的过程中潜移默化地提高学生们的信息意识和能力。在这种学习方式下，信息技术的应用变得理所当然，并没有给教师们带来更多的认识压力和困难，还能够激励教师们提高自己的信息化教育水平，为教师们的专业化发展增添更多的内容。

3. **教师专业发展理论**

目前，关于“教师专业化”的研究很多，它既是对教师专业成长的一种重视，也是对教师自身发展的一种重视。最初提倡教师发展主要以“教师专业化”为指导，将其划分为两种类型，一种是教师的个人专业化，另一种则是教师的职业专业化，前者指的是教师个人的专业能力得到了持续的提升，并得到了进一步的发展，而后者则是教师群体为了达到其职业的专业水平而进行了不懈的努力。在此基础上，笔者提出了一种新的、有针对性的、具有创造性的、可操作的、可持续发展的“新要求”。随着教师专业的不断发展，其关注的重点也从“群体”向“个人”转变。在此基础上，教师的个体专业化也经历了由被动接受向主动寻求专业成长的觉醒，这在某种意义上也是由“非专业”走向“专业”的过程。之后，“教师专业化”与“教师专业发展”侧重于教师群体的外在专业化，而教师的专业发展侧重于教师个体的内在专业化。教师是教学工作中最重要的参与者，它的专业化发展对教学信息化的发展和过程有很大的影响，而对于其个体的水平和能力来说，它体现在教师个体的信息素养与其专业化发展的联系上。

在大学英语教学中，教师的职业发展是一个从初学者到专家的职业发展的过程。因此，要加强对高校师资队伍建设的研究。教师专业成长的概念与内容具有多个层面：在水平层面上，其涉及教师的专业理论知识、技能、思想、情感、态度等；从纵向上看，其涉及教师职业生命周期、不同发展阶段需求、社会化发展理念等。随着我国中小学英语学科建设的不断深入，其发展也面临着严峻挑战，特别是在对教师的信息素养进行培养和训练的过程中，要按照教师发展的一般规则和职业生涯理论逐步地开展。教师应该有效创建出自身教学意识和能力协调发展的系统，不断增强个人信息素养、信息意识和信息道德水平，进而掌握可以正确、有效处理信息和数据的技巧和方法，发展成为具备较高信息素养的智慧创新型现代化老师。

第二节　乡村英语教师信息素养问题与成因

目前，我们国家的教育正在蓬勃发展，信息化的程度也在逐步提高。但是人们却没有意识到，随着教育的发展与改革，乡村小学的教师们由于跟不上时代的发展，已经逐渐显露出一些问题。通过对乡村小学教师的调研发现，与以前相比，乡村小学教师的信息素养有了很大的提升，但总体水平仍需提高。因此，培养教师的信息素养是一项长期的工作，要精准把握乡村小学教师发展中出现的问题，并对其进行深入的分析，这样可以更好地提升乡村小学教师的信息素养。

一、乡村小学教师对信息技术重要性的认识存在偏差

根据调查结果可知，部分乡村小学教师在信息意识方面的问题不大，但仍有一部分教师对信息技术的重要性缺乏足够的认识。只有对某一行业有了正确的、科学的认识，才能使自己在该行业内活跃起来。因此，当开展信息素养教育时，老师对于资讯适时发展的观点将会极大地影响到教师的教育效果。通过和多名老师做出问卷调查和访谈可知，如今大部分教师都了解信息技术的教学重要性和价值，但是还有一些教师存有认知方面的问题和偏差。

其成因是：第一，考试教学的观念已深入人心。在实际教学中，许多教师仍然将提升学生的成绩放在了首要位置，而这种过分重视考试成绩的不理性看法，不仅不利于教师个人信息素养的提升和发展，还会导致教师忽略学习方面信息素养和技能的培养。第二，我国中小学教师的信息化建设还处于起步阶段，还存在着一些问题。比如有的中学只是针对一些资历老的老师进行信息化的培训，对新手教师并没有同等对待。长期来看，这会对教师的信息素养教育产生负面的作用。此外，在对老师进行考核时，仍只注重老师所在的班级的表现，缺少科学的考核制度。第三，在课堂上，老师们过分强调

传统的教育方式。长久以来传统的教育方式应用，让老师们在教育上形成了一种思维定式，缺乏对信息技术重要性的认识。长期来看，还会对教师的信息素养教育产生负面的作用。第四，有些老师并不需要通过参加教学技能比赛来获得更高的职位，他们很难会积极考虑运用信息技术来进行教育，也很难自觉地参与到对信息技术的训练中来。目前，我国乡村小学的教师对信息技术的重要性仍有很大的误解，因此，必须改变他们的信息素养观念和思想。

二、乡村小学教师相关信息知识缺乏

通过调查，我们发现一所乡村小学的教师在信息知识教学上存在一些问题，具体体现在：尽管教师们对于电脑网络上收集信息有足够的认识，但大多数教师的英文知识储备不足，对于一些常见的教辅软件也不太熟悉；在网络的维护上，乡村教师手足无措；另外，针对不同的教学对象，教师们在选用相关的辅助软件时，也存在着一定的盲目性。因此，结合教师信息知识维度和发展要求来说，某乡村小学教师的信息知识问题比较明显，主要表现为他们没有有效掌握相关信息和资讯，应当进一步扩展资讯的范畴。

究其原因，其具体体现在以下几个方面："一锅煮"式的信息素养的训练，未顾及老师的差异性。在有关的训练中，教师可以被划分成三种不同的类别，第一种是在信息技术上相对领先的教师，这些教师在学习了一些常用的信息技术软件之后，就拥有了一些基本的知识，并且在课堂上可以很好地运用这些教学软件。这一类通常是年轻的教师或者是信息技术专业的教师，他们在训练中对所讲解的基本内容已经非常的熟悉。第二种就是对信息科技没有太多了解，却可以运用信息科技做一些基础的教育工作的教师，这样的老师往往既是老师，又有导师。第三种是信息科技"零基础"老师，在平时的教育工作中很少使用信息科技，这类教师往往资历比较老。然而，在培养过程中，这三种老师都出现了"一锅煮"、不能真正做到对学生进行个性化培养等问题。具体表现为：第一，在培训课堂上，教学方式十分单一。无论教师是哪一科的专业教师，也无论教师是教哪一年级，同样的一堂课，都是

"老师说、学生听"，教师和学生之间的互动不多，实践活动也不多。当教师们讲课结束后，对这些学生们的教学效果也是各不相同的，最显著的结果是，一些有本事的老师"意犹未尽"，而那些没有本事的老师则"兴味索然"，完全不明白自己在讲些什么。第二，乡村小学教师的工作压力很大。通过采访了解到，某乡村小学的教师状况并不是很好，缺编现象十分常见，有些学校甚至出现了严重缺编的情况。一位教师常常要同时教授几个科目，这就导致了乡村小学教师的教育负荷太大，也是导致他们的信息知识面比较狭窄的一个因素。

三、乡村小学教师信息能力普遍偏低

以上的研究结果表明：一所乡村小学的教师在信息素养上有一定的问题。这主要表现在老师们对他们在日常生活中所使用的软件有一定的了解，例如，他们对 Powerpoint（课件）的使用都比较熟悉。但是，在谈论到对常用的教学软件的了解以及运用时，大部分的教师都表示并不熟悉。例如，大部分的教师都说他们不知道怎么使用 Flash，往往要借助他人的力量在课堂上插入一些小动画片。还有教师说，对于具体的教学应用软件，比如 Office、Flash 等，训练的时间可以稍微延长一点。在教育过程中，教师经常需要使用信息处理技术，例如图片、音频及视频资源处理技术，但是只有很少一部分的老师拥有图片和音频处理技术的应用能力，能够利用视频处理软件对相关视频问题进行处理的老师更少。因此，乡村小学的教育教学仍然任重而道远。

调查研究发现，某个拥有足量计算机的学校，其信息技能水平高于其他学校，而没有拥有足量计算机的学校，其信息技能水平低于其他学校。调查结果显示，49% 的教师认为，目前在校园内没有打造足够浓厚的信息科技教育氛围。从与教师的交谈中可以了解到，虽然教师们都有将信息技术应用到课堂上的愿望，但他们在学校中并没有一个完备的、与之相匹配的信息设备使用培训体系，在收集教学材料方面，还存在着某些问题，更别提将信息技术与教育教学相结合了。从这一点上讲，中学英语教师对于多媒体设备一旦损坏就无力维修，如果没有其他的教学计划，那么信息技术对教学来说就不是便利，而是阻碍了。因此在乡村原本物资体系就比较薄弱的地方，如果不能得到定期的计算机维修，就会严重影响教师学习，甚至导致教师丧失教学热情，影响教师的信息教学水平。

而且，年龄对教师的信息素养有很大的影响，年轻教师的资历越深，对资讯知识的接受程度越高，且在学校内有较多的信息素养；而年纪比较大的教师，大部分都具有大学专科及以上的学历，通过函授或其他方式获得了本科学位，但与那些专业的年轻教师相比，他们在信息知识的系统性方面还存在着不足。

另外，教师教龄长，存在职业倦怠。教龄相对较低的教师，初踏入教育，对自己的教育事业有完整的计划，他们会用新奇、好学的态度来进行教学，而且对学习和实验有浓厚的兴趣，可以快速提高自己的信息技术素质。对于具有较高教龄的教师而言，他们在从事了几十年的工作之后，大部分人都会对自己的教育工作产生厌烦情绪，加之他们的教学思维大多定型，在遇到新型的教学器材时，接受程度上会相对较差。因此，他们在信息素养方面相对于那些年龄较小的教师要差一点。

除此之外，师资队伍建设不完善，缺少针对性、可操作性也是影响因素。在与一些参与过训练的教师的沟通中，他们在参与训练的过程中也是疲于奔命，一开始对于训练抱着很高的期望，然而当他们真去学习后，才发现训练的许多内容都太过形式化，无法与实际教学相结合。还有，一些教师讲授的课堂知识比较空泛，不具有针对性，且在对学生展开教学训练之后，没有进行后期情况了解和跟进指导。

四、乡村小学教师信息道德水平不高

经过对问卷调查结果进行分析，可以得出一个结论：在平时的工作和生活中，一个乡村小学的教师可以很好地做到不在网络上传播没有根据、没有事实依据的信息。但是，当被问到对相关法律的了解时，我们发现有些老师并不了解基础的互联网规则和法律，比如《中华人民共和国网络安全法》等，有些教师对此有所耳闻，但并不太懂。除此之外，在平时的使用中，大部分的教师都没有对互联网上的不良行为进行积极的揭露和举报，具体数据详见图6。在和教师们的交谈中，大部分的教师都表示，这件事情和他们没有任何的关系，所以举报也没有任何的意义。因此，教师在信息伦理素质上还是有提升余地的。

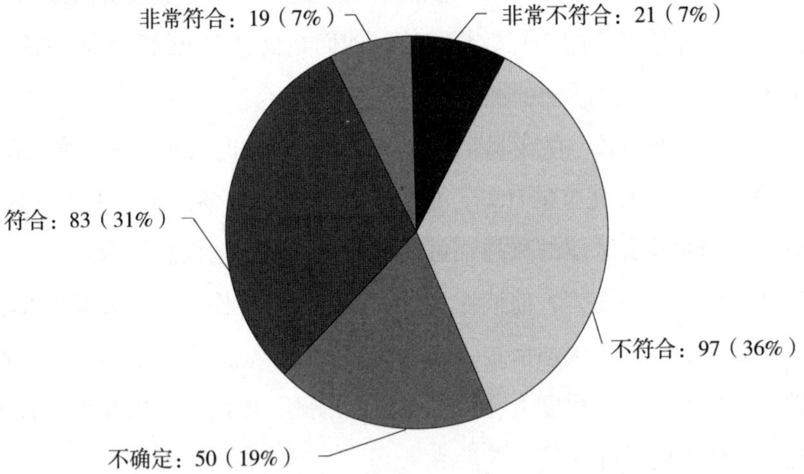

图6 “我能够主动揭发检举网络上不良现象”统计

主要表现在：一是对教师信息素养的关注不够。从问卷的角度来看，目前我国一些中小学并没有重视教师的信息素养，这在某种意义上也是导致教师信息道德缺乏的原因之一。在平时的教育、教学和教研过程中，学校并没有对教师的信息道德进行提升。老师是否具备较高的信息道德，完全依靠老师自身的自觉性。二是在新闻伦理问题处理上，教师自己的新闻伦理观念还不够强。在与教师讨论信息道德的问题时，一些教师说：“我觉得信息道德这个东西很抽象，我想，在那个网络空间中不造谣、不违法就是有好的信息道德了。我在网络上看到了什么不好的事情，都会直接删除。”因此，教师本身是缺乏信息道德观念的。

第三节　乡村英语教师信息素养提升策略

教师的信息素养提升并非一蹴而就，而是一个循序渐进的过程，特别是对乡村学校的教师来说，由于工作场所的特殊性，需要一个较长的时间。针对当前乡村中小学的教学现状，笔者从多个方面进行了探讨。

一、变更思想，确立科学的信息观念

在信息化快速发展的今天，信息化对教师教学身心的影响力比较大。如今在实际的教学当中，一些学校领导者和教师的信息素养还不够高，且存在一定的差异性。因此，要从根本上改变当前中小学教师对信息素养的片面理解。

第一，高校管理者要带头建立起一套科学的信息观念。在目前我国的中小学校，学校领导对信息素养的态度，与教师对信息素养的态度有密切的关系。一所学校的校长，只要对信息技术的发展趋势保持重视，拥有一个良好的信息理念，就会在无形之间推动着教师对信息素养的认知和重视；反之，一所学校的领导只注重升学率，没有对教师进行科学的评价，忽视了教师的提高，也会直接影响到教师的信息素养培养。所以，要转变大学管理人员的情报素养理念，建立一种科学的情报观。在这种情况下，高校领导干部必须首先改变观念，主动担当起信息素养教育的领导角色。首先要运用科学化的评估方法。在日常的教育教学工作中，学校领导不能单纯追求升学率，不能把学生的学习成果当作衡量教师能力的唯一指标。而应该要求老师们在课堂上重视提高自己的信息素养，对信息技术进行主动、高效地应用，并把这一方面的内容当作对老师进行评估和考试的主要内容。在评价和考试的方式上，要采用多样化的方法，例如可以实现期中考试与期末考试的有效结合和设立，促使教师深入研究。另外，学校校长也可以设计出一个专门的“教师信息素养培养和管理册”，不需要使用纸张，只需要在计算机上操作就可以了。在这种管理册上，会实时地记录学校对教师们信息素养的监督信息，并对信息素养比较好的教师给予赞扬，而对那些表现平平或略有滞后的教师则可以及时提示。这样，能够使绩效不佳的老师得到替代性强化，从而有意识地提高其信息素养。

第二，要充分调动老师的积极性和主动性。在所下发的关于信息素养的培训计划中，不仅要让学校的教学骨干参加，而且要积极地鼓励所有的老师参加，并采取多种方式来调动老师的积极性。另外，还需要开展相关的校本培训，激发老师的学习热情。在学校培养过程中，要加强对学校的新闻伦理体系建设。

第三，健全相应的奖励制度。比如，可以把老师的信息素养和他们的职位挂钩。从前，当老师评定职称或升职时，大部分都是要考虑到教师的资历及教育基本功，但是在这一部分经常会被忽略掉。因此，当教师晋级时，可以将两者结合起来。可以借鉴桑代克研究提出的“效果律”，如果一名教师在进行教学时，充分认识到了信息技术的重要性，具有较高的信息素养，能够积极地应用信息技术，并为学生们的学习提供了很好的成果。那么，为了保持学生之间的关系，学校要给予相应的奖励，从而在晋级职称的过程中也可以优先将其纳入考量范围。此外，还应在教师指导下，实行“一带一”“一带多”等辅导员制度。其方法是由具有较高的信息素养的教师来帮助在此领域略有滞后的教师，假如这些在信息素养上略有滞后的教师提升了自己的信息素养，那么就可以对帮扶的两方进行适当的激励，这样既能确保学生的学习成效，又能充分考虑到教师的信息素养。

第四，在教师层面上，树立对信息的科学观念。首先要突破传统的教育观念，使之从“旧”的教育中摆脱出来。目前，我国的教育已步入信息化时代，要适应教育的现实需求，就必须借助信息化的手段。因此，教师们也要突破传统的思维模式，积极地进行信息知识的学习，并随时有一种不能跟上信息发展趋势，就会被淘汰的忧患意识。在教学的过程中，要努力学习信息知识，提高自己的信息能力，在不对学生学习造成任何影响的情况下，要充分利用信息设施设备，获取教育教学资源，建立自己的知识体系。其次，教师要给自己注入一股“活水”，要加强对大学生的信息化素养教育，形成知识库。所以，老师要积极地学习与信息科技相关的知识，拓宽自己的知识面，在讲课的时候，对学生进行恰当的教育。要对信息化手段在教育教学中的重要作用有足够的意识，要提升自己对信息素养的认知，要不断地强化自己的学习能力，并把自己所学到的东西应用到教学活动当中。再次，教师们应当充分认识到计算机对信息素养提升的重要性，尽可能地将个人计算机配置到最优限度，当他们需要收集信息资料的时候，将会得到极大的便利，在此基础上，学生可以利用电脑，随时了解各种信息科技的发展动态，开阔自己的眼界，不断地更新自己的知识体系。最后，自觉提高自己的职业道德。比如在对别人的学术成果进行引证的时候，要一一标注出来，然后，教师们可以根据自己的情况，为自己制定一份“学习时间表”。此外，在提升自身素质的过程中，老师也要多反思自己的问题。或者通过交流讨论来学习提升，这一方法体现在教师的信息素养上，就是老师与老师或相关人员要进行交流，在讨论的时候要时刻注意并做好笔记，要知道自己在信息素养上还有什么不足之处，还要从其他方面进行借鉴，从而达到取长补短的目的。

教师信息素养的提升并非一蹴而就，其首要任务是转变观念，树立科学的信息观。这就要求学校和广大教师在不断的工作中，为提高信息素养而不懈努力。

二、多措并举，拓宽教师信息知识面

第一，教师们要不断地努力，积极地扩大自己的信息知识范围。在教师的职业发展过程中，相关教育部门对教师提出了更高的需求，而在这些需求之中，现代的科技和技术是最主要的构成部分。特别是在当前的信息化社会中，更是如此。在课外，教师可以根据自己的需要，为自己定制一份规划，让自己的课外活动效率得到最大程度的提升。由于教师对 CAI 的了解程度较低，导致教师无法针对不同的教学目的、任务来选用相应的 CAI 软件。因此，对于这一领域的知识欠缺，可以进行相关的 CAI 知识的学习。另外，在网络的维护上，教师们也缺少相关的知识。为此，高校教师自身应不断努力，主动拓展自身的信息知识领域。

第二，充实教员，减少教员的负担。乡村学校的师资力量不足，导致了学校的教学任务繁重，没有足够的时间和精力去学习信息知识。因此，有关方面，应当对乡村学校的教师数量进行适当的补充，改变乡村学校的这种现状。目前的教师招录已经不能完全适应学校的需求，尽管有许多师范生报名参与了教师招录考试，但是，由于教师招聘的待遇、户籍、专业等方面的限制，一方面让如今农村小学缺少教师；另一方面让很多高校毕业生进入社会后无法正常就业。解决该问题，可以创建一个专门的教师招聘“人才库”，有关部门要依据所管辖的县的实际发展状况，对招收的师资进行统筹安排，并优先考虑乡村地区。此外，还应提高乡村小学教师的福利水平，吸收更多有才能的学生，充实乡村学校的师资力量。还要增加公立教师的数量。山东省公费制师范生政策的实施为农村中小学师资的发展开辟了一条新路。公费师范生毕业之后，按协议安排到乡村小学任教，这对解决乡村小学教师短缺问题起到了一定作用。在教师队伍得到充实之后，其自身工作压力会得到缓解，教师也有更多的时间和精力进行信息知识学习，丰富个人信息知识内容。

第三，学校往往会定期或不定期地开展教学技能竞赛。经研究发现，开展“教研活动”的确有扩大教师信息知识范围的作用，因此，此项活动可在乡村小学中加以推广。校长还要求参加比赛的教师们在课堂上运用信息技术，比赛的成绩可以作为教师评优和晋升职称的参照。在此过程中，教师既要对信息科技进行持续的学习，又要对同行教师的优点进行吸取和总结，并将之与自己的实际相结合。

第四，进行专题调查。另一种扩展教师信息知识面的方式就是进行项目研究，组建一个项目研究小组，挑选信息知识积累较为丰富的教师担任组长，并领导小组中的成员开展有关的研究。在科研过程中，教师们要收集并学习关于信息技术的各种知识，同时还必须展开与之有关的学术交流，通过与他人的沟通，老师可以丰富他们的信息知识，并进行文化交流。另外，通过主题研究，还能将信息知识与教育教学实际进行有机地结合，实现了将其与实践有机地结合，从而在实践中找到了其自身还存在着的缺陷，并有针对性地进行扩展。目前，一些乡村小学已经成立了主题研究组，并取得了一定的成效，这种教学方式还可以在其他的高校中进行推广。采取这种方法，不仅能减少培训成本，还可以提高教师们的探索热情，营造出浓厚的教学氛围。

三、加大投资，加强信息化设施建设

要做好一件事，就必须有相应的辅助工具。体现在教学上，就是要为教师配备与之相适应的信息技术。因此，对于学校来说，必须投入更多的资金。这方面的工作如下：

第一，有关部门应加强对教师信息素养的培养。在校园里，要有专门的人员定期检查、维修、保养等。此外，一些教师还反映，校园里没有网络。因此，作为教育界，应当配备一个专门教室，并接入网络。所以，在这种情况下，教育部门应该出资，为老师配置计算机，并连通互联网，为教师教研工作的高效开展奠定坚实的基础。

第二，为切实提高教师的信息素养，需要营造出良好的软件教学环境氛围。教师一般采用录播课堂软件等，和师范院校内部专设的微格教室相似，可以在一定的时间内录播教师授课全过程，以便后期学习和研究，找出讲课中的缺点，以便有针对性地改进。在学校里，教师们常常参与听课，听了课后会有小组讨论，并对授课教师的课堂进行点评。目前，这是应用最广泛的方法，尽管它简单方便，但并不能只凭听课教师的讲评就能知道自己的长处和短处。因此，要想解决这个问题，可以合理运用现代化录播课堂软件。利用录播课程软件，教师可以一边授课，一边录音，完成授课任务之后，就可以一边观看，一边研究自己教学的问题，全面而深入地了解自我。本书认为，在有条件的地方，应为广大中小学教师配备“录音教室”等多媒体辅助教学系统，从而有效地培养和提升教师的信息素养。

第三，完善校园网和办公室信息化设施。一所拥有自己区域网的学校，对于教师们来说，是非常方便的。由于在与校园网相连以后，教师可以通过与其相连的终端来快速有效地获得所需的信息资源，并进一步对其进行使用，以提升其信息素养。从笔者的经验来看，使用校园网的学校比不使用校园网的学校要方便得多。利用互联网，教师也能及时向家长通报孩子在学校的学习情况和行为情况，达到对孩子的教育效果的一致；那些在没有校园网学校的教师，很难收集到相关的信息，如果必要，他们要先在家里下载下来，这不可避免地影响到了他们的教学和研究。因此，加强高校的校园网建设，对提升学校的信息化水平也具有重要意义。

笔者希望有关部门可以加大对乡村学校信息系统的资金投入力度，优化乡村学校校园网。此外，还要关注学校教师办公室信息化优化和发展。结合调查研究的乡村学校情况来说，一些教师的办公用具和设备不够多，也缺乏足够多的打印机、传真机等。有些学校的打印机都是由专门的教师来管理，教师们在平时工作中，要想打印，就必须去工作人员那里，很麻烦。即使是在有打印机的地方，也会有多间教室共用一台，给人带来很大的不便，这也导致了教师在信息技术方面的运用能力不足。因此，笔者认为，有关方面应当增加投入，为乡村的学校每个教师的办公室配置一套打印机这样的办公设备，以便在紧急情况下使用。

四、完善培训机制，增强培训指向性、有效性

两条促进教师事业发展的主要途径，一条是继续进修，一条是加强培训。从高师院校出来的教师，他们在学校里已经学习了 IT 的基础知识，接受了 IT 的有关培训；而一些年岁较高的老教师，缺乏系统的教育培训。因此，在这个时候，IT 训练就成为一个重要的推动力量。但是，在实践中，却出现了一些问题，如缺少针对性。因此，要提高训练的针对性，优化训练的效果。

首先，完善校本培训体系。在工作过程中，通常情况下，在完成了有关的训练后，教师们会对其进行追踪和研究。此外，由于工作任务要求，他们在返回学校的第一时间就开始授课，没有足够的时间进行回顾和思考，这导

致了教师们会迅速地忘记所学过的东西。如果有相应的校本培训加持，教师则可以更好地了解和强化训练的知识。在开展校本培训的时候，学校应该根据题目来进行，设置各种主题，并且由浅到深，由简单到复杂，逐步对老师进行培训，这样可以提高老师的信息素养。

其次，增强培训的指向性、有效性。现在的教育往往会采取一锅粥的形式，无论教师的教学水平如何，都统一安排，没有考虑教师的信息素养差异性和阶段性。因此，在进行有关 IT 技术的吻合训练时，确保针对性和实效性是必不可少的。

再次，远程培训，适当补充。远程训练具有自己的独到之处。一是它在时间上是非常有弹性的，教师们可以自由地在某个时间段内进行训练，所以教师们不必在时间上进行太多的计划。二是它没有任何的局限。三是利用网络进行远距教学，可以兼顾教师的年纪与资历。在远程训练结束后，会播放一段录像，在录像中，教师可以通过“暂停”“快进”“快退”选项来控制画面，对于不明白的地方，可以一直看到明白。四是在远程训练中，可以进行直接交互，教师们只需下载一个软件，根据账号、口令等登录。在实际听课的过程中，教师可以在对话界面输入文字信息，和相关研究者展开沟通和交流，如果有不明白的地方，教师们还可以提问。这样一种实时互动的方式，让教师信息素养的培训变得不那么单调。

总之，要想提高教师的信息素养，就必须进行训练。在开展培训工作时，应当从其方向性和有效性入手，使培训能够真正起到提升教师信息素养的效果。

第十二章　教育信息化 3.0 时代乡村英语教师信息素养评价指标体系的构建

第一节　教育信息化 3.0

如今已经进入“教育信息化 3.0”时代。教育信息化 3.0 是教育信息化 2.0 的进阶版。3.0 时代的核心要义是融合发展，聚焦于“物”的建设和应用的基本探索，重点建设“三通两平台”，普及与教学多媒体技术和系统相关的设施设备，实现多媒体信息技术和专业学科教学之间的全面融合。教育信息化 3.0 不但继承了教育信息化 2.0，而且还是其取得一定成效后的深入发展，是我国教育信息化在各个维度上的不断优化和完善。教育信息化 3.0 的主旨是创新引领，这一概念还未成型，我们要用持续发展的态度看待它。我国应该在新的起点上，明确实现“三全两高一大”的发展目标，在“八大行动计划”上下功夫，围绕“人”的全面发展，合理运用网络大数据技术和智能化技术设备，有效构建教育生态体系，使得教育信息化成为教育制度和体系创新的变量，丰富教育教学资源和内容。在教育信息化 3.0 的背景下，学校开始大力采取有效措施，促进教师信息素养方面的成长和发展，特别是乡村地区义务教育阶段教师。这些教师要通过学习了解信息技术在当前教育当中的作用和价值，学习和运用现代化新型信息教育措施，实现信息技术和教材内容的深度结合。作为校方，则要结合实际情况，强化乡村小学英语教育制度和体系的创新和改革，强调学生的个性化和思维性发展，不断优化教育模式，实现教育公平。

第二节　教育信息化 3.0 时代乡村英语教师信息素养评价指标体系的构建原则

我们在实际构建评价指标体系的过程中，要想确保评价指标足够合理、高效、可行，就要严格遵循基础原则和要求。笔者梳理出国内部分学者在构建信息素养评价指标体系时遵循的原则。根据本评价指标体系的实际应用情况，教育信息化 3.0 时代乡村小学乡村英语教师信息素养评价指标体系的构建必须严格遵循五大原则，下面做出具体阐述，旨在优化评价指标体系。

一、整体性原则

从结构上来讲，整体性原则要求必须平等地考虑评价指标体系的每一级指标，指标之间做到彼此独立并相互联系，确保各级指标层次分明。各个层次间的指标也存在一定的递进式关系，从最基本的一级指标到之后的三级指标，每个指标都是非常细化和具体化的，最终形成系统化的整体，不仅相互之间存在独立性，而且完全穷尽，对促进乡村小学乡村英语教师信息素养整体评价水平的提升奠定了坚实的基础。

二、导向性原则

从目标上来讲，导向性原则要求评价指标体系必须结合教育信息化 3.0 时代的特点，为农村小学英语教师的信息素养发展提出了改进的思路，有助于农村英语教师的信息素养朝着一个正确的方向发展，在某种意义上提升他们的信息素养，实现他们的教育教学水平的新的飞跃，以符合农村基本教育发展的需求，更好地顺应时代发展的方向。

三、科学性原则

从内容上来讲，科学性原则要求人们在设计评价指标体系时，要有科学性和严谨性。不管是在指标项目选择上，还是在设定权重时，都要有依据，每个指标项目的设定都要尽可能客观。确保较高的指标包括较低的指标，且具有一致性，同级指标不交叉、不疏漏，从而提升评价结果精准性与合理性。

四、可测性原则

从方法上来讲，可测性原则要求评价指标体系的各指标项的文字表述必须清晰具体，并且是可以测量的。评价指标体系中的每一个三级指标项是评价目标的具体化和可操作化，所以必须用具体的、可操作的语言来描述。而且每个指数都有相应的权重，用这个评估指数体系，就能对农村小学农村英语教师的信息素养进行量化评估，从而了解他们的信息素养状况。

五、学科特色原则

从构建特色上来讲，"学科特色"的原则，就是要根据小学英语专业的特点，结合农村英语专业教育的具体内容，对现代基础教育中的小学英语专业教学培养目标、要求、特点进行分析，按照英语专业的发展规律，全面掌握学科本质特点。

第三节　教育信息化 3.0 时代乡村英语教师信息素养评价指标体系的构建依据

一、构建原则

第一，为紧跟国际上先进的研究发展趋势，作者广泛查阅了有关教师信息素养评估的资料，并选取了一个在国内外都有很高知名度，更接近于农村小学和农村英语教师的研究对象的指标体系，以此为基础，例如《ISTE 教育工作者标准》《中小学教师信息技术应用能力标准》等，融入教育信息化 3.0 时代的特点，结合乡村小学乡村英语教师信息素养展开设计。

第二，“扶贫先扶智”，农村地区的发展与农村教育的发展有着密切的关系。农村小学教育是国家义务教育中最薄弱的环节，我们必须对农村小学，特别是农村小学的英语教学工作有一个清晰的思路和方法。长期存在的城乡差异导致了农村区域内的信息落后和封闭，农村教师缺乏对教育教学新观念的及时获取，很难完成课堂的创新和优化任务。《义务教育英语课程标准》指出小学英语教育的主要目的是发展学生运用英语的综合能力，要以学生为主体，充实教学内容，拓展英语教学途径，充分发挥学生的个性特色，增强他们运用英语的实际能力。所以，在建立评估指标体系时，要与小学英语教学的目标、要求、特点相联系，并要对农村地区的农村英语教师素质进行全面的考量。

二、评价指标的确立

经过整理与分析，笔者构建出由 5 个一级指标、13 个二级指标和 45 个三级指标构成的教育信息化 3.0 时代乡村小学乡村英语教师信息素养评价指标体系初稿。

（一）信息意识

在教师的信息素养建构过程中，信息意识具有引领性。它是指老师能够对信息有一个准确的认知，能够用一种公正的眼光来看待信息，拥有在信息化的条件下战胜信息的意愿。信息认知具体包含了以下几个方面：一是能够对自己在教育和日常生活中存在的信息有一个清晰的认知；二是能够对信息的有效性和真伪性做出判断；三是能够对信息进行及时更新。信息情感指的是教师对信息技术的正确认识，以及如何利用现代教育技术，对农村小学英语教学进行优化和创新。信息意志是指老师有能力主动应对信息科技带来的挑战。

（二）信息知识

在教师的信息素养构成中，信息知识具有重要的基础地位。主要包括教师不仅对信息基础知识有理性认识，而且还能系统地把握信息技术知识，并将其应用于信息技术的教学中。信息基础知识主要是指信息技术的基本概念与原理、信息安全基础知识、信息产权基础知识等。在信息技术方面，可以对信息化教学设备和软件展开基本的操作、调试和维护等处理。

（三）信息应用

在教师的信息素养体系中，信息运用是其核心，是指教师利用信息技术，有效地收集、处理英语教育信息，从而优化和创新农村小学英语教育体系，促进学生个体化学习的能力发展。数据的收集、整合和处理使学生能有效地利用各种信息化手段进行英语教育的检索、筛选和获得所需要的教育资料的能力，并对其进行分类、存储与调取，根据实际需求对其进行加工与整理。教学的优化与创新主要体现在运用信息技术、英语等教学资源上，实现了教学各环节的顺畅衔接，并对创新的教学活动进行了优化。学情评估和分析主要是运用信息化手段，对学生的学情进行全面了解。

（四）信息伦理与安全

信息伦理与安全在教师信息素养结构中起着保障作用。在教学过程中，教师应严格遵守信息伦理，重视自身和学生的信息安全。新闻伦理学主要表现在能够准确地引证别人的观点、抵抗不良信息等方面。信息安全包含了对信息的保护，可以防止病毒侵扰，并及时对有用信息进行备份。

（五）专业发展

职业发展对教师信息素养结构的影响，是指农村小学英语教师通过信息技术运用，不断获得英语专业知识，提升自身的专业发展能力。知识的持久性则是指以资讯方式，持续地获得英语及教育等方面的知识。职业发展主要包括：运用信息化手段，高效率地开展教育教学工作，与同行专家建立和保持联系，开展英语教学研究，以促进以新的信息技术为基础的英语教学发展。

第四节　教育信息化 3.0 时代乡村英语教师信息素养评价指标体系的构建建议

乡村小学乡村英语教师是无数乡村小学生接触国际文化的启蒙师。根据上文调查情况，针对教育信息化 3.0 时代下乡村小学乡村英语教师信息素养现状与不足，提出如下建议。

一、政府层面：制度保障，培训引领

（一）制度保障

政府和教育局等管理机构，应当根据农村小学的教育现状，制定出一套能够推动农村小学教师信息化发展的体制，并构建出一套行之有效的教师信息素养的提高机制，从而推动农村小学教师的信息素养整体提高，为农村的信息素养培养提供一个良好的整体氛围。多个部门共同努力，平衡各方面的资源，加大对农村小学信息化教育的投资力度，在农村小学教师的信息素养提高政策、经费等方面，要尽量制定出更加详细的计划，让农村小学教师的信息素养得到更好的发展。

（二）培训引领

政府及教育局等行政部门对各乡村小学提高教师信息素养的措施需要进行相应的跟踪评价。可以定期采用上文构建的教育信息化 3.0 时代乡村小学

乡村英语教师信息素养评价指标体系对乡村英语教师信息素养水平进行评估实践，基于评价反馈情况，针对乡村英语教师的薄弱点进行发力，有针对性地对农村小学英语教师进行在岗信息素养培训。我们可以充分利用小学英语名师工作室和英语教研员的优势，着重对农村地区小学信息技术和英语课程整合中出现的问题进行研究，对农村地区小学英语课堂进行优化，突破信息技术和小学英语课程整合的障碍，促进信息技术和小学英语课程整合和创新。实施小学英语课堂教学示范课，引导农村小学的农村英语教师充分发挥信息技术和英语教学的结合作用。

二、学校层面：精准校本培训，搭建学习平台

（一）精准校本培训

明确乡村小学乡村英语教师信息素养校本培训目标，制定培训计划方案，充分发挥校本培训的作用。各个农村小学应当根据自己的现实情况，对目前的教育设备的操作素质进行低、中、高三个层面的培训，让老师们根据需要参与进来，全面提升信息化教育设备的使用率。为乡村小学乡村英语教师购买英语学科教学资源网站会员，扩宽乡村教师检索、选择及获取教学资源的渠道，提高教师获取英语教学资源的效率。使教师在英语、听力、口语等方面积极主动地把信息技术融合到课堂中去，在不知不觉中增强自身对信息技术的认识，使其成为一种常态化的教育。同时，以师德师风建设为契机，利用校本培训，对农村小学农村英语教师的信息行为进行规范，向教师普及信息法律知识，并适时增强他们在信息化社会开展信息活动的社会责任感，提升他们的信息道德和安全性，真正实现因材施教。

（二）搭建学习平台

学校健全完善激励机制，设立信息素养水平优秀奖和进步奖，构建学习氛围，多方面提高教师信息素养。首先，实施“青蓝工程”，以“老带新”

的形式，建立一个互相帮助的学习社区。让有经验的农村英语老师和新的农村英语老师在一起学习、成长，年轻的农村英语老师不但可以从有经验的农村英语老师那里了解到如何应对紧急情况、如何管理课堂，同时也可以通过现代化的教育技术，协助老教师做好教学工作，达到共享教学资源，共同提升信息素养的目的。① 在实践中相互借鉴、相互补充，迸发出思维的火花，实现农村英语教学模式的创新目标。其次，学校可以组织开展信息化英语教学技能大赛，倡导教师结合本地的乡土文化特色，立足自身工作岗位特点，基于乡村小学英语真实课堂，进行信息化教学设计与活动实施，并鼓励其进行英语教学创新优化活动。例如，在教学"village"一词时，可以拍一段当地乡村景色的视频，加强学生对英语的理解。促进农村英语教师迅速提升自己的信息技术水平，吸收别人的先进信息技术，并将其运用到自己的英语教学中，使信息技术教学成为一种常态。

三、教师层面：转变观念，走向融合；终身学习，紧跟时代

（一）转变观念，走向融合

根据信息素养评估实践可知，接近一半的乡村小学乡村英语教师对信息化教学认识上还存在不足，也存在部分乡村小学乡村英语教师消极地看待与信息化教学相关的比赛和培训。观念是行动的先行者，要想提高教师的信息素养，就必须改变他们的思维方式，让他们树立正确的信息素养观。在农村小学，农村英语教师不应该把信息素养简单地归结为电脑的应用，也不应该把信息素养视为自己所不能达到的境界。教师要克服"怕难"的心理，树立自信心，对自身信息素养进行多方面、多角度的认识，对信息素养的重要性有一个客观的认识，要养成一个综合性的信息素养观念，使信息技术和小学

① 崔海友，李梓笛：基于信息技术环境下的学习型教师团队建设的实践与思考，教育信息技术，2014 年版，第 32 页。

英语更好地结合在一起。

（二）终身学习，紧跟时代

树立终身学习的态度，紧跟教育信息化的步伐，努力创造条件，使得自身信息素养得到发展。教师可以根据评价指标体系的反馈情况，进行查漏补缺，利用网络课堂向各位名师学习，主动寻找并研究互联网的学习资源和优秀课例。持续增强自己的信息意识，提升自己的信息知识素质，获得自己需要的教学信息，并对自己的教育教学理念进行更新，从而提升自己的信息应用能力。用正面的态度来面对人工智能时代的教育改革，主动实现与教育改革的发展以及个体的职业发展相一致，把自己的信息素养提高到一个新的水平和境界

参考文献

[1] 陆泠 . 谈乡村小学英语教学模式转型——后疫情线上教学的调研与思考 [J]. 英语广场，2023（03）：133–136.

[2] 胡汉卿 . 乡村学校初始英语教学策略 [C]// 成都市陶行知研究会 . “行知纵横”教育与教学研究论坛（第七期）论文集（一），2022：87–89.

[3] 刘娟娟 . 乡村振兴背景下初中英语口语教学策略研究 [J]. 新课程研究，2022（25）：44–46.

[4] 徐会艳 . 基于自主合作探究模式的乡村中学英语教学探索 [J]. 课程教材教学研究（中教研究），2022（Z4）：48–50.

[5] 袁雪 . 高校英语教师教学信念对阅读词汇教学影响分析 [J]. 佳木斯大学社会科学学报，2022，40（04）：259–262.

[6] 赖双洁 . 高中英语教师对学习者自主学习的教学信念和教学实践研究 [D]. 广西师范大学，2022.

[7] 吴子敏 . 教育信息化 2.0 时代乡村小学英语教师信息素养评价指标体系的构建与应用 [D]. 广东技术师范大学，2022.

[8] 陈娟娟 . 教师的教学素养研究 [D]. 浙江师范大学，2022.

[9] 刘书云 . 积极情感视域下乡村中学新手英语教师微观教学环境观转变的研究 [D]. 贵州师范大学，2022.

[10] 姜文茜 . 中小学英语教师跨文化教学素养测评指标体系构建 [D]. 西南大学，2022.

[11] 热孜亚・肉孜 . 高中英语教师阅读教学信念与教学行为的关系研究 [D]. 新疆师范大学，2022.

[12] 赵蓉 . 小学英语教师核心素养提升策略研究 [D]. 宁夏大学，2022.

[13] 傅玉霞 . 乡村小学英语口语教学现状及对策研究 [D]. 鲁东大学，2022.
[14] 陈国蕊 . 高校英语教师教学信念与教学实践研究 [J]. 大学，2022（11）：14–17.
[15] 薛蕾 . 提高乡村小学毕业班英语教学质量的有效策略 [J]. 读写算，2022（10）：99–101.
[16] 尤佳 . 核心素养下的小学英语教师信息化教学素养提升思考 [J]. 齐齐哈尔师范高等专科学校学报，2022（02）：151–153.
[17] 熊亦波 . 初中英语教师阅读教学信念的分析与启示 [J]. 中小学外语教学（中学篇），2022，45（02）：15–21.
[18] 刘宏君 . 乡村英语文化教学的影响因素及改进措施 [J]. 山东农业工程学院学报，2022，39（01）：111–115.
[19] 张金花 . 英语教学改革在乡村教育中遇到的困难与对策分析 [J]. 考试周刊，2021（A5）：91–93.
[20] 朱碧珊 . 教育均衡发展视角下的城乡教师教学素养研究——以广东省汕尾市 C 区小学英语教师为例 [J]. 太原城市职业技术学院学报，2021（12）：68–70.
[21] 孙郑 . 基于人文素养的乡村小学英语教学路径探寻 [J]. 英语教师，2021，21（19）：168–170.
[22] 高国义 . 浅谈乡村环境下如何提高小学英语教学效率 [J]. 校园英语，2021（40）：129–130.
[23] 马玥 . 高中英语教师的语法教学信念与教学行为研究 [J]. 江苏外语教学研究，2021（03）：97–100.
[24] 彭红娟 . 新课程下高中英语教师教学信念认知研究思路构建 [J]. 当代家庭教育，2021（16）：171–172.
[25] 涂细芳 . 初中英语教师写作教学信念与行为关系研究 [D]. 重庆师范大学，2021.
[26] 宁双 . 新课标背景下高中英语教师的教学信念调查研究 [D]. 广西师范大学，2021.

[27] 单芳芳 . 普通小学英语教师的词汇教学信念与行为研究 [D]. 东北师范大学，2021.
[28] 韩雪童 . 困境中的坚守：乡村教师教学信念生成机制的叙事研究 [D]. 华中师范大学，2021.
[29] 蔡晴柔 . 乡村小学英语的教学现状及改变策略 [J]. 校园英语，2021（15）：101–102.
[30] 杨文礼 . 借助互联网 + 技术提高乡村小学英语课堂教学实效性 [C]// 福建省商贸协会 . 华南教育信息化研究经验交流会 2021 论文汇编（十四），2021：619–621.
[31] 喻晓 . 计算机视频截取技术在乡村中学英语教学中的运用 [J]. 中学教学参考，2020（25）：48–49.
[32] 杨文 . 乡村学校英语教学存在的瓶颈和尝试突破方法 [J]. 中学生英语，2020（30）：56.
[33] 张叶娜 . 浅论乡村英语教学的几个创新策略 [J]. 科普童话，2020（27）：60.
[34] 张随馨 . 高中英语教师阅读课任务型教学信念与行为研究 [D]. 曲阜师范大学，2020.
[35] 丁奥虹 . 初中英语教师语法教学信念与行为调查研究 [D]. 江西农业大学，2020.
[36] 陈小菲 . 乡村小学英语课堂教学问题及解决对策研究 [D]. 海南师范大学，2020.
[37] 陈丽平 . 初中英语教师文化意识教学信念研究 [D]. 曲阜师范大学，2020.
[38] 郑晓影 . 中学英语教师 TPACK 与其教学信念的相关性研究 [D]. 华东师范大学，2020.
[39] 孙荣 . 小学科学教师跨学科教学素养的构成与培养研究 [D]. 西南大学，2020.
[40] 许晓娟，易元静，彭惠婷，孙麒凯 . 当前乡村小学英语教学发展的问题与对策研究 [J]. 才智，2020（12）：55.
[41] 邓毅群 . 高中英语教师教学信念对课堂教学的影响 [J]. 南昌师范学院学

报，2020，41（02）：75–79.

[42] 张乐 . 小学英语教师教学信念调查研究——以西安外国语大学附属小学为例 [J]. 黑龙江科学，2020，11（07）：160–161+164.

[43] 赵伟利 . 关于提升乡村中学英语教学效率的几项策略 [J]. 试题与研究，2020（08）：26.

[44] 刘怀威 . 试析提升乡村中学英语教学效率的策略 [J]. 试题与研究，2020（04）：42.

[45] 张丽莹 . 英语教师“文化回应教学”素养的缺失与重构 [J]. 教学与管理，2019（33）：57–60.

[46] 石平秀 . 核心素养视角下的中小学英语教学衔接——以苏教牛津译林版教材乡村学校教学为例 [C]// 中国教育发展战略学会教育教学创新专业委员会 .2019 全国教育教学创新与发展高端论坛论文集（卷十一），2019：422–424.

[47] 何克胜，张海艳，张娟 . 初中英语阅读教学对学生核心素养的培养研究 [M]. 长春：吉林人民出版社，2020.10.

[48] 余海进，周兴斌，孙芳来 . 核心素养理念下的高中英语教学策略研究 [M]. 长春：吉林人民出版社，2020.10.

[49] 曹进，赵卫博 . 中小学英语教学资源开发与利用 [M]. 重庆：重庆大学出版社，2020.05.

[50] 孟碧君 . 指向核心素养的初中英语课例研究 [M]. 杭州：浙江大学出版社，2019.12.

[51] 周艳 . 农村高中英语教师信念与课堂教学行为的相关性研究 [D]. 广西师范大学，2019.

[52] 孙文婷 . 初中英语教师阅读教学信念和行为关系的研究 [D]. 西安外国语大学，2019.

[53] 周华荣 . 浅谈从一堂读写课看英语教师的阅读教学素养 [J]. 考试周刊，2019（41）：100–101.

[54] 李远航 . 高中英语教师从业动机及教学信念调查研究 [D]. 扬州大学，2019.

[55] 李园园 . 英语课堂中教师教学信念与教学实践研究 [J]. 海外英语，2019（01）：66–68.

[56] 张丽华 . 社会文化视域下英语教师知识构成与信念构建研究 [M]. 苏州：苏州大学出版社，2017.06.

[57] 王文倩 . 高校英语教师教学信念的构成与职业发展 [M]. 北京：新华出版社，2020.09.

[58] 张莉著 . 社会认知视域下小学英语教师教学信念研究 [M]. 北京：外语教学与研究出版社，2018.04.

[59] 兰希 . 新时代乡村英语教师信息素养提升研究 [M]. 吉林出版集团股份有限公司，2021.

[60] 田芳，张明星 . 成长的阶梯乡村小学英语教师教学故事集 [M]. 成都：西南交通大学出版社，2022.03.

[61]（新西兰）保罗·内申 . 英语教师专业素养丛书外语词汇教学的方法 [M]. 北京：外语教学与研究出版社，2019.04.

[62] 李慧芳作 . 核心素养背景下的英语教学与教师专业发展 [M]. 北京首都师范大学出版社有限责任公司，2021.09.

[63] 何亚男，应晓球 . 教师系列英语学科核心素养发展丛书落实学科核心素养在课堂高中英语语法教学 [M]. 上海：上海教育出版社，2022.09.

[64] 林敦来 . 中小学英语教师语言评价素养参考框架 [M]. 北京：外语教学与研究出版社，2019.04.

[65] 刘萍萍 . 小学英语教师资格考试英语学科知识与教学能力 [M]. 重庆：重庆大学出版社，2020.05.

[66] 杨云，王飞涛 . 英语学科核心素养视域下的高中英语课堂教学策略研究 [M]. 重庆：重庆大学出版社，2021.03.

[67] 崔长河，陈燕，丁小燕 . 核心素养体系下的初中英语教学研究 [M]. 吉林人民出版社，2021.08.